Ich küss dich, Kismet

Hatice Akyün

Ich küss dich, Kismet

Eine Deutsche am Bosporus

Kiepenheuer & Witsch

MIX
Papier aus verantwor-
tungsvollen Quellen
FSC® C083411
www.fsc.org

Verlag Kiepenheuer & Witsch, FSC® N001512

1. Auflage 2013

Umschlaggestaltung: Rudolf Linn, Köln
Umschlagmotiv: © Oliver Mark
Karte im Innenteil: Oliver Wetterauer
Gesetzt aus der Stone Serif und Sans
Satz: Buch-Werkstatt GmbH, Bad Aibling
Druck und Bindearbeiten: CPI – Clausen & Bosse, Leck
ISBN 978-3-462-04568-0

*Meinen Eltern, die mit dem Mut meines Vaters und der
Geduld meiner Mutter vor einem halben Jahrhundert den
Aufbruch ins Ungewisse wagten und mich bestärkt haben,
mit Mut und Geduld meinen eigenen Weg zu gehen.*

*Babamın cesaretiyle ve annemin sabrıyla başlayan
yolculuğun ellinci yılında, sabır ve cesaretle yolculuğu devam
edebilmemi sağlayan eşsiz aileme.*

Inhalt

Abschied der Quotentürkin

Ich bin zu einer Diskussionsrunde eingeladen. Der Veranstalter lässt keinen Zweifel daran, dass ich nicht als Journalistin, sondern als Quotentürkin zu Gast bin. Ich gehe trotzdem hin, auch wenn es mir gewaltig gegen den Strich geht, dass ich ständig als Prototyp für drei Generationen Zuwanderung herhalten muss. Wenigstens kann ich so meinen Standpunkt vertreten. In der Garderobe bereue ich meine Zusage sofort. Die anderen Gäste sind allesamt männlich, bleich und dickbäuchig. Schon bei der Begrüßung lassen sie mich spüren, dass sie Tacheles reden wollen:»Nehmen Sie es nicht persönlich, aber gefühlt werden die meisten Straftaten von Ausländern begangen.« Für Fakten interessieren sich die Herren aus der»Das wird man doch noch sagen dürfen«-Fraktion natürlich nicht.

Die Diskussion verläuft so, wie Diskussionen immer verlaufen, in denen der Lautere zwangsläufig recht hat. Der Moderator ist vollkommen überfordert. Dann wird mir, weil ich akzentfrei Deutsch spreche, kein Kopftuch trage und meine halb nackten Beine mit High Heels präsentiere, jegliche Kenntnis vom»wahren« türkischen Leben in Deutschland abgesprochen.»Ausnahmen gibt es immer, Frau Akyün, und wenn diese so schöne Beine haben wie Sie, nehmen wir die auch gerne in Kauf.«

Diesen selbstgerechten alten Männern würde ich zu gerne das verbale Nudelholz um die Ohren hauen. Stattdessen bin ich einfach nur sprachlos, wie immer in solchen Situationen. Die Problemtürkin wird mit chauvinistischen Sprüchen mundtot gemacht. Während ich versuche, meine Wut zu unterdrücken, um endlich wieder klar denken zu können, lassen die Herren sich genüsslich über türkische Familien aus, die sich nicht integrieren wollen.

Als ich endlich erläutern darf, dass die meisten Probleme in türkischen Familien soziale Ursachen haben, und verschiedene Projekte aufzähle, bei denen direkt im Kiez Sprachkurse und Förderklassen organisiert werden, um der Bildungsarmut in diesen Familien entgegenzuarbeiten, unterbricht mich prompt der Moderator, der bis jetzt kaum ein Wort gesagt hat: »Vielen Dank für die interessante Gesprächsrunde. Ich hoffe, liebe Zuhörer, wir konnten Ihnen ein wenig näherbringen, warum sich Deutschland abschafft.«

Mir fällt die Kinnlade herunter. Das hat der nicht wirklich gesagt? Und dann nicht mal im Konjunktiv.

Einer der dickbäuchigen Gäste schlägt mir nach der Diskussion auf die Schulter: »Nichts für ungut, Frau Akyün, ich hoffe, Sie tragen es mit Humor. Als Journalistin kennen Sie das Geschäft ja. Und Ihre Beine sind wirklich schön.«

Da geht sie hin, meine neue Formel der Gelassenheit, die ich mir eigentlich strikt für solche Situationen verordnet habe. Ich hole aus, um ganz damenhaft meine Faust sprechen zu lassen. Julia, meine Freundin, die mich begleitet hat, drückt mir schnell ein Sektglas in die Hand. »Das wäre doch nur ein gefundenes Fressen für deine Kollegen von der Klatschpresse. Dann hätten sie ihre Schlagzeile: Haben wir es nicht gesagt, Türken sind alle gewalttätig!«

Ich muss gleichzeitig lachen und weinen. Ich fühle mich, als ob ich versagt hätte, obwohl ich weiß, dass die Spitzen der Herren nicht gegen mich persönlich gerichtet waren. Aber genau das ist ja das Problem. Sie richten sich gegen die, die sich nicht wehren können. Die, die im Alltag mit Vorurteilen zu kämpfen haben, keine vernünftige Ausbildung bekommen, weil sie ein Kopftuch tragen, für dumm gehalten und nicht gefördert werden, weil sie irgendwann sowieso in die Kriminalität abrutschen. Für all die will ich doch hier stehen und kämpfen. Aber wie immer wurde wieder jedes Vorurteil herausgekramt, um türkischstämmige Deutsche als nicht integrationswillig, unproduktiv und fehl am Platz darzustellen.

Meine Argumente vom Politikversagen, von jahrzehntelanger Verleugnung der Zuwanderung nach Deutschland, industriellem Wandel bis zum unterfinanzierten Bildungssystem wurden einfach übergangen. Wir Türken sind an allem schuld. Sogar daran, dass zu wenige von uns in großen Villen wohnen, die Wirtschaft kontrollieren und die deutsche Kultur prägen.

»Rückwärtsgewandtes, zukunftsunfähiges Pack«, denke ich. Und plötzlich blicke ich in lauter weit aufgerissene Augenpaare. Das habe ich wohl doch nicht nur gedacht, sondern laut ausgesprochen. Und frei nach dem Motto, ist der Ruf erst ruiniert, dann spricht es sich ganz ungeniert, setze ich nach:»Wenn Deutschland mit seiner niedrigen Geburtenrate, die nur noch vom Vatikan getoppt wird, aussterben will, dann bitte!«

Julia zieht mich am Ärmel. Aber jetzt kann ich den Karren auch gleich richtig an die Wand fahren:»Ich und viele andere, die ihr nicht haben wollt, zahlen in die Sozialkassen ein, leisten Beiträge zur Kranken- und Rentenversicherung. Aber wenn wir immer nur als Sozialschmarotzer beschimpft werden, reicht es. Was wäre denn, wenn wir alle gingen? Auch die Akademiker, an denen ihr so hängt? Wenn wir keine Lust mehr hätten, ständig unter dem Generalverdacht zu stehen, integrationsunwillig zu sein?«

Um mich herum ist es plötzlich mucksmäuschenstill. Mitleidig werde ich von den anderen Diskutanten angeschaut. Im Augenwinkel sehe ich, wie meine Kollegen von der Presse fleißig mitschreiben. Endlich mal wieder ein Skandal, den sie genüsslich in der Zeitung breittreten können. Direkt unter dem Artikel»Türkische Jugendliche überfallen Kiosk« steht

morgen:»Hysterische Türkin greift Politiker mit Mördersti-
lettos an«.

Ohne mich zu verabschieden, das volle Sektglas noch in
der Hand, verlasse ich die Runde. Im Taxi beginne ich zu zittern. Ich fühle mich leer. Eine
Grenze ist überschritten. Ob von mir oder den anderen, kann
ich nicht sagen. Aber diese Politclowns haben mich mit ihren
Stammtischparolen provoziert. Was würde wohl mein Vater
dazu sagen?»Köpek ürür, kervan yürür – Der Hund bellt, die
Karawane zieht weiter.«

Aber genau das will ich nicht mehr. Nachdem ich mir Luft
gemacht habe, fühle ich mich besser, so wie nach einem Ge-
witter, wenn die Luft rein und klar ist.

»Ich ruf' dich morgen an«, verspricht Julia, als das Taxi sie
zu Hause absetzt.»Das wird schon wieder.« Ich nicke und
denke das Gegenteil.

Als ich am nächsten Tag wach werde, habe ich einen mör-
derischen Kater. Nicht vom Sekt, sondern von meinem Wutanfall. Es war also kein böser Traum. Ich muss etwas ändern.
Und wenn sich mein Leben nicht sofort ändern lässt, dann
wenigstens mein Aussehen. Ich bin mir sicher, dass Frauen
ein Gen in sich tragen, das sich immer dann aktiviert, wenn
etwas Existenzielles in ihrem Leben passiert ist. Eine neue
Liebe, eine Trennung, ein Kind oder wie in meinem Fall ein
exorbitanter Ausraster bei einer Podiumsdiskussion. Dieses
Gen sorgt anscheinend dafür, dass Frauen sofort und auf der
Stelle eine neue Frisur haben müssen.

Ich beschließe, den Friseur meines Vertrauens aufzusu-
chen. Zumindest hat er mich bisher nie enttäuscht. Doch
diesmal fühle ich mich nach dem Besuch wie in dem Märchen»Des Kaisers neue Kleider«. Niemand außer meinem Friseur und mir selbst erkennt das Wunderwerk, das er auf meinem Kopf vollbracht hat.

Gut, die meisten Frauen, die ich kenne, sind zuletzt als
Teenager zu einem Friseur gegangen und haben gesagt:»Ich

will genauso aussehen wie die Frau auf dem Foto.« Meist waren auf den Fotos Supermodels mit einer Löwenmähne zu sehen, während die Mädchen dünne, strähnige Haare hatten, oder sie hatten glattes Haar und wollten Locken, oder sie hatten raspelkurze Haare und wollten sofort einen feschen Bob. Damals gab es noch keine bezahlbaren Haarverlängerungen.

Auf jeden Fall hielten sie immer ein Foto in der Hand, das so wenig mit ihnen selbst zu tun hatte wie die Herzogin von Windsor, besser bekannt als Kate, mit mir. Und da komme ich schon auf den Punkt. Ich bin mit einem Foto von eben dieser Herzogin Kate zu meinem Friseur gegangen. Und natürlich bin ich viel weiser als damals in der Pubertät. Ich will gar nicht aussehen wie die britische Vorzeigefrau, ich will nur ihren rotbraunen Schimmer in meinem schwarzen Haar und einen ähnlichen Schnitt, damit ein wenig Schwung in meine dunkle Matte kommt.

Und während mein Friseur ganz zuversichtlich ist, dass die Farbe noch ihren Weg ans Licht finden wird, obwohl nach zweimaligem Färben selbst im Neonschein der gewünschte Schimmer nur schwer zu erkennen ist, sieht Julia rein gar nichts:»Das ist ein Scharlatan, wenn er dir einredet, du hättest jetzt rotbraune Haare.«

»Das hat er nicht gesagt, es geht um den Schimmer.« Erneut halte ich eine Strähne ins Sonnenlicht, damit meine Freundin endlich erkennt, wofür ich ein Heidengeld ausgegeben habe.

»Und den Schnitt hat er vor lauter Färben komplett vergessen?«

Ich zucke mit den Achseln, tatsächlich hängen meine dicken Haare immer noch glatt herunter.

»Ach, Hatice, deine Haare sind doch viel praktischer als die von Kate. Während sie noch im Bad föhnt und föhnt, kannst du schon am Schreibtisch sitzen und deine Artikel fertig schreiben.«

Julia versteht es, mich aufzumuntern. Ich würde viel lieber

die Zeit haben, mich ausgiebig im Badezimmer meines Palastes zurechtzumachen, anstatt mit einem Haargummi um den Schopf an den Schreibtisch zu sprinten, weil mal wieder eine Abgabefrist verstreicht.

»Außerdem hast du doch mit der Männerwelt abgeschlossen. Wozu also der Stress?«

Moment! Dass ich keinen Mann mehr haben will, heißt noch lange nicht, dass ich darauf verzichten möchte, dass Männer mir Komplimente machen. Also manchmal. Aber die Diskussion will ich mit Julia heute nicht führen. Das versteht sie nicht. Für sie ist das große Styling nur Mittel zum Zweck. Um einen Mann zu verführen. Und sobald sie sicher ist, dass sie eine Beziehung mit ihm will, macht sie den Jogginghosentest. Rennt er davon, wenn er sie im Schlabberlook statt im Glitzerfummel sieht, ist er garantiert der Falsche, so ihre Theorie.

Wie auch immer, mir ist das alles ab sofort egal. Ich mache nur noch, was mir gefällt. Im Glitzerfummel, mit rötlich schimmernden Haaren. Meistens bin ich ja auch viel zu bequem, mich in Schale zu werfen, und mein letzter Besuch bei der Maniküre liegt so weit zurück, dass meine Kosmetikerin sich vermutlich weigern würde, da jemals wieder Hand anzulegen.

Ab sofort soll es nämlich nur noch meine Tochter und mich geben. Keine Diskussionsrunden, keinen Hans, keinen Ali und damit keine Probleme mehr. Als die Zeit gekommen war, die ein sozialdemokratischer Ex-Kanzler einmal mit folgenden Worten umschrieb:»Es gibt Lebensentwürfe, bei denen sich der Vorrat an Gemeinsamkeiten erschöpft hat. Basta«, hatte Ali die Initiative ergriffen und Schluss gemacht. Verwundert war ich nur darüber, dass nicht einmal meine Familie schockiert zu sein schien. Meine Mutter sagte nur:»Zum Glück bist du vorher noch schwanger geworden. Jetzt hast du eine Tochter, und dein Leben hat endlich einen Sinn.«

Meine Geschwister zuckten bloß mit den Achseln und meinten, dass die Zeit, als man in endlosen Familiendebatten versucht hat, kriselnde Ehen zu retten, auch bei den Türken endgültig vorbei sei. Unsere Trennung bestätige bloß die Statistik. Mittlerweile werde auch jede zweite türkische Ehe geschieden. Einzig mein Vater fand deutliche Worte. Erst kam er mir mit dem türkischen Sprichwort »Bir evde iki horoz olunca sabah güç olur – Zwei Hähne in einem Haus bereiten einen mühevollen Morgen«. Dann sagte er: »Du läufst zwanzig Jahre vor türkischen Männern davon, und am Ende landest du bei einem, mit dem du eine Bruchlandung hinlegst.« Das schlug mir dann doch auf den Magen. Schlecht war mir sowieso schon. Ali hatte mich verführt wie eine unwiderstehliche Nachspeise, und ich hatte eindeutig zu viel davon gegessen. Ja, mit meinem Ex war es eben wie mit vielen Desserts. Nach dem Genuss liegen sie manchmal schwer im Magen. Desserts haben leider ein sehr kurzes Mindesthaltbarkeitsdatum, weil sie bedauerlicherweise schnell umschlagen, besonders solche mit Eikomponente. Aber bald würden sich die Magenschmerzen bestimmt legen.

Bevor mir nun Dutzende Briefe entgegenflattern, in denen man mich über den gewalttätigen türkischen Mann aufklärt, mache ich das Fass schnell wieder zu. Nur so viel: Vieles auf dem Markt der Gewissheiten über den türkischen Mann ist oft weit weniger als die halbe Wahrheit. Ali hat mich weder unterdrückt noch geschlagen. Im Grunde war er wie alle Männer: Sie haben nur dann kein Problem mit starken Frauen, wenn sie sich selbst noch erfolgreicher und stärker einschätzen. Ansonsten steht das Ego im Weg. Und diese Eigenschaft gilt nicht nur für türkische Männer. Solche Exemplare gibt es auch unter meinen deutschen Freunden.

Bei Männern bleibe ich erst einmal abstinent. Egal ob braun oder blond, scharf oder süß.

»Du hast eine Midlife-Crisis«, bedauert mich Julia.

»Das ist nur eine Phase, in der ich mich neu erfinde«, antworte ich. Als Frau, Deutschtürkin, als Deutsche mit türkischen Wurzeln. Das ist gar nicht so einfach. Denn bisher wollte ich immer einfach nur Deutsche sein. Gut, auch mal Türkin, wenn ich mich mal wieder über die deutsche Bürokratie oder deutsche Politik ärgern musste. Das Problem bei meiner Selbstfindung ist, dass ich am Ende für meine Mitmenschen meist einfach eine orientalische Mogelpackung bin. Ich bin viel deutscher, als ich es manchmal selbst wahrhaben möchte. Auch wenn meine Schale vermuten lässt, dass ich durch und durch Türkin bin. Auf jeden Fall gelte ich wegen meiner Herkunft als Expertin für alles, was mit islamischem Glauben und Traditionen zu tun hat. Geht es darum, wie es sich anfühlt, heutzutage mit Kopftuch durch die Stadt zu laufen, werde ich befragt. Wenn ich dann antworte, dass ich zuletzt eins vor zehn Jahren getragen habe, als in Berlin russische Minusgrade herrschten und ich keine Ohrenentzündung bekommen wollte, gucken die Leute irritiert. Wird debattiert, wie Ehrenmorde zustande kommen, ruft man mich an, obwohl meine Brüder das Messer nur zücken, um Lammrücken zu filetieren. Aber zumindest habe ich eine Stimme, was man von vielen Türken in Deutschland nicht behaupten kann. Und so konnte ich bisher einfach nicht Nein sagen, wenn ich mal wieder nach meiner Meinung gefragt wurde. Aber alles hat Grenzen.

Der neueste Ansatz, türkisches Leben abzuwerten, stammt von einem Berliner Ex-Senator. Die Türken seien genetisch einfach dümmer, lautet sein unverschämtes Urteil. Wer sich so menschenverachtend äußert, bei dem suche ich ganz bestimmt nicht nach der Wahrheit. In den Talkshows zu diesem Buch, zu denen ich natürlich auch eingeladen wurde, kam ich mir vor wie eine Squaw, die begreiflich machen sollte, warum die Story von Karl May über die Indianer bloß ausgedacht ist. Dabei wünschte ich mir für manchen Gesprächspartner einen Marterpfahl. Auch ohne musikalisches Talent würde ich darum herumtanzen.

»Du hast eine Midlife-Crisis, meine Schöne«, stellt dann auch meine Schwester fest, die im sonnigen Izmir sitzt.

»Ich bin knapp über vierzig! Das ist ein bisschen früh.«

»Wenn du dir weiter die Haare raufst, gehst du bald für fünfzig durch.«

Ertappt. Wie kann sie durchs Telefon sehen, dass ich nervös an einem Bündel meiner rotbraun schimmernden Haare zerre?

»Komm doch einfach in die Türkei. Was willst du in Deutschland weiter deine Zeit verschwenden?«

Ich lache über diesen absurden Gedanken. Ich kann doch mein Leben hier nicht aufgeben. »Ich bin Journalistin und habe einen Auftrag«, antworte ich.

»Du kämpfst gegen Windmühlen, Hatice.«

Es stimmt schon, meine Nerven liegen blank. Neulich schob mir Julia im Restaurant wie selbstverständlich die Oliven zu, die der Kellner uns als Vorspeise gebracht hatte.

»Weil ich Türkin bin, muss ich die jetzt essen, oder was?«, fauchte ich meine Freundin an.

»Nein«, sagte sie verblüfft, »weil du sie, seit wir uns kennen, gerne magst.«

So tief sitzt mein Frust schon, dass ich meiner Freundin wegen ein paar Oliven unterstelle, dass sie mich in die Migrantenschublade steckt. Ich bin auf dem besten Weg, eine Problemtürkin zu werden, so wie Bruno zum Problembär.

Die Außenwelt soll von meinem Zustand bloß nichts mitbekommen. Midlife-Crisis hin oder her. Deshalb habe ich mir ein mentales Work-out zurechtgelegt. Eine Technik, jegliche Wut, die in mir aufsteigt und durch die ich Gefahr laufe, unbedacht in Konflikte verwickelt zu werden, einfach niederzudrücken. »Atme, Hatice, atme. Deine Weisheit ist unermesslich, hier aber nicht erwünscht«, bete ich mir mantramäßig vor. Und meist muss ich dann schon lächeln.

Seit ich denken kann, ist alles Gute, das mir im privaten oder beruflichen Leben passiert, für meine Mutter das Werk von Kismet, Schicksal, gewesen. Was mir Kismet mit meinem Wutausbruch nach der Diskussionsrunde sagen wollte, kann mir nicht einmal meine Mutter erklären. »Damit hat Kismet nichts zu tun, das ist eher deine Sturheit«, sagt sie. Und dass ich eher an Zufälle glaube, habe ich meiner Mutter noch nie erzählt, sonst verflucht sie mich bloß, und ich habe dann nicht nur Kismet am Hals, sondern auch noch Kader, die böse Schwester von Kismet.

Türken haben nämlich für jede Lebenssituation eine Erklärung parat. Wenn etwas Positives geschieht oder geschehen soll, kommt Kismet zum Einsatz. Hätte ich zum Beispiel im Lotto gewonnen, würde meine Mutter sicher sagen: »Çok kısmetlisin« oder »Kısmetse olur – Wenn es gut für dich ist, wird es auch passieren«.

Kader hingegen, die böse Schwester, bringt alles Schlechte. Und das ist vorherbestimmt. Hätte ich mir zum Beispiel beim Skifahren ein Bein gebrochen, würde meine Mutter sagen: »Ne yapalım, kaderin böyleymiş – Da kann man nichts machen, das sollte so sein.«

Auch wenn sie einmal etwas nicht mit Kismet oder Kader erklären kann, hält sie strikt an ihrem Aberglauben fest. Und widerspreche ich ihr, sagt sie unter Tränen: »Deinetwegen habe ich schon Bluthochdruck, und jetzt sorgst du dafür, dass ich auch noch Krebs bekomme.«

Es ist völlig zwecklos, mit meiner Mutter logisch zu diskutieren.

Nun habe ich offenbar Kismet und Kader gleichzeitig provoziert und mich sehr weit aus dem Fenster gelehnt. Entweder bekomme ich demnächst das Angebot, für einen Privatsender in den australischen Dschungel zu gehen, oder ich werde nie wieder auf ein Podium gebeten. Und meine Schwester fordert mich auf, in die Türkei zu ziehen. Ist das ein Zeichen? Gut, in Wahrheit ist es einer von Fatmas Universalvorschlägen, wenn ich über Deutschland klage. Und sei es nur über das Wetter. Vermutlich will sie damit nur ihre eigene Entscheidung bekräftigen, vor vielen Jahren aus Liebe in die Türkei gezogen zu sein. Aber ich bin nicht Fatma. Ich habe keinen Mann, der mit mir durchbrennen will. Und auch wenn ich wirklich sehr stur sein kann, kommt auswandern für mich doch eigentlich nicht infrage. Das würde ja bedeuten, dass ich mein chaotisches Leben neu gestalten müsste. Jede noch so kleine Veränderung könnte meinen wackligen Lebensentwurf zum Einsturz bringen. Wenn es sein muss, mit Kismet und Kader. Überhaupt will ich mich die nächsten Jahre doch so in Berlin verwurzeln, dass mich hier keiner je wieder wegbekommt. Zumindest so lange, bis meine Tochter aus dem Haus ist, was gefühlt bis an mein Lebensende dauern wird. Ich gebe mir also größte Mühe, alles, was Unordnung in meine Lebenskonstruktion bringen könnte, weiträumig zu umgehen oder erfolgreich zu ignorieren. Wäre dies das Konzept von Julia, ich würde sie zum Therapeuten schicken. Doch bei mir selbst bin ich da nachgiebiger. Verdrängung ist meine Überlebensstrategie.

Dazu kommt noch, dass Abschiede einfach nicht meine Sache sind. Rückblickend bin ich sehr froh darüber, dass die Männer immer mich verlassen haben und nicht umgekehrt. Wenn sich zum Beispiel meine erste große Liebe nicht aus dem Staub gemacht hätte, wäre ich heute seine Ehefrau im Duisburger Norden. Nichts gegen den rauen Duisburger Norden, aber ich bin so glücklich, dass ich Berlin für mich entdecken konnte. Wenn mich meine zweite große Liebe nicht für eine andere sitzen gelassen hätte, wäre ich heute seine Ehefrau im Duisburger Süden. Nichts gegen den idyllischen Duisburger Süden. Oder doch: Alle Duisburger mögen mir verzeihen, ich mag den Süden der Stadt nicht. Und das liegt nicht einmal am Stadtteil, sondern an einer traumatischen Jugenderinnerung, die mit Ruderbooten und pickligen Jungs zu tun hat. Darauf gehe ich lieber nicht weiter ein.

Zu guter Letzt stammt die Geschichte mit dem Mann, der nur mal kurz Zigaretten holen geht und nie wiederkehrt, nicht zufällig aus dem Ruhrgebiet. Ich weiß das, weil sie mir passiert ist. Aber das ist alles ausgestanden, ich habe die Abschiede nicht verdrängt, sondern ausgeweint. Und der traurige Rest waren Vernunftbeziehungen. So vernünftig, dass ich mein südländisches Temperament nicht einmal in Trennungsszenen ausleben konnte. Seither kenne ich die Bedeutung der Formulierung »unüberbrückbare Differenzen«.

Und jetzt ist der Stand der Dinge, dass ich Berliner Single-Frau, alleinerziehende Mutter und voll berufstätig bin und in einer Berliner Mietwohnung ein sehr erwachsenes Leben führe. Ich bin eine solide Zahl in mehreren deutschen Statistiken. Und wirklich nur vor dem Einschlafen gönne ich mir eine kleine Portion Selbstmitleid.

2 Der Schlüssel zum Chaos

Vor mir liegt das erste Sommerwochenende, an dem ich keine Termine habe. Keine Podiumsdiskussionen, bei denen ich mich um Kopf und Kragen reden könnte, keine Interviews, keine Lesungen. Und kein dickköpfiges Kind, das permanent meine erzieherischen Maßnahmen hinterfragt und nie ins Bett gehen möchte. Endlich ist Erholung angesagt. Mit einem Glas exquisiten Prosecco setze ich mich auf meinen großzügigen Balkon und genieße den Sonnenuntergang. Ich atme tief ein und versuche, mich zu entspannen.

Okay, wenn ich ehrlich bin, ist der Prosecco nicht gerade ein feiner Tropfen. Die Flasche hat einen Schraubverschluss, und ich habe sie bei den Gebrüdern Albrecht gekauft. Auch ist »Balkon« ziemlich übertrieben. Eigentlich sitze ich vor einem geöffneten Fenster, das bis zum Boden reicht, und nur ein Gitter verhindert, dass ich in den Innenhof fallen kann. Die Aussicht beschränkt sich auf ein umzäuntes Ensemble von Mülltonnen und die abgestellten Fahrräder meiner Nachbarn. Auch vom Sonnenuntergang keine Spur, der spielt sich in entgegengesetzter Himmelsrichtung ab. Aber all das ist heute vollkommen unwichtig. Hauptsache, ich habe diesen Tag hinter mir. Irgendwie häufen sich die schlechten Tage, denke ich, während ich mich fast am Prosecco verschlucke. Aber ich will ja raus aus meiner Krise. Überhaupt: Der Prosecco bleibt in einer Flasche mit Schraubverschluss länger prickelnd, für Wohnungen mit Balkonen zahlt man Wuchermieten, und in Hinterhauswohnungen bekommt man viel weniger vom Straßenlärm mit.

Doch statt mich endlich zu entspannen, kommen die Ereignisse des Tages wieder hoch. Unglaublich, was für ein Theater mein kleines Fräulein heute veranstaltet hat, bevor ich sie für das Wochenende zu ihrem Vater bringen konnte. Alles fing damit an, dass sie ausnahmsweise am Morgen den Kinderkanal schauen durfte. Es lief ein Film über eine Eisprinzessin, die im Schnee spielte. Eigentlich kann Johanna Prinzessinnen nicht leiden. Doch ausgerechnet heute entschied sie sich, selbst eine zu sein. Sie zog Handschuhe, Schal und Mütze an, obwohl es draußen bereits 25 Grad waren. Als ich ihr erklärte, sie bekäme davon einen Hitzschlag, meinte meine Tochter gelassen, dass sie die Wohnung heute sowieso nicht mehr verlassen würde, das Sonnenlicht würde sie sonst zum Schmelzen bringen.

Ich sagte, dass der Papa ganz traurig wäre, wenn sie ihn nicht besuchte. Sie erklärte mir daraufhin, dann müsse der Papa dieses Wochenende eben uns besuchen und bei der Mama im Bett schlafen. Daher wehte der Wind also. Einen schönen Plan hatte sich meine Tochter zurechtgelegt. Und obwohl ich langsam aber sicher die Geduld verlor, konnte ich mir einen gewissen Stolz nicht verkneifen. Johanna ist für ihr Alter ganz schön gerissen. Mir war, als blickte ich auf eine Miniversion von mir, und mir graute vor dem, was erst in ihrer Teenagerzeit auf mich zukommen würde.

Auch sonst gehörte dieser Tag nicht zu meinen besten. Während ich mit der Geduld einer Tropfsteinhöhle versuchte, meine Tochter wieder auf Sommerzeit umzustellen, brummte ständig mein Smartphone. Die drei Redakteure, deren Geduld ich bereits seit Tagen überstrapazierte, forderten ihr Recht ein. Ich hatte die »allerallerletzte« Deadline mal wieder überschritten. Wohl oder übel hatte ich mich an die Texte setzen müssen.

Als ich gegen Abend erstmals den Kühlschrank öffnete, fand ich hinter Bärchenfleischwurst und Streichkäse mit Erdbeergeschmack, oh Überraschung, die Schneekugel. Hier hatte meine Tochter sie also versteckt. Sie war ihr letztes Argument gewesen. Immer wieder betonte sie, die Schneekugel sei momentan das Allerwichtigste in ihrem Leben. Die Kugel hätte Zauberkräfte, und nur diese Zauberkraft könnte die bösen Hexen von ihr fernhalten. Wir könnten also erst losfahren, wenn die Schneekugel wieder auftauchte.

Während ich an meinem Prosecco-Glas nippe, knurrt mein Magen. Die gähnende Leere im Kühlschrank hat mich auf Zwangsdiät gesetzt. Und weit und breit kein Ali, der diesen erbärmlichen Zustand beheben könnte. Langsam entwickle ich mich zu einem richtigen Vereinsmeier. Jetzt gehöre ich nicht nur dem Frauen-, Migrations- und Selbstständigenverein an, sondern auch dem für Singles und alleinerziehende Mütter. Das nenne ich Multitasking. Weiblich, Migrationshintergrund, unbemannt wie ein Marsroboter, mit Kind und einem Job, der mir Einnahmen im unteren Einkommenssektor beschert. Zu meinem Glück fehlt mir nur noch, dass mein Vermieter Eigenbedarf anmeldet. Aber Schwamm drüber und Prost! Heute soll mich nichts mehr ärgern.

Da klingelt mein Festnetztelefon. Und wenn mein Festnetztelefon klingelt, bedeutet das zweifelsohne, dass es sich um meine Mutter handelt. Sie ist die Einzige, die noch über einen Telefonapparat kommuniziert. Zu meiner großen Überraschung ist aber nicht meine Mutter am anderen Ende der Leitung. Es ist mein Vater. Ich sollte wohl erwähnen, dass allein die Tatsache, dass mein Vater mich persönlich anruft, einem Wunder gleichkommt. Es ist ungefähr so, als würde Hollywood anrufen, um mir mitzuteilen, dass sie mich für den nächsten 007 als Bond-Girl ausgewählt hätten.

Die ein, zwei Telefonate, die ich in meinem Leben mit meinem Vater geführt habe, liefen in etwa so ab: Tochter ruft Vater an, Vater fragt: »Was ist los?« Tochter rechtfertigt sich, dass sie nur mal hören wollte, wie es ihm geht. Vater schenkt der Aussage keinen Glauben und sagt zügig, bevor Tochter ihn vermutlich um einen Gefallen bitten kann: »Ich gebe den Hörer mal an deine Mutter weiter.«

Diesmal ist es jedoch anders. »Tochter, was machst du?«

»Wieso, Baba?«

»Du musst sofort zu uns kommen. Deine Mutter und ich müssen dich sprechen. Es ist sehr dringend.«

Oh, mein Gott, stand mein Wutanfall tatsächlich schon in der Zeitung? Vielleicht in der guten alten WAZ, weil ein alter Kollege von mir im Nachrichtenticker etwas über die hysterische Quotentürkin gelesen hatte? Immerhin habe ich bei der WAZ meine Ausbildung gemacht. Die Leute aus dem Ruhrgebiet halten sich stets die Treue. In guten und vor allem in schlechten Zeiten. Nichts geht ihnen über einen guten Tratsch.

»Was ist denn los, Baba? In Dreişeytans Namen, sag es mir am Telefon. Bitte!«

»Tochter, du sollst nicht fluchen.«

»Ist es etwas Schlimmes?«

»Sabır acıdır, meyvesi tatlıdır – Geduld ist bitter, die Früchte umso süßer.«

»Okay, ich nehme morgen früh den ersten Zug.«

Also setze ich mich am Samstagmorgen in den Zug nach Duisburg. Während wir aus Berlin herausrollen, winke ich wehmütig meinem freien Wochenende hinterher. Meine Gedanken schlagen die ganze Fahrt über Purzelbäume. Ich komme einfach nicht dahinter, warum ich so dringend nach Hause kommen soll. Meine schnelle Internetrecherche auf dem Smartphone hat ergeben, dass ich noch kein Thema für die Klatschspalten geworden bin. Was kann es dann also sein? Ist jemand krank? Hat mein Bruder Mustafa etwas ausgefressen? Wollen sich meine Eltern etwa scheiden lassen? Oder wollen sie Deutschland nach vierzig Jahren für immer verlassen?

Als ich knapp fünf Stunden später im Wohnzimmer meiner Eltern stehe, blickt mir meine gesamte Familie von der neuen Sofalandschaft entgegen. Mein Vater, meine Mutter, meine Schwestern Gönül und Elif, meine Brüder Mehmet und Mustafa, der eine mit seiner Frau und den zwei Kindern, der Zweite mit einer neuen Verlobten, die ich bisher nur von Facebook-Fotos kenne, sowie etliche Neffen und Nichten. Bei jedem meiner Besuche, so scheint es, schwillt meine Familie auf mysteriöse Weise um mehrere neue Mitglieder an. Fest steht jedenfalls, für die niedrige Geburtenrate in Deutschland kann man die Akyüns wirklich nicht verantwortlich machen. Und da die Nachkommen nicht auf den Kopf gefallen sind und das Gymnasium besuchen, beteiligen sie sich kräftig daran, dem Fachkräftemangel in Deutschland abzuhelfen.

Ein wenig erinnert mich der Anblick meiner Familie an jenen Abend, als ich vor vielen Jahren meinen ersten Freund Stefan zu Hause vorstellte. Stefan mit einem Strauß rosa Rosen und einer Packung Ferrero Küsschen in der Hand. Damit hatte er an alles gedacht. Als er bei der Begrüßung meiner Mutter noch eine leichte Verbeugung andeutete, war es um sie geschehen. Danach sprach aus ihren Augen Mutterliebe. Dieses Bild hat sich in mein Gehirn gebrannt wie die erste Mondlandung.

Und seitdem, es ist zwanzig Jahre her, fragt meine Mutter immer noch nach Stefan. Ob er schon Kinder habe, ob er mittlerweile endlich von seiner Frau geschieden sei. Sie wird die Hoffnung wohl nie aufgeben, dass wir irgendwann wieder ein Paar werden könnten. Und um ganz ehrlich zu sein, versuche ich in Krisenzeiten auch immer mal wieder über verschiedene Kanäle herauszufinden, ob Stefan wieder Single ist. Ist er gerade leider nicht. Seit fünf Jahren glücklich verheiratet. Zumindest sagt das meine Informantin, meine beste Freundin Julia. Und hin und wieder ertappe ich mich dabei, wie ich mich frage, ob Stefan manchmal an mich denkt. Und dann rede ich mir ein, dass ich seine große Liebe gewesen bin und ganz sicher tagtäglich in seinen Gedanken auftauche.

Plötzlich durchzuckt mich ein ganz furchtbarer Gedanke. Verdammt, vielleicht drehen meine Eltern jetzt durch und wollen mich mit 42 Jahren doch noch mit irgendeinem Verwandten zwangsverheiraten? Doch bei näherem Nachdenken – und das deprimiert mich jetzt wirklich – finde ich den Gedanken an eine Zwangsheirat gerade gar nicht so furchtbar. Mal wieder von einem Mann in den Arm genommen zu werden. Aber dann denke ich an die traurigen Alternativen, die ich in unserer Verwandtschaft hätte. Entweder verwitwet oder steinalt. Und auch wenn Julia immer sagt, dass man ab einem bestimmten Alter auch Kompromisse eingehen müsse, sollte man nicht gleich jegliche Hoffnung auf einen Mann außerhalb der eigenen Familie aufgeben. Überhaupt: Ich will keinen Mann. Komisch, das ich mich immer wieder daran erinnern muss.

Nach einer deutsch-türkischen Begrüßung meiner Familie, einer Mischung aus Ruhrpott und Anatolien, erhebt mein Vater streng die Stimme. Schlagartig wird es mucksmäuschenstill. Er beginnt mit rauem Ton zu sprechen. Es dauert einen Moment, bis ich den fein gesponnenen Fäden seiner Ausführungen folgen kann. Alles dreht sich um die Worte »Yeşilköy«, »Istanbul« und »Alterswohnsitz«. Mein erster Gedanke ist, dass er von der Ägäisküste an den Bosporus ziehen möchte. Also von Izmir nach Istanbul, aber dass hätte überhaupt keinen Sinn. An dem selbst gebauten Haus in Izmir hängt er mit ganzem Herzen. Also zwinge ich mich, ihm weiter geduldig zuzuhören.

Mein Vater erzählt von zwei Grundstücken und einer kleinen Wohnung in Istanbul, die vor vielen Jahren durch einen glücklichen Zufall an ihn fielen. Und jetzt erinnere ich mich wieder.

Ich war gerade zwölf Jahre alt, als mein Vater uns die kleine Wohnung in Yeşilköy zeigte. Zu dieser Zeit war der Istanbuler Stadtteil noch ein schwach besiedeltes Wohngebiet mit heruntergekommenen Häusern. Hier wohnten viele Verwandte von uns, und ich weiß noch, dass wir Kinder sehr traurig waren, weil wir viel lieber am Bosporus entlangspaziert wären statt am Marmarameer, wo Yeşilköy liegt. Der Bosporus war der viel aufregendere Teil Istanbuls. Sogar meine Freundin Julia hatte dort mit ihren Eltern schon einen Urlaub verbracht.

In der Straße lag eine Autowerkstatt neben der nächsten. Es roch nach Dieselabgasen, Terpentin, Gegrilltem und muffigen Polstermöbeln. Überall stürmten Gerüche auf mich ein. Hier gab es Unmengen an bunten, duftenden und lauten Bildern, sodass ich meinte, mit den Ohren sehen, mit der Haut riechen und mit den Augen hören zu können.

Mein Vater verpachtete die beiden Autowerkstätten unten im Haus, die ihm ebenfalls zugefallen waren. Deren Tore standen immer offen. Zwischen ausgebeinten Autos, ausgebauten Motoren, Rädern, Sitzen und Kabelbäumen diskutierten ölverschmierte Männer in Overalls aufgeregt miteinander. Die Reparaturmethoden waren ungewöhnlich. Da wurden Wagen mit verzogenen Karosserien mit einer Kette um einen dicken Baum gebunden, und während die Autos vor- und zurückfuhren, sollten sich die verbogenen Träger quasi aus eigenem Antrieb wieder gerade ziehen. Da wurde in einer Woche aus einer Mercedes-Motorhaube ein BMW-Kotflügel gezaubert, und der Kofferraumdeckel eines Fords wurde nach Millionen von Hammerschlägen schließlich zur Fiat-Motorhaube. Immer, wenn mein Vater sein Auto in einer der Werkstätten warten ließ, wurde mir ganz flau im Magen.

Mein Vater war auf ungewöhnliche Art Herr über diese beiden Werkstätten und die kleine Wohnung darüber geworden. Gekauft hatte er sie jedenfalls nicht.

Nach türkischem Importgesetz hatte mein Vater das Recht, ein einziges deutsches Auto in die Türkei einzuführen. Das tat er auch. Er importierte einen apfelsinenfarbenen Mercedes-Benz. Mit diesem Auto besuchten wir unsere Verwandten in Yeşilköy. Als mein Vater an einem sonnigen Tag mit dem sehr auffälligen Mercedes durch das Viertel fuhr, fand ein wohlhabender Istanbuler Geschäftsmann Gefallen daran. Dazu muss man wissen, dass es in den Achtzigerjahren so gut wie keine ausländischen Autos auf Istanbuler Straßen gab und schon gar keinen in dieser Farbe. So etwas konnte sich niemand leisten. Der Geschäftsmann jedenfalls bot meinem Vater an, sein Auto gegen eine Wohnung samt der Werkstätten in Yeşilköy zu tauschen. Mein Vater überschlug den Wert, überlegte kurz und besiegelte den Tausch mit einem Handschlag.

Ich hatte gedacht, dass er die Immobilien längst zu Geld gemacht hatte, als er seinen Altersruhesitz in Izmir erbaute. Nun eröffnete mir mein Vater, dass er die Wohnung selbstverständlich behalten habe, denn er sei ja nicht blöd und habe schon damals gewusst, dass Istanbul schwer im Kommen sei. Langsam ahne ich, worauf mein Vater hinauswill. All meine Geschwister bekamen zu ihren Hochzeiten Wohnungen als Altersvorsorge von meinem Vater geschenkt, in Duisburg oder in Izmir. Nur ich war, da ich nie geheiratet hatte, bisher leer ausgegangen.

Aber das soll sich jetzt ändern: Mein Vater übergibt mir in Anwesenheit aller höchst feierlich einen Wohnungsschlüssel. Seine Augen sind ein bisschen feucht, meine Mutter weint in ein besticktes Taschentuch, meine Geschwister und Verwandten klatschen oder pfeifen auf zwei Fingern. Ich bringe gerade mal ein Dankeschön heraus und muss mich erst einmal setzen. Eigentlich sollte ich mich über das Geschenk meiner Eltern freuen, aber ich muss die ganze Zeit daran denken, dass ich mit dieser Wohnung doch überhaupt nichts anfangen kann. Eine Wohnung würde ich zwar gerne geschenkt bekommen, aber eine in Berlin, nicht in Istanbul. Seit einigen Monaten lese ich schon fleißig die Immobilienangebote in Berlin, um die letzte bezahlbare Eigentumswohnung mit Innenstadtanbindung zu erwerben.

Der Einzige, der ganz aus dem Häuschen ist, ist mein Bruder Mustafa. »Schiwesta, jetzt hab isch endlich mein Problem mit Lagerraum gelöst.« Er importiert nämlich »Designermode« aus Istanbul, und natürlich sind diese Taschen, Sportanzüge und Krokodil-Hemden alle echt, so echt wie die Rolex an seinem Handgelenk, deren Batterie er wöchentlich auswechseln muss, weil die Uhr sonst stehen bleibt.

Typisch Mustafa, will meine mir gerade vererbte Wohnung in Istanbul gleich als Lagerhalle für seine Fake-Taschen nutzen. Bei meinem letzten Istanbul-Besuch habe ich sogar die Bekanntschaft mit einem seiner Lieferanten gemacht. Und das lag daran, dass ich mir von meinem ersten Buchhonorar eine Louis-Vuitton-Tasche gegönnt hatte. Ich kaufte sie, um wirklich alle Zweifel an ihrer Echtheit auszuräumen, in einem lizensierten Geschäft in Berlin. Aber die Tasche brachte mir von Anfang an kein Glück. Und deshalb ist sie auch die erste und letzte Designertasche, die ich besitzen werde. In Berlin kann ich sie nicht tragen, weil ich das komische Gefühl habe, dass die Initialen monströs groß werden, je länger ich mit ihr durch die Straßen laufe. Und in Istanbul traf ich damit auf den besagten Taschenhändler.

Ich war auf Lesereise und kam an meinem freien Tag zufällig an einem kleinen Shop mit nachgemachten Designertaschen vorbei. Ich ging hinein, um einen Überblick zu bekommen, was alles auf dem Fälschermarkt erhältlich ist. Im Laden kam der Verkäufer gleich auf mich zu, zeigte auf meine Tasche und sagte freudestrahlend:»Oh, die ist von mir.«

»Nein, die ist nicht von Ihnen, meine Tasche ist echt«, antwortete ich empört.

»Nein, gnädige Frau, ich erkenne sie doch wieder.« Dann verschwand er im Keller. Nach etwa zwei Minuten kam er mit triumphierendem Blick zurück, in der Hand eine Louis-Vuitton-Tasche, die meiner zum Verwechseln ähnlich sah. Trotzdem glaubte ich ihm nicht, verglich eine Viertelstunde lang jede Naht, jede Niete, jeden Quadratmillimeter. Tatsächlich, die Taschen waren identisch. Als ich ihn schließlich nach dem Preis fragte, trieb mir seine Antwort fast die Tränen in die Augen. Die Tasche kostete bei ihm nur ein Zehntel dessen, was ich hingeblättert hatte.

Bevor ich wieder trübselig werden kann, reißt mich Mustafa aus meinen Gedanken:»Wenn du mein Zeug lagerst, kriegst du Provision, Schiwesta.«Dann legt er seine Stirn in Falten, tut so, als ob er gerade intensiv rechne, und sagt:»Hab isch grob überschlagen, du kriegs ein Prozent von Verkaufspreis.« Dass ich nicht lache.

Jetzt kündigt der Rest der Bagage fröhlich an, mich regelmäßig nebst Familienanhang in meiner neuen Bleibe zu besuchen. Es ist so typisch. In Duisburg komme ich nur zum Denken, wenn ich nach einem redseligen Familientag abends erschlagen im Bett liege. Vorher gilt es nur, schnelle Reaktion zu zeigen oder ein dickes Fell. Also verkneife ich mir, nun jeden Spruch zu kommentieren und jede Besuchsankündigung höflich abzuwehren. Stattdessen starre ich auf den Schlüssel zu meiner neuen Eigentumswohnung, der mit einer Schnur an einem dicken, schweren Holzblock, so groß wie mein Smartphone, befestigt ist.

Selbst mein Vater kann sich eine kleine Spitze nicht verkneifen. Er betont ausdrücklich, dass in die kleine Wohnung nur ich und meine Tochter passten, für einen Mann sei dort absolut kein Platz. Ich muss ein bisschen heulen, vor Verzweiflung, aber auch, weil mir bewusst wird, dass ich durch das Geschenk zum ebenbürtigen Spross im Akyün'schen Stammbaum geadelt worden bin.

Vor gar nicht langer Zeit bin ich sogar wieder einmal in Yeşilköy gewesen. Ob da wieder Kismet zugeschlagen hat? Für eine Reportage verbrachte ich zwei Wochen in Istanbul. Eine der Frauen, die ich für die Geschichte porträtieren wollte, wohnte in Yeşilköy, und so hatte ich Gelegenheit zu sehen, wie sich dieses»Dorf« entwickelt hatte. Zunächst fand ich mich gar nicht mehr zurecht, so stark hatte sich mein Handwerkerdorf von damals verändert. Yeşilköy hat sich mit seiner Promenade, den Palmen, kleinen Cafés und Restaurants entlang des Wassers zu einem wirklich schmucken Ort gemausert, der auch irgendwo an die deutsche Nord- oder

Ostseeküste passen würde. Nur die vielen Händler mit ihren Handwagen, die gegrillte Maiskolben, Sesamkringel und frischen Fisch im Fladenbrot anboten, machten den Unterschied zu Warnemünde oder Timmendorfer Strand deutlich.

Immer noch verdattert, dass ich gerade eine Wohnung in Istanbul geerbt habe, hole ich mein Smartphone heraus und tippe »Yeşilköy« in die Suchmaschine. Mein Bruder nimmt das als Anlass, über mein veraltetes Modell zu lästern, und bietet mir sofort ein neues an: »Weil du mein Schiwesta bis, 50 Oyro für neues iPhone.« Aber darauf gehe ich nicht ein, denn ich versinke in den Zeilen. Ich lese, dass Yeşilköy früher »San Stefano« hieß. Der Legende nach sollten die Gebeine des ersten christlichen Märtyrers, des heiligen Stephanus, von Byzanz nach Rom gebracht werden, doch ein Sturm hielt das Schiff auf. Vorübergehend wurden die Gebeine im heutigen Yeşilköy in einer Kirche gelagert, bis sie schließlich doch nach Rom transportiert werden konnten. Die Sankt-Stephan-Kirche gibt es in Yeşilköy noch. Sie liegt sehr prominent an der Uferpromenade. Yeşilköy heißt das Viertel erst seit 1926, als alle Nachnamen und Ortsnamen in der Türkei auf Geheiß des Republikgründers Atatürk türkisiert wurden.

Auch wenn das alles irgendwie berührend und von meinen Eltern ja auch lieb gemeint ist, denke ich fieberhaft darüber nach, wie ich aus der Nummer wieder herauskomme. Bisher hatte es mir immer völlig ausgereicht, meine Schwester in Izmir zu besuchen, die jetzt schon überlegt, wie wir meine neue Wohnung einrichten könnten, oder dort im Sommer kurz mal bei meinen Eltern vorbeizuschauen, die nun auf dem Sofa sitzen und auf meine Reaktion warten. Was bitte schön soll ich mit einer Eigentumswohnung in Istanbul anfangen? Ich lächle einfach weiter, während ich die selbst gemachten Süßigkeiten meiner Mutter verspeise und insgeheim den Plan schmiede, die Wohnung zu verkaufen und mich wohntechnisch in Berlin zu verbessern.

Als ich mich aus Duisburg verabschiede, stehen meine Eltern mit glänzenden Augen im Türrahmen. Ein bisschen fühle ich mich jetzt wie eine fiese Verräterin.

Im Zug nach Berlin denke ich noch einmal in Ruhe über alles nach. Wie wäre es eigentlich, nur theoretisch natürlich, wenn ich die Wohnung doch behalten würde? Vielleicht ist diese Wohnung in Istanbul ja eine Chance, mein Leben radikal zu verändern. Zum Guten natürlich. Hatte ich nicht erst letztens groß angekündigt, dass ich gehen würde? Na gut, gehen könnte? Ich wäre nicht die Erste, die es satthat, in Deutschland die ewige Quotentürkin zu sein. In der Türkei wäre ich eine gut ausgebildete Rückkehrerin, die mit offenen Armen empfangen würde. Obwohl, ein Zurückkehren wäre es ja nicht, sondern ein Auswandern. Ich gehe einfach den umgekehrten Weg, den meine Eltern vor Jahrzehnten gegangen sind. Aber kann eine Frau, die in Deutschland aufgewachsen ist, sich in der Türkei heimisch fühlen?

Auf jeden Fall könnte ich einen Neuanfang wagen und all den Frust der letzten Wochen und Monate hinter mir lassen. Der Schlüssel in meiner Tasche könnte der Schlüssel zu einem neuen Abenteuer sein. Dem Abenteuer einer Deutschen, die beschließt, in die Türkei auszuwandern. Warum um alles in der Welt hat mein Vater einen Holzklotz an den Wohnungsschlüssel gebunden? Eigentlich wollte ich ihn längst abschneiden, aber ich habe mich bisher nicht getraut. Meine Mutter sagte zum Abschied in Duisburg, dass mir Kismet mit diesem Schlüssel etwas mitteilen wolle.

»Was denn nun schon wieder? Dass mir die Wohnung jetzt wie ein Klotz am Bein hängen wird?«, antwortete ich schnippisch.

Kaum hatte ich es ausgesprochen, da zischte sie: »Über Kismet werden keine Scherze gemacht, Allah wird dich bestrafen.«

Einen weiteren Kommentar verkniff ich mir. Meine Mutter und Kismet sollte man auf keinen Fall unterschätzen. Schließlich wollte ich nicht, dass der Klotz am Schlüssel tatsächlich Symbolkraft bekommt.

Zu Hause angekommen, hole ich die angebrochene Flasche Prosecco aus dem Kühlschrank und setze mich auf meinen Fensterbalkon. Während ich in die Nacht schaue, stelle ich mir ein Leben in der Wohnung in Yeşilköy vor. Der Gedanke ist plötzlich gar nicht mal so übel. Ich weiß nicht, ob der Prosecco meinen Entschluss geformt hat oder doch meine klar strukturierten Argumente.

Bei Sonnenaufgang steht mein Vorhaben endgültig fest. Ich wandere aus. Und während ich meinen Kaffee trinke, freue ich mich schon auf mein neues Leben in Istanbul. Natürlich erst mal zur Probe. Denn so nüchtern bleibe ich in jedem Fall, nicht gleich meine Berliner Wohnung zu kündigen. Ich will erst mal schauen, wie es mir in Istanbul gefällt. Ein deutsches Standbein bin ich Johanna schuldig, damit kann ich meine Hintertür rechtfertigen, die ich mir auf jeden Fall offenhalten werde.

Als ich meinen Freunden und Kollegen in den nächsten Tagen von meinem Plan erzähle, fragen sie mich tatsächlich, warum ich zurückgehen wolle.

»Zurück? Wohin denn? Ich war doch nie weg«, entgegne ich stolz. »Ich wandere aus.«

Die Generation meiner Eltern träumte immer von der Heimkehr in die Türkei, und doch bleiben die meisten hier. Für mich ist Deutschland meine Heimat, aber ich muss herausfinden, warum ich mich hier nicht mehr zugehörig fühle. Warum fühle ich mich plötzlich als Fremde im eigenen Land? Bin ich das wirklich geworden, oder steigere ich mich mehr und mehr in etwas hinein?

Zuerst war ich das Gastarbeiterkind, während meiner Schulzeit dann einfach nur die Bergmannstochter. Wir waren alle Bergarbeiterkinder in der Zechensiedlung, in der wir alle zusammengelebt haben: Deutsche, Türken, Polen, Jugoslawen, Italiener. Verbunden hat uns, dass unsere Väter im Berg-

werk gearbeitet haben. Das änderte sich in den Neunziger-
jahren. Da war ich auf einmal die»Türkin«, selbst an der Uni.
Dann wurde ich zu einer Deutschtürkin und schließlich politisch sehr korrekt zu einem»Menschen mit Migrationshintergrund«. Im Moment bin ich sehr oft die»Muslima« und muss
häufig spezielle Fragen zum Islam beantworten, obwohl ich
nicht religiös bin und mich im Koran auch nicht sonderlich
gut auskenne. In all den Jahren, die ich in Deutschland lebe,
bin ich etikettiert worden.

Ich würde also in die gegenläufige Richtung wie meine Eltern gehen. Und ich wäre nicht die Erste. Viele junge Akademiker mit türkischem Hintergrund verlassen Deutschland,
um Jobangebote in der Türkei zu nutzen. Auch einige meiner Bekannten haben die Chance eines beruflichen Neuan-
fangs bereits genutzt. Und warum soll sich jemand mit guter
Ausbildung bei der Vergabe von Jobs in Deutschland immer
wieder übergehen lassen, nur weil die Personalchefs sich bei
einem Bewerber mit türkisch klingendem Namen keine qua-
lifizierte Arbeitskraft vorstellen können? Ich selbst habe sogar
den Vorteil, dass ich mein Geld mit dem Schreiben verdiene.
Und das kann ich überall auf der Welt tun.

Als ich meinen deutschen Pass aus der Schublade nehme,
fällt ein kleiner Zettel heraus, auf dem ich einmal ein Zitat
von Bertolt Brecht notiert habe:»Der Pass ist der edelste Teil
von einem Menschen. Er kommt auch nicht auf so eine einfache Weise zustande wie ein Mensch. Ein Mensch kann überall zustande kommen, auf die leichtsinnigste Art und ohne
gescheiten Grund, aber ein Pass niemals. Dafür wird er auch
anerkannt, wenn er gut ist, während ein Mensch noch so gut
sein kann und doch nicht anerkannt wird.«

Ich besitze die deutsche Staatsangehörigkeit, bin also Deutsche im Sinne des Grundgesetzes. Von uns Deutschen gibt es
fast 82 Millionen. Und Auswandern gehört in Deutschland
zur Tradition. Fast jeder vierte Amerikaner hat deutsche Vorfahren. Auch in anderer Richtung sind wir stark vertreten. Za-

rin Katharina holte deutsche Handwerker und Bauern nach Russland. Einige gingen, um bessere Arbeit zu finden, andere mussten gehen, weil sie wegen ihrer Religion verfolgt wurden. Und so wie es Auswanderer gibt, gibt es seit jeher auch Einwanderer. Obwohl noch Mitte des letzten Jahrhunderts der Nationalsozialismus herrschte, entschieden sich meine Eltern nur wenige Jahre später für Deutschland, und mit ihnen viele andere Türken, Spanier und Italiener. Sie waren der Einladung Deutschlands gefolgt, hier als Gastarbeiter zu arbeiten. Doch man hatte wohl jeweils eine andere Vorstellung davon, was Gastsein bedeutet. Meine Eltern empfanden es als etwas Positives, denn Gäste hat man gerne in seinem Haus. Für Deutschland lag die Betonung aber eher darauf, dass Gäste auch irgendwann wieder gehen, nämlich dann, wenn man sie überhat. Mein Vater würde jetzt wahrscheinlich sagen: »Misafirlik üç gündür.« Es bedeutet, dass ein Besuch drei Tage dauert, danach gehört man zur Familie.

Aber was bedeutet es eigentlich, deutsch zu sein? Auch innerhalb Deutschlands gibt es verschiedene Mentalitäten, Traditionen und Dialekte. So kann es schon mal vorkommen, dass ein Ostfriese einen Bayern nicht versteht. Wohnen etwa alle Deutschen in einem Reihenhaus oder wählen dieselbe Partei? Deutschland ist vielfältig, und genauso vielfältig sind die zugewanderten Türken. In der Türkei gibt es je nach Definition neun bis sechzehn verschiedene Ethnien.

Aber wenn ich ehrlich bin, habe ich mich lange vor der Verantwortung gedrückt, die man eben auch zu tragen hat, wenn man Deutsche ist. Die deutsche Geschichte schob ich weit von mir. Ich bin ja nicht hier geboren, dachte ich. Und: Das ist alles vor meiner Zeit passiert. Mit dieser Einstellung unterschied ich mich nicht einmal von meinen Freunden, die in Bäuchen deutscher Mütter ausgetragen worden waren. Aber das ist falsch, weiß ich heute. Wer dazugehören will, muss sich auch mit der Vergangenheit seines Heimatlandes auseinandersetzen. Nur so versteht man auch die Gegenwart.

Als ich vor einigen Monaten bei meinen Eltern in Duisburg zu Besuch war, traf ich meinen alten Schulfreund Adrian auf der Straße wieder. Seine Eltern kommen aus Wrocław, dem früheren Breslau. Wir gingen zusammen Kaffee trinken. Und irgendwann kamen wir auf das Thema Heimat. Er erzählte mir, wie seine Eltern mit dem Verlust ihrer Heimat umgehen. Dass sie überhaupt keinen Groll hegen. Die Polen, die heute dort wohnen, seien auch Vertriebene. Sie wurden damals von den Russen aus östlicheren Regionen zwangsumgesiedelt, und so teilen alle ein gemeinsames Schicksal – den Heimatverlust.

»Meine Eltern wurden nie gefragt, wo und wie sie arbeiten wollen«, sagte Adrian. Als Flüchtlinge hätten sie sich immer als Deutsche zweiter Klasse gefühlt. Man hätte ihnen zu verstehen gegeben, sie sollten froh sein, überhaupt Arbeit und ein neues Zuhause zu haben. »Als Sohn von Vertriebenen weiß ich sehr genau, wie es ist, nicht angenommen zu werden«, sagte er.

Mich erstaunten die Erzählungen meines Schulfreundes. Für mich war er immer ein Deutscher gewesen. Ich hatte seine Anpassungsprobleme nie bemerkt. Vermutlich, weil ich mit meinen eigenen zu tun gehabt hatte.

In einer Diskussionsrunde wurde ich einmal von dem Moderator gefragt, was Heimat für mich bedeute. Ich musste nicht lange überlegen. Heimat seien für mich die Autobahn A 42, die durch Duisburg führt, und Hochöfen, die in den Himmel ragen, antwortete ich. Mit Duisburg verbinde ich nämlich meine Kindheit und Jugend, hier wurde ich zu dem Menschen, der ich heute bin. Mit Duisburg verbinde ich ein Lebensgefühl, hier ist jeder zuallererst Duisburger, egal woher er kommt und woran er glaubt. Deshalb fällt es mir auch leichter zu sagen, ich bin Duisburgerin, als, ich bin Deutsche. Und das mag seltsam klingen, denn es liegt nicht daran, dass ich zwischen zwei Stühlen sitze oder mich gar zerrissen fühle zwischen der deutschen und türkischen Kultur. Es liegt vielmehr daran, dass ich mich an erster Stelle als Hatice sehe, mit all ihren Erlebnissen und Erfahrungen. Und das ist das Entscheidende.

Wenn ich allerdings in dieser Zeit die Zeitungen aufschlage und der Ex-Senator wieder einmal definiert, wer zu Deutschland gehört, festigt sich in mir ein neuer Gedanke. Mein Fluchtgedanke. Mir steigen Bilder von Istanbul vor Augen, wunderschöne, vertraute Bilder. Ich bekomme Sehnsucht nach den Menschen, die dort leben, Teile meiner Familie. Deutsch ist meine Sprache, Deutschland ist mein Land. Aber die Situation hier hat für mich einen Tiefpunkt erreicht. Meine Tochter kann ich allerdings nicht einfach so aus ihrem deutschen Leben herausreißen. Sie darf auf keinen Fall gleich mitbekommen, wie kopflos ihre Mutter sein kann. Für sie bin ich immerhin noch so etwas wie eine Respektsperson. Und das soll auch so bleiben, bis sie 18 ist. Gut, vielleicht schaffe ich es, bis sie 16 ist. Oder mindestens bis 14. Ich gebe mein Bestes.

Ich versuche mich mit dem Gedanken zu beruhigen, dass ich die Wohnung in Istanbul ja immer noch verkaufen kann, falls ich nicht zurechtkommen sollte. Es ist wirklich absurd, auswandern zu wollen, wenn man gerade eine neue Bleibe in der Heimat sucht. Wenn man ohne chauvinistische Politiker nie auf die Idee gekommen wäre, die Koffer zu packen. Wenn man vielleicht wirklich in einer Midlife-Crisis steckt. Und wenn man keinen Plan, keine Ahnung hat, wie das Leben in der Türkei überhaupt funktioniert. Jede meiner Freundinnen würde ich spätestens jetzt zum Therapeuten schicken. Für mich gilt das auch in diesem Fall selbstverständlich nicht.

Flug ins 3 Glück

Die Entscheidung, Deutschland zu verlassen, habe ich doch bewusst getroffen. Dennoch bin ich kurz vor der Abreise traurig. Was mir zunächst aufregendes Herzklopfen bereitet hatte, löst nun Zweifel aus. Und um ja nicht Gefahr zu laufen, es mir doch noch anders zu überlegen, habe ich die erste Maschine des Tages nach Istanbul gebucht. Die Müdigkeit am Morgen wird mir den Abschiedsschmerz von meinem Berliner Zuhause ganz bestimmt erleichtern.

Zuvor verbringen meine Tochter und ich noch ein Wochenende mit Pizza, Kegelbahn und Kindermuseum. Dann ist es Zeit, mich von ihr zu verabschieden.

Tagelang hatte ich mich auf diesen Moment vorbereitet, in Erziehungsratgebern nach dem richtigen pädagogischen Ansatz gesucht. Denn ich hatte ein wahnsinnig schlechtes Gewissen dabei, sie erst mal hier zurückzulassen. Sogar ein Abschiedsritual hatte ich mir überlegt, so wie es im Ratgeber stand. Aber es sieht verdammt blöd aus, wenn man den Eskimokuss, das Nasenreiben, allein ausführt.

Als wir bei den Großeltern, meinen Ex-Schwiegereltern, im Flur stehen, merke ich, dass Johanna an einem Abschied gar nicht interessiert zu sein scheint. Nur einen Ratschlag des Kinderpsychologen befolgen wir ordnungsgemäß: den Verzicht auf eine lange Abschiedsszene. Doch die Ausführung übernimmt meine Tochter und nicht ich. Während ich sie auf Wangen und Stirn küsse, zappelt sie ungeduldig in meinen Armen und schaut ungeduldig zu ihrer Oma. Ich fange an zu weinen, aber das interessiert sie überhaupt nicht. Mein eigen Fleisch und Blut kann mich gar nicht schnell genug vor die Haustür setzen und winkt mir zu allem Überfluss auch noch fröhlich hinterher. Ich weiß schon, wo das herrührt, jetzt hat sie endlich freie Bahn, darf unbegrenzt fernsehen, Süßigkeiten essen und wird von der Oma nach Strich und Faden verwöhnt.

Langsam beginne ich zu bereuen, dass ich mein Kind zu so einem eigenständigen Individuum erzogen habe.

Als ich zur U-Bahn laufe, fällt mir ein Satz meiner Mutter ein, den sie uns Töchtern immer um die Ohren schlug, wenn wir nicht taten, was sie von uns erwartete: »Allah sana senin gibi evlat versin – Allah soll dich mit einem Kind wie dir bestrafen.« Wenn sie besonders böse auf uns war, schimpfte sie: »Seni doğuracağıma taş doğursaydım – Ich wünschte, ich hätte statt deiner einen Stein geboren.« Und für das zusätzliche schlechte Gewissen fügte sie an: »Seni okutabilmek için saçımı süpürge ettim – Damit du studieren konntest, musste ich aus meinen Haaren einen Besen machen.«

Bevor meiner Mutter nun Tausende Mitleidsbekundungen entgegenflattern, möchte ich schnell noch hinzufügen, dass sie in ihrem Leben keinen einzigen Tag arbeiten musste, weder als Putzfrau noch in einem anderen Beruf. Stattdessen wurden ihre vier Töchter und zwei Söhne schon im Kindesalter in die Aufräum- und Putzpflichten eingewiesen. Nur das Kochen durfte keiner von uns übernehmen. Aber auch nur, weil sie dann wieder stundenlang in der Küche verschwinden konnte und so ihre Ruhe vor uns hatte.

Und jetzt ertappe ich mich dabei, dass ich mich bei meiner eigenen Tochter genauso verhalte wie meine Mutter bei mir. Erst kürzlich wollte ich mit ihr kuscheln. Sie aber zog es vor, mit ihren Puppen zu spielen. Da platzte es aus mir heraus: »Ich habe dich unter Schmerzen geboren, und du möchtest nicht mit deiner Mutter kuscheln.«

Schrecklich, zu was für einem Klammeraffen ich mich entwickelt habe. Dabei stimmt das mit den Schmerzen noch nicht einmal. Ich hatte keine, denn ich habe meine Tochter unter einer Halbnarkose bekommen. Aber das muss sie ja nicht erfahren.

Wenigstens vom Rest meiner Familie hätte ich mir ein wenig mehr türkisches Temperament beim Abschied gewünscht. Aber niemand brach in Tränen aus oder schüttete mir einen Eimer Wasser nach, ein Brauch, der heute noch in manchen türkischen Dörfern praktiziert wird, um dem Wegfahrenden eine gute Reise zu wünschen.»Su gibi git, su gibi gel – Möge dein Weg wie dieses Wasser sein, fließend und ohne Hindernisse.« Meine Familie verhielt sich da eher nach dem deutschen Sprichwort »Reisende soll man nicht aufhalten«.

Da ich schlecht die Einzige sein kann, die meinem Abschied hinterherweint, hoffe ich jetzt auf Julia, die für meinen letzten Abend in Berlin ihren Besuch angekündigt hat.

Julia sagt nur: »Dafür, dass du auswandern willst, ist dein Koffer erstaunlich leicht.«

Sie zückt eine der Listen, die sie zur Organisation meiner Reise vorbereitet hat. Ich habe sie wirklich gern, aber manchmal kann ich mich des Eindrucks nicht erwehren, Julia sei so etwas wie eine fleischgewordene Excel-Tabelle. Mit Listen bewaffnet bleibt sie auch im größten Chaos gelassen, während mir alles um die Ohren fliegt. Gäbe es den Nordpol nicht schon, würden sich bestimmt alle Kompasse nach ihr ausrichten. Julia ist präzise, überlegt, organisiert. Julia ist der Mensch, gegen den das Eichamt wie eine Hippiekommune daherkommt und das strenge Protokoll eines Staatsbesuches wie ein Parteitag der Piraten wirkt.

»Ich fliege nur nach Istanbul, nicht in den tropischen Urwald«, grummele ich.

Julia wirkt unzufrieden und startet den Versuch, meine Abreise doch noch strukturiert anzugehen. Ohne Luft zu holen, liest sie mir Zeile für Zeile vor: Kleidung für heiße Tage, welche für kalte, für Regenwetter, solides Schuhwerk, welches zum Ausgehen, genügend Unterwäsche, Socken und eine Hausapotheke mit Kopfschmerztabletten, Grippemittel und Kapseln gegen Magenbeschwerden.

Langsam kommen mir Zweifel, ob das mit Julia und ihren Listen noch gesund ist. In den letzten Jahren wurde sie immer akribischer bei allem, was sie geplant hat. Ich habe das Gefühl, dass ihr Leben ohne Listen nicht mehr funktioniert. Ob es wohl daran liegt, dass sie auf diese Weise Ordnung in ihr Leben bekommt? Oder ob die Listen einfach nur davon ablenken sollen, dass ihr eigenes Leben im Laufe der Jahre zur Liste geworden ist? Alles, was sie nervt, wird weggestrichen und die Dinge, die ihr gefallen, werden doppelt unterstrichen. Fast kommt es mir vor, als ob sie ihr Leben genau plant, um nur ja keine Überraschungen zu erleben. Dabei ist doch in unserer Lebensphase, in der man glaubt, alles schon einmal erlebt zu haben, die Überraschung das Schönste. Aber vom Glück der Spontaneität kann ich Julia einfach nicht überzeugen.

Ich hingegen habe mich über die Jahre eher in die gegenteilige Richtung entwickelt. Früher habe ich für jeden Urlaub, egal wie lang er war, mindestens zwei Koffer gepackt. Einen allein füllten meine Schuhe, die ich passend zu jedem Kleid mitnahm. Auch ein halbes Dutzend Taschen waren meine ständigen Begleiter. Seit ich älter geworden bin, gehe ich entspannter mit meinem Äußeren um. Gerade seit der Geburt meiner Tochter schätze ich flache Schuhe und bequeme Kleidung.

Früher, als ich noch ein Kind war, hatte meine Mutter einen großen Koffer, in dem sie die Sachen sammelte, die uns Kindern nicht mehr passten. Auch die alten Hemden und Anzüge meines Vaters kamen dort hinein. Einmal im Jahr, wenn wir in unserem Dorf zu Besuch waren, verteilte sie die Kleidungsstücke an unsere Verwandten und die anderen Dorfbewohner. Manchmal tauschte ich aber auch meine eigenen neuen Sachen gegen die Dorfbekleidung meiner Cousinen. Am besten gefielen mir die Pumphosen und die Gummischuhe, farbenfroh in Grün, Gelb und Rot. Meine Verwandten kauften außer Schuhen keine Kleidung. Alles, was sie trugen, nähten sie selbst. Sie hatten eine besondere Art, sich zu kleiden, auch was die Farben und Stoffe anging. Letztere waren aus schwerem Samt für die Festtage oder aus robuster Baumwolle für die Feldarbeit, alle mit orientalischen Mustern, die auf jede nur denkbare Art kombiniert wurden. Selbst die Gummischuhe waren mit orientalischen Ornamenten verziert.

Der Kleiderkoffer stand in Duisburg gleich neben dem Koffer mit den Elektrogeräten, die meine Mutter für »zu Hause« sammelte. Für die geplante Rückkehr in die Türkei hatte sie einen zweiten Hausrat angelegt. Wobei ich dazu sagen muss, dass wir in Duisburg nur die günstigeren Küchengeräte hatten. Toaster, Kaffeemaschine, Fön und auch die Töpfe für den Gebrauch in Deutschland waren keine Markenartikel. Alles, was meine Mutter in die Türkei mitnehmen wollte, war von Grundig, Bosch oder WMF. Das hat sich mittlerweile geändert. Küchengeräte nehmen meine Eltern auch nicht mehr mit in ihr Haus in der Türkei. Das Einzige, was nach wie vor in den Koffer kommt, sind Filterkaffee, Filterpapier und Kondensmilch. Sogar die nagelneue Kaffeemaschine, die mein Vater vor einigen Monaten gekauft hat, stammt aus der Türkei.

Julia und ich kommen heute auf keinen gemeinsamen Nenner mehr. Sie geht beleidigt, und ich bin ganz froh, wieder allein zu sein, denn auch Julia scheint nicht besonders traurig zu sein, dass ich bald weg bin.

Ich hole das alte Fotoalbum heraus, in dem das einzige Kinderfoto von mir klebt. Es wurde 1972 in der Türkei aufgenommen. Es zeigt mich in unserem Dorf, bevor meine Eltern und ich es verließen. Meine Mutter hat mir erzählt, dass es ein Verwandter gemacht hat, der schon längst in Deutschland lebte. Bei seinem Besuch hatte er eine Polaroid-Kamera mitgebracht, so etwas gab es bei uns im Dorf noch nicht. Mein kurzes Leben in der Türkei war also auf genau einem unscharfen Foto festgehalten worden. Vorsichtig löse ich das Foto aus dem Album und lege es in mein Notizbuch, auf das ich »Mein neues Leben in Istanbul« geschrieben habe. Dann schieße ich mit dem Selbstauslöser meiner Digitalkamera ein Foto von mir, um den Moment kurz vor der Reise zu dokumentieren. Ich sehe müde darauf aus. Allerhöchste Zeit, ins Bett zu gehen.

An Schlaf ist aber überhaupt nicht zu denken. Also grübele ich vor mich hin. Traumfetzen und reale Gedanken vermischen sich miteinander. In den Werkstätten in Yeşilköy schrauben plötzlich die dicken deutschen Politiker aus der Diskussionsrunde in ölverschmierten Blaumännern an einem Auto herum. Ich erkenne sie sofort, obwohl sie schwarze Perücken und angeklebte Schnurrbärte tragen. Sie winken mir zu und rufen: »Integration ist keine Einbahnstraße, Frau Akyün!« Mein Exfreund Ali steht in einer Kelleruniform neben ihnen, in den Händen ein übergroßes Silbertablett, auf dem die unterschiedlichsten Dessert-Variationen stehen – Baklava, Tiramisu, Mousse au Chocolat, Kaiserschmarrn und Rote Grütze. Er sagt: »Die sind voller Konservierungsstoffe, damit sie für immer haltbar sind.« Dabei grinst er wie ein Honigkuchenpferd. Johanna hält mir eine von Julias Checklisten unter die Nase, darauf stehen aber keine Reiseutensilien, sondern »Mama«, »Papa«, »Oma« und »Opa«. »Mama« ist durchgestrichen, »Oma« dagegen doppelt unterstrichen. Bei der Einreise in die Türkei holt der Grenzpolizist eine Schneekugel aus meiner Handtasche, schüttelt sie und sagt: »Sie sind wegen Sprengstoffschmuggels festgenommen.« Schweißgebadet wache ich auf und bin erleichtert, dass alles nur ein Traum war.

Während ich Kaffee koche, denke ich darüber nach, dass mich beim Reisen bisher immer die Neugier angetrieben hatte. Ich wollte wissen, wie andere lebten, wie sie die Wurzeln ihrer Kultur bewahrten, was Länder trennte und was sie zusammenhielt. Oft habe ich mich auf Fremdes eingelassen, weil in meinem eigenen Leben Stillstand herrschte oder ich Angst hatte, Entscheidungen treffen zu müssen. Aber nun gehe ich auf eine Reise, um mich selbst zu finden. Das erste Mal in meinem Leben gehe ich nicht weg, um Abstand zu meinem bisherigen Leben zu bekommen, sondern um den Abstand zu mir selbst zu verringern. Den Satz notiere ich in meinem Notizbuch. Er klingt einfach zu gut, fast philosophisch. Früher fehlte mir sicher die Reife zu erkennen, dass man auf Dauer vor sich selbst nicht weglaufen kann. Dennoch habe ich es immer wieder versucht. Und mit einer ordentlichen Portion Verdrängung und Ablenkung klappt das sogar vorübergehend. Nur danach überrollt einen alles, was man weit hinter sich glaubte. Ich hoffe, diese Reise wird anders. Ich freue mich darauf, meinen Platz zu finden und dabei vielleicht überrascht zu werden oder auf Antworten zu stoßen, die ich nicht erwarte. Gleichzeitig habe ich aber Angst davor, was mein neues Leben alles an die Oberfläche spülen könnte.

Ich kontrolliere noch einmal meine Reiseunterlagen, blättere in meinem Reisepass und schaue mir die Einreise- und Ausreisestempel der letzten Jahre an. Ein letztes Mal hole ich das Foto aus meiner türkischen Kindheit hervor und starre es an. Den letzten Kaffee trinke ich nach dem Duschen, dann gehe ich durch die Wohnung und ziehe alle Netzstecker, setze mich ein letztes Mal auf die Couch und lausche in die Stille. Ähnlich ergeht es mir immer vor einer Lesung. Einen Moment herrscht absolute Leere im Kopf, dann springt er ganz plötzlich wie ein eingerosteter Motor an, und alles ist wieder abrufbar.

Ich liebe diese stillen Momente, die ich als Ritual in meinen Alltag einbaue. Sie geben mir neue Energie und machen mir klar, dass alles nur eine Frage der Ruhe ist.

Es klingelt an der Haustür. Das muss wohl das Taxi sein. Ganze fünf Minuten zu früh. Typisch, überpünktlich! Das kann nur ein deutscher Taxifahrer sein, denke ich und beeile mich, meine restlichen Sachen zusammenzupacken. Ich schleppe das Gepäck die Treppe herunter. Der Fahrer sieht südländisch aus. »Juuten Morjen«, sagt er ein wenig mürrisch, als er mir den Koffer abnimmt, um ihn im Kofferraum zu verstauen. Schnell wird klar: Dit is een Bärlina, wa.

Im Wagen fragt er mich auf Türkisch, wohin die Fahrt denn gehe. Ich sage ihm, dass ich zum Flughafen Tegel müsse. Und dann kommt sie, die Frage: »Memleket neresi?«

Diese Frage stellen sich Türken auf der ganzen Welt, wenn sie sich begegnen –»Wo ist die Heimat?«. Dieser kurze, oberflächlich wirkende Satz ist eine der emotionalsten Fragen, die ein Türke einem anderen Türken stellen kann. Dabei ist es völlig egal, wie dabei die Antwort lautet. Die Frage nach der Heimat hat nur einen einzigen Sinn: Sie soll Zusammengehörigkeit und Verbundenheit ausdrücken. Auch nach Jahrzehnten in Deutschland ist es diese Frage, die mich in einer Millisekunde zur Türkin werden lässt und meine jahrzehntelange Integrationsgeschichte in Deutschland schlagartig auf null zurücksetzt. Niemals nenne ich als Antwort auf »Memleket neresi?« Berlin oder Duisburg, sondern Kütahya, die Stadt, die Akpınar Köyü, dem Dorf, in dem ich geboren wurde, am nächsten liegt.

»Geht es in die Heimat?«

»Ja.«

»Und für wie lange?«

»Für immer«, sage ich stolz.

Das »vielleicht« lasse ich lieber weg, es passt gerade nicht zu diesem feierlichen Moment.

Die Ampel schaltet auf Grün, aber der Fahrer reagiert nicht. Erst als es hinter ihm hupt, fährt er weiter. Einige Minuten ist es still im Taxi. Ich kann fast spüren, wie ihm gerade eine Million Gedanken durch den Kopf rasen.

»Kesin dönüş«, habe ich gesagt. Übersetzt heißt das, dass man für immer in die Türkei geht. Unter den Türken bedeutet »kesin dönüş« aber auch eine neue Zeitrechnung. Es ist der Satz, den ich in meiner Kindheit am häufigsten von meinen Eltern und allen türkischen Verwandten und Bekannten gehört habe. Jene Familien, die es wahr gemacht hatten, wurden von anderen Familien beneidet. Aber man freute sich auch für die anderen.

Mein Taxifahrer empfindet an diesem Morgen sicher ganz ähnlich. Den Rest der Fahrt sprechen wir kaum noch miteinander, jeder von uns ist in seine Gedanken versunken. »Brauchen Sie eine Quittung?«, fragt er mich, als wir vor dem Eingang des Flughafens stehen. Mit diesem Satz wird es schlagartig wieder deutsch um mich herum. Wehmut, Melancholie und Sehnsucht vertreibt mein Fahrer ganz plötzlich mit der Frage nach einer Quittung.

»Nein«, antworte ich und muss ein wenig schmunzeln. Ich nehme meinen Rollkoffer und laufe auf den Terminal zu. Hinter mir geht langsam die Sonne über Berlin auf.

Im Flughafen trinke ich den letzten guten Caffè Latte für lange Zeit. Die Türken machen zwar wunderbaren Tee und den besten Mokka, aber die Zubereitung eines guten Espresso zählt nicht zu ihren Stärken. Selbst in einem türkischen Fünfsternehotel schmeckt der Kaffee miserabel. Die Türkei ist das einzige Land, in dem ich zu Starbucks gehe, um einen Caffè Latte zu bekommen. Nicht mal dort schmeckt er so, wie ich ihn mit meiner wunderschönen italienischen Espressomaschine inklusive Milchaufschäumer zubereite.

Die Schlange vor dem Schalter der türkischen Fluggesellschaft wird immer länger. Dabei ist gar keine Ferienzeit. Was ich nicht bedacht habe, ist die Reisefreudigkeit meiner anderen Landsleute: der deutschen Rentner. Was ist nur aus der guten alten Kaffeefahrt geworden? Wahrscheinlich fliehen sie alle vor dem Regen, der Deutschland seit Monaten quält. Ich bezweifele, dass sie sich schon mal mit der Ökobilanz auseinandergesetzt haben. Ich hingegen habe dieses Mal hinsichtlich der Ökobilanz ein reines Gewissen, denn ich reise nicht zum Spaß.

Normalerweise fliege ich in einer anderen Konstellation. Dann bin ich umgeben von einer emsigen Karawane, bestehend aus meinen türkischen Landsleuten. Die Unmengen an Zeug, das sie mit sich herumtragen können, sind rekordverdächtig. Auf den Gepäckwagen türmen sich mit Wäscheleinen festgeschnürte Reisetaschen, mit Folie umwickelte Koffer und mit Klebeband zugekleisterte Kartons, in denen Küchengeräte transportiert werden. Heute gleiten stattdessen bunte Trolleys mit ergonomischen Griffen lautlos an mir vorbei. Längst infiziert von so viel deutscher Ordnung, bin auch ich stolze Besitzerin eines solchen Rollkoffers und reihe mich in die Schlange ein. Der Vorteil an meinen deutschen Landsleuten ist, dass alles wie am Schnürchen läuft. Das Boarding geht ruck, zuck, und um die Plätze gibt es kein Gerangel. Zügig blasen alle ihre Nackenkissen auf und ziehen sich die Schlafmasken über die Augen. Aus den Lautsprechern ertönt leise Musik. Irgendwie erkenne ich Beethovens Neunte, aber sie ist gewöhnungsbedürftig mit orientalischen Klängen unterlegt.

Die Maschine scheint ein neues Modell zu sein. Obwohl ich in der Economy-Klasse sitze, habe ich viel Platz, und jeder Fluggast hat seinen eigenen Bildschirm mit einem Dutzend Filmen zur Auswahl. Wie mussten wir damals drei Tage lang leiden, um die über 3000 Kilometer lange Strecke von Deutschland zu unserem Dorf in Anatolien mit dem Auto hinter uns zu bringen. Was ein paar Jahrzehnte doch für einen Unterschied machen können. Mit dem Flugzeug komme ich heute schneller von Berlin nach Istanbul als mit dem Zug von Berlin nach Duisburg zu meinen Eltern.

Julia hat mir vor der Abreise noch ein kleines Geschenk übergeben, das ich aber erst im Flugzeug öffnen durfte. Ich packe es aus. Es sind Kurzgeschichten von Heinrich Böll. Sie hat eine Widmung hineingeschrieben:»Ich wünsche dir, dass du in Istanbul wie ein Fischer leben wirst.«

Sie meint damit meinen Lieblingstext von Böll,»Anekdote

zur Senkung der Arbeitsmoral«, der von einem einfachen Hafenfischer handelt. Eines Tages, als er gerade ein Nickerchen in der Sonne hält, wird er von einem Touristen geweckt. Dieser fragt neugierig, warum der Fischer nicht auf dem Meer sei. Der Fischer antwortet ihm, dass er heute bereits so viele Fische gefangen habe, dass es für den ganzen Tag reiche. Der Tourist macht ihm den Vorschlag, noch einmal hinauszufahren, um noch mehr Fische zu fangen. Dann könne er sich schon bald einen kleinen Fischladen leisten, dann eine Fabrik, und schließlich könne er seine Fische sogar ins Ausland exportieren. Danach hätte er genug Geld, um getrost in der Sonne dösen zu können. Aber genau das mache ich doch schon jetzt, ist die Antwort des Fischers.

Ich nehme mein Notizbuch und notiere: entspannen und die schönen Dinge genießen. Während Berlin unter der Wolkendecke verschwindet, träume ich von meinem Fischerleben am Bosporus.

Schönheitsreparaturen

Kaum sind die Anschnallzeichen erloschen, gehe ich auf die Bordtoilette. Das ist ein großer Fehler. Beim Anblick meines Spiegelbildes im kalten Licht erschrecke ich. Auf die Bekanntschaft mit der Person, die mir da entgegenblickt, könnte ich gut und gerne verzichten. Irgendetwas scheint nicht in Ordnung mit ihr zu sein. Ihre Haut ist fahl, die Augen sind gerötet, und darunter liegen blau-schwarze Schatten. Die Lippen sind spröde, und die Haare erinnern an ein Wollknäuel, nachdem man es einer Katze zum Spielen gegeben hat. Die Tatsache, dass das Thema »Mann« bei ihr zurzeit keine Rolle spielt, ist langsam aber sicher nicht mehr zu übersehen. Dazu kommt noch, dass innere Unruhe kleine Pickelchen bei ihr zu erzeugen scheint. Alt bist du geworden und nachlässig, zische ich der Person im Spiegel voller Verachtung zu und verlasse fluchtartig diesen grässlichen Ort.

Als ich mich an meinen Platz zurückschleiche, fällt mir dieser Abend bei meiner Kollegin Steffi, mittlerweile Single, wieder ein. Wir waren eine bunt zusammengewürfelte Truppe. Außer mir waren eine deutsche Mittfünfzigerin, die vom Unterhalt ihres Mannes lebte, ein höherer Beamter und seine russische Frau, eine Venezolanerin, zwei iranische Schwestern und ein süddeutscher Single-Mann zu Gast.

Steffi servierte uns Crossover-Küche, und der Abend plätscherte bei Nettigkeiten und Komplimenten dahin. Bis die Russin plötzlich einwarf: »Ich habe kein Verständnis für Frauen, die alles tun, um *bloß* nicht von ihrer Umwelt wahr-

49

genommen zu werden. Frauen, die sich unvorteilhaft kleiden, kaum schminken und einfach unattraktiv aussehen.« Da sie keinen bestimmten in der Runde angeblickt hatte, verschaffte ich mir selbst einen Überblick. Die Mittfünfzigerin konnte sie nicht gemeint haben, sie war sehr gepflegt und ging bestimmt wöchentlich zur Kosmetik. Die iranischen Schwestern sahen aus wie vom Laufsteg, und die Venezolanerin hatte ihre Wahnsinnsfigur mit Stiefeln, Jeans und einem Oberteil betont. Nicht einmal nach vier Monaten Nulldiät könnte ich auch nur ansatzweise so aussehen. Für meinen Geschmack war die Russin etwas zu stark geschminkt, hatte aber ein wirklich atemberaubendes Dekolleté, das sie in einem tief ausgeschnittenen Top zur Schau stellte. Nur Steffi und ich entsprachen eher dem natürlichen Frauentyp. Wir hatten flache Schuhe an und waren ungeschminkt.

Ausgerechnet heute war ich in eine ausgeleierte Jeans geschlüpft und hatte mir ein Kapuzenshirt übergezogen. Betreten schaute ich an mir herab. Jetzt entdeckte ich zu allem Überfluss auch noch einen Zahnpastafleck auf meinem Shirt. Ich funkelte hasserfüllt zur Russin mit ihrem aufgeblasenen Dekolleté hinüber. Der Süddeutsche versuchte besänftigend einzugreifen. Doch das ging gründlich daneben. Mit einem aufmunternden Blick zu mir sagte er:»Aussehen kann eine Persönlichkeit niemals ersetzen.« Damit hatte er mir den finalen Dolchstoß versetzt.

Während ich der Russin einen vernichtenden Blick zuwarf, platzte es aus mir heraus:»Wenn ich mehr Geld und mehr Zeit hätte, könnte ich auch so gepflegt aussehen.«

Gehöre ich mittlerweile wirklich zu diesen Frauen, die keine Frauen sein wollen? Zumindest lasse ich mich immer seltener bei der Kosmetikerin blicken. Die immer dichter werdende Behaarung meiner Beine verstecke ich unter Jeans oder blickdichten Strumpfhosen. Zupfen, wachsen, föhnen, langwierige und mitunter schmerzhafte Prozeduren, die ich vor einigen Jahren noch regelmäßig über mich ergehen ließ, das alles mache ich mit zunehmendem Alter immer seltener. Langsam kann ich Julias These bestätigen, dass man sich nach solchen Behandlungen grundsätzlich schlechter als zuvor fühlt. Leider bräuchte ich aber gerade jetzt die Motivation, wieder etwas aus meinem Äußeren zu machen, dringender denn je.

Noch vor einigen Jahren habe ich mir einen großen Spaß daraus gemacht, mein Alter schätzen zu lassen. Glücklicherweise wurde ich ja immer für jünger gehalten. Diese Spielereien unterlasse ich jetzt lieber. Zu häufig ist das Raten nach hinten losgegangen, mein Alter wurde um Jahre verfehlt, und zwar nicht mehr in die wohltuende Richtung.

Früher konnte auch der größte Gammlertag meiner jugendlichen Frische nichts anhaben. Heute würde ich meine Zornesfalte zwischen den Augenbrauen nicht mal wegbekommen, wenn ich die Haut mit einem Heftpflaster straffen würde. Als ich Abla, meiner großen Schwester, einmal mein Leid darüber klagte, schlug sie tatsächlich vor: »Lass dir doch einfach wieder eine Monobraue wachsen, wie du sie als Kind hattest.« Dann lachte sie sehr laut über ihren Vorschlag. Ja, meine Augenbrauen wachsen in der Mitte zusammen. Na und? Irgendwann wird das ein Trend, und dann werde ich ganz weit vorne sein.

Julia meint, man sei immer so alt, wie man sich fühle. Das kann ich bestätigen. Solange man sich jünger fühlt als man ist, wie auf der Party, die ich vor einigen Wochen besucht habe, nämlich süße 18 Jahre, ist alles bestens. Am nächsten Morgen allerdings, und darauf hätte ich gut und gerne verzichten können, hatte ich den körperlichen Zustand einer 80-Jährigen erreicht. Das mit dem Fühlen ist also eine sehr launenhafte Sache. Bei Männern ist das natürlich anders. Sie werden mit zunehmendem Alter attraktiver. Das meinen sie selbst jedenfalls und umgeben sich mit einem an Unverschämtheit grenzenden Selbstbewusstsein bevorzugt mit Frauen, die locker ihre Töchter sein könnten.

Kurz vor der Landung in Istanbul suche ich die Bordtoilette noch einmal auf, um für meine Schwester Fatma wenigstens die schlimmsten Spuren in meinem Gesicht zu kaschieren. Ich habe absolut keine Lust auf ihre Standpauke, wenn sie mich am Flughafen abholt. Dann würde ich sofort in Tränen ausbrechen. Sie kommt extra aus Izmir angereist, um mich in der ersten Zeit in Istanbul zu unterstützen. Meine dunklen Augenränder versuche ich mit Abdeckstift aufzuhellen. Aber irgendwie funktioniert es nicht. Je dicker ich die Creme auftrage, desto mehr verschwinden zwar die Schatten, doch dafür sieht mein Gesicht jetzt aus wie das von Chucky, der Mörderpuppe. Bei den Augenbrauen ist nichts mehr zu machen, die Frida-Kahlo-Zone haben sie längst verlassen und wuchern der Theo-Waigel-Form entgegen. Aus dem Brown-Eye-Girl war längst ein Brown-Haired-Girl geworden.

Und da? Wächst mir jetzt langsam ein Damenbart? Im Alter soll die Gesichtsbehaarung ja stetig zunehmen. Mein Mund wirkt plötzlich streng und kanzlerinnenhaft. Je länger ich auf mein Gesicht starre, desto mehr Falten kommen hinzu. Nur das Rütteln an der Tür von außen hält mich davon ab, an Ort und Stelle eine Notoperation an mir vorzunehmen. Es ist hoffnungslos, ich bin noch vor der Landung zur anatolischen Greisin mutiert.

Und mit dem entsprechenden Blick begrüßt mich Fatma auch am Flughafen.»Aman Allahım, hast du eine Papiertüte zum Überziehen dabei? So kannst du hier nicht auf die Straße.« Fatma vertritt die Meinung, dass es die Hauptaufgabe einer türkischen Frau sei, schön auszusehen.»Çirkin kadın yok, bakımsız kadın var – Es gibt keine hässlichen, nur ungepflegte Frauen«, schmettert sie mir voller Verachtung entgegen. So etwas Ähnliches habe ich doch neulich schon einmal gehört.

»Schönheit ist oft nur der Schleier, der die inneren Makel verdeckt«, versuche ich sie zu beruhigen, glaube mir aber selbst nicht.

»Bei dir würde auch kein Schleier mehr helfen«, tritt Fatma noch nach, »du machst die Burka gesellschaftsfähig.« Dann reißt sie mir den Koffer aus der Hand und marschiert Richtung Ausgang. Im Auto telefoniert sie unaufhörlich mit Damla, Betül und Gökhan. Wie sich bald herausstellen soll, sind das die Leute, die nach und nach Hand an mich legen sollen, um mich Istanbul-tauglich zu machen.

Unser erster Stopp gilt Damla, meiner Schwester zufolge eine über die Stadtgrenzen hinaus bekannte Meisterin des Augenbrauenzupfens. In ihrem kleinen Laden wartet bereits ein halbes Dutzend Frauen zwischen 16 und 70 Jahren darauf, sich der Prozedur zu unterziehen. Nach etwa einer halben Stunde bin ich an der Reihe. Ich weiß nicht genau, ob Damla taubstumm ist, aber sie spricht kein einziges Wort mit ihren Kunden. Ich denke, dass sie sich bestimmt seit Jahren kennen, von daher jedes Gespräch unnötig ist und nur die Konzentration stören würde.

Aber auch mit mir spricht sie nicht, obwohl wir uns heute zum ersten Mal begegnen. Ich starte schüchtern einen Versuch, um ihr die Form zu erklären, die mir für meine Augenbrauen vorschwebt: nicht zu dick, nicht zu dünn, im letzten Drittel ein weicher, eleganter Bogen nach oben. Aber irgendwie möchte sie mir nicht zuhören.

»Sie weiß schon, was sie zu tun hat«, versucht Fatma mich zu beruhigen.

Im Grunde habe ich sowieso keine Möglichkeit, mich zu widersetzen. Mit einem Tritt aufs Stuhlpedal bringt Damla mich in die wehrlose Rückenlage. In der rechten Hand hält sie eine kleine Schere, mit der stutzt sie ratzfatz die inneren Enden meiner Brauen zurecht. Anschließend nimmt sie das Ende eines Fadens in den Mund, bindet eine Schlaufe, zwirbelt das andere Ende des Fadens um einen Finger und entfernt alle überschüssigen Haare ober- und unterhalb meiner Brauen. Dabei hebt und senkt sich ihr Oberkörper im Takt des Fadens, der selbst die allerfeinsten Härchen in den Würgegriff nimmt. Immer, wenn Damla den Faden zusammenzieht, stoße ich ein leises Wimmern aus.

»Darf ich mit den Fingern die Haut spannen?«, frage ich sie vorsichtig.

Und plötzlich kann Damla doch sprechen. »Nein«, sagt sie in einem scharfen Ton.

»Wenn die Haut gespannt ist, bleiben die Wurzeln stecken.« Das ist so kaltherzig von ihr. Benommen von den Schmerzen ergebe ich mich meinem Schicksal. Schließlich pult sie mit einer Pinzette noch die eingewachsenen Härchen heraus. Endlich, sie ist fertig, denke ich, da drückt Damla mich wieder ins Kunstleder des Folterstuhls zurück. Sie nimmt eine Lupe aus ihrem Kittel und begutachtet ihr Meisterwerk.

Es bleibt mir ein absolutes Rätsel, wie in einem Land, das überall im absoluten Chaos versinkt, eine solche Präzision beim Zupfen von Augenbrauen entwickelt werden konnte.

Als ich mit zitternden Knien aufstehe, sehe ich, wie die wartenden Frauen sich ins Fäustchen lachen.

Triumphierend stellt Fatma im Auto fest: »Jetzt siehst du zumindest im Gesicht wieder aufgeräumt aus.«

Ich klappe den Sonnenschutz herunter und begutachte Damlas Werk im Spiegel. Mein Gesicht ist so gerötet wie ein Pavianhintern. Aber meine Brauen sind wirklich toll geworden. Sie sehen nicht so sichelförmig aus, wie es früher in Mode war, sondern natürlich gewachsen. Sogar die Zornesfalte ist kaum noch zu sehen, aber das wird daran liegen, dass der Bereich um meine Augen noch angeschwollen ist. Vielleicht sollte ich doch mal über Botox nachdenken, schießt es mir durch den Kopf.

Zufrieden lehne ich mich zurück und freue mich auf mein neues Leben in Istanbul. Und ich freue mich auf meine neue Wohnung. Ich bin gespannt, ob es dort noch so aussieht, wie ich es in Erinnerung habe.

»Wir fahren doch jetzt noch nicht zu deiner Wohnung«, unterbricht Fatma mich unsanft.

»Ach nein?« In meiner Stimme schwingt die Angst vor neuen Schmerzen mit.

Schon machen wir unseren zweiten Stopp, vor einem ganz gewöhnlichen Wohnhaus. In der zweiten Etage öffnet ein junges Mädchen die Tür. Offenbar kennen sie und Fatma sich. »Meine Schwester kommt aus Deutschland«, sagt Fatma in einem Ton, der meinen desaströsen Zustand erklären und gleichzeitig entschuldigen soll.

Und schon befinde ich mich komplett nackt auf einer Liege, und Betül, wie das Mädchen heißt, streicht Arme, Beine und Bikinizone mit Heißwachs ein. Meine Schwester steht neben mir und hält meine Hand, so, als ob ich zum ersten Mal in einem Waxing-Studio wäre. Die letzten Monate bin ich eher der Devise gefolgt, auch bei Körperhaaren muss sich die Natur etwas gedacht haben. Zum Beispiel, dass sie vor Kälte schützen. Nein, eigentlich dachte ich, was soll der ganze Aufwand, wenn kein Mann im Haus ist. Das sage ich jetzt auch.

Fatma schüttelt den Kopf. Gleich wird sie mir erklären, dass ich das nicht für einen Mann mache, sondern für mich selbst. Aber weit gefehlt. Meine emanzipierte Schwester wählt einen anderen Ansatz. »Du machst das, weil du jederzeit jemanden kennenlernen könntest«, sagt sie.

»Mit Sicherheit«, murmele ich vor mich hin.

Und es will kein Ende nehmen, meine Schwester gönnt mir heute einen richtigen Beautytag. Nach der Ganzkörperenthaarung kommen Mani- und Pediküre.

»Bin ich dir jetzt schön genug?«, frage ich Fatma.

Sie schüttelt den Kopf. »Aber allmählich wirst du wieder zu einer richtigen Frau«, sagt sie zufrieden. Da hätte ich auch selbst drauf kommen können, der ganze Stolz einer türkischen Frau ist ihr Haupthaar. Also ab zum Friseur. »Gökhan ist ein Starfigaro«, sagt Fatma. »Du kannst froh sein, dass du heute einen Termin bekommen hast.«

Gökhan zieht Strähne für Strähne über Dutzende von kleinen und großen Rundbürsten glatt und platziert sie zum Auskühlen auf meinem Kopf. Dabei hält er den Heißluftstrom zu Anfang ganz dicht an meine Kopfhaut. Eine schmerzhafte Angelegenheit, die offenbar zum Geheimnis türkischer Föhnkunst gehört, denn das Ergebnis kann sich wirklich sehen lassen. Aus mattem Stroh ist glänzende Seide geworden.

»Jetzt fahren wir zur Mutter meiner Freundin Nesrin. Nesrin wird ein Auge auf dich haben, wenn ich wieder nach Izmir zurückmuss«, sagt Fatma.

Ich stöhne auf, ich brauche dringend eine Verschnaufpause in meiner Wohnung.

Aber meine Schwester stimmt denselben Ton an, den sie sich normalerweise für ihre Kinder aufhebt, um Diskussionen zu beenden: »Canım, mein Schatz, deine Wohnung siehst du noch früh genug«, sagt sie, »du wirst Nesrin sicher mögen.«

Ja, vielleicht, aber im Moment hätte ich nicht einmal Lust, den attraktivsten Fußballspieler der deutschen Bundesliga, Mats Hummels, kennenzulernen.

Überhaupt: Warum organisiert meine Schwester eine Aufpasserin? Haben das meine Eltern angeordnet? Glaubt etwa nicht einmal meine Familie, dass ich alleine klarkommen kann?

Ich bin ja nun wirklich keine Zwanzig mehr und habe schon einige Fernreisen und Auslandsaufenthalte hinter mir. Aber das Überbehüten werde ich meinen Eltern wohl nie abgewöhnen können. Ich werde immer das kleine Mädchen bleiben, das sie beschützen müssen. Also füge ich mich mal wieder meinem Kismet und erhebe keinen Widerspruch.

Der Tisch ist gedeckt mit Köstlichkeiten. »Bitte nehmt doch«, sagt Nesrins Mutter Ayşe nach jedem Bissen, den ich esse. Ich greife dankbar zu, so ausgehungert bin ich nach den Anstrengungen des Tages. Ayşe erzählt von ihrem Leben in Berlin. Sie ist 1984 nach dem plötzlichen Tod ihres Mannes mit Nesrin und ihren zwei Brüdern in die Türkei zurückgekehrt. Nesrin, die bis zu ihrem 13. Lebensjahr in Berlin gelebt hat, spricht eine Mischung aus Berlinerisch, Türkisch und Hochdeutsch. Ein wunderbarer Akzent. Ayşe hat sich von der Prämie, die sie als Rückkehrerin vom deutschen Staat bekommen hat, und von ihrem Ersparten eine Wohnung in Istanbul gekauft. Nichts Luxuriöses, eine kleine Wohnung, die sie gemütlich eingerichtet hat. Als ich ihr erzähle, dass ich aus Berlin bin, will sie sofort wissen, ob es in Charlottenburg noch das Café Keese gebe, über dem sie damals mit ihrer Familie gewohnt habe.

»Würden Sie Berlin gerne einmal wiedersehen?«, frage ich sie.

Ayşe schweigt einen Moment, und ich sehe, wie sich ihre Augen mit Tränen füllen. »Jeden Tag denke ich an Berlin«, sagt sie wehmütig.

Ayşe hatte in Deutschland zunächst in einer Stuttgarter Schokoladenfabrik Arbeit gefunden. Das hat ihr mehr Spaß gemacht als später die langweilige Arbeit in einer Fabrik für Büroartikel in Berlin. »Wenn ich zu Anfang an der Auslese stand, habe ich immer so viel Schokolade gegessen, bis mir schlecht war«, schmunzelt sie. Später hat sie den Tafelbruch nur noch mit nach Hause genommen. Weil sie blond und blauäugig ist, habe man sie oft für eine Deutsche gehalten. Das habe ihr das Leben erleichtert. Zum Beispiel gewährten ihr die deutschen Fabrikarbeiter immer Vortritt, wenn der Bus kam.

»Anfangs wohnte ich in einem Frauenheim«, erzählt Ayşe weiter. »Meinen Mann hatte ich in der Türkei zurückgelassen. Für Frauen war es einfacher, Arbeit zu finden.« Und im Heim wurde sie Zeugin eines Wunders: »Es gab da diese Frau, sie war nicht besonders hübsch. Eines Tages aber begann sie sich jeden Morgen und Abend Nivea-Creme ins Gesicht zu schmieren. Und Allah ist mein Zeuge, nach drei Wochen war sie wunderschön.« Als sie in die Türkei zurückkehrte, habe sie eine ganze Handtasche damit vollgepackt. Doch der Vorrat sei schon lange aufgebraucht.

Ich muss herzlich lachen und sage: »Nicht, dass Sie es nötig hätten, aber Nivea-Creme gibt es doch mittlerweile auch in der Türkei.« Aber Ayşe entgegnet:»Nein, nein, das ist nicht dieselbe. Nur die deutsche Nivea-Creme macht schön.«

Ich muss gleich Julia anrufen, um sie zu bitten, mir ein Dutzend Nivea-Dosen aus Deutschland zu schicken. Damit kann ich Ayşe bestimmt eine große Freude machen. Und vielleicht würde sich irgendwann die Gelegenheit ergeben, mit ihr gemeinsam nach Berlin zu reisen. Wie gern würde ich mir von Ayşe die Stellen in Berlin zeigen lassen, die sie nach all den Jahren immer noch im Herzen trägt.

Nach dem vierten Nachschlag bekomme ich wirklich keinen einzigen Bissen mehr herunter und behaupte, ich müsse wirklich aufhören, ich würde gerade eine Diät machen. Aber das lässt Ayşe nicht gelten.»In der Türkei macht man keine Diäten. Hier ist diese Unsitte, Frauen zu quälen, nicht verbreitet«, sagt sie streng. Mit der Begründung, ein Gramm Fleisch verdecke tausend Makel, legt sie mir vier weitere Baklava auf den Teller.

Aber wie könnte es auch anders sein in einem Land, in dem man den Waschbrettbauch ohne Ironie»Baklava« nennt, weil sechs dieser kleinen Dessertstücke, die es kalorienmäßig faustdick hinter dem Blätterteig haben, wie ein Sixpack aussehen. Als ob nicht schon die hauchdünnen, übereinandergeschichteten und in Zuckerguss getränkten Teigplatten Sünde genug wären, werden sie auch noch kiloweise mit gehackten Nüssen gefüllt. Baklava ist eigentlich kein Dessert mehr, sondern die Nahrungsration eines erwachsenen Menschen für eine ganze Woche. Wenn man sechs von ihnen serviert bekommt, was bei Türken durchaus im mittleren Verzehrbereich liegt, könnte man monatelang überleben, so reichlich gefüllt werden die Fettspeicher des Körpers.

Aber darüber sollte man sich auf gar keinen Fall Gedanken machen, wenn eine türkische Gastgeberin mit strengem Blick ihrem Gast den Teller mit diesen teuflischen Teilchen in die Hand drückt. Was soll's, ich werfe mein schlechtes Gewissen über Bord, denn das macht ja auch nicht dünner. Und schneller, als ich gucken kann, habe ich die Einstellung der türkischen Frauen zur Schönheit übernommen: »Modelmaße sind toll, aber nur, wenn man trotzdem alles essen kann, was man will.«

Aber die Frauen in Istanbul haben ja auch leicht reden. Hier laufen alle so schlank wie Besenstiele herum. Keine Ahnung, wie sie das machen. Vor allem, wenn sie – während ich gerade mal einen Kaffee herunterbekomme – schon morgens Unmengen von Eierspeisen, Knoblauchwurst, Teigtaschen, Käse und süßen Teilen verspeisen. Ich selbst werde wohl nicht drum herum kommen, ab und zu mal die Joggingschuhe auszupacken, um mich nicht spätestens in zwei Monaten rollend durch Istanbul zu bewegen.

Als ich am Abend mit Fatma endlich in meiner Wohnung ankomme, verschlägt es meiner Schwester die Sprache. Ein zerschlissener Sessel, eine durchgelegene Matratze und ein paar einzelne Bretter begrüßen uns im Wohnzimmer. In der Küche steht nichts außer ein paar wackligen Regalen, im Bad findet sich ein trauriger Metallhaufen, der vielleicht einmal ein Wäscheständer war. Hier und da hängen die Tapeten herunter, der Boden ist fleckig. Aber ansonsten gefällt mir, was ich im Halbdunkeln erkennen kann. Denn auch das Licht geht nicht.

Ich kann Fatmas Aufregung nicht ganz nachvollziehen. »Okay, die Wohnung ist vielleicht ein wenig heruntergekommen, aber ich bin von Berlin Schlimmeres gewöhnt, was Wohnungsbesichtigungen angeht«, sage ich. Immerhin haben die Vormieter die Zimmer besenrein hinterlassen. Nur hier und da noch ein paar Wollmäuse.

»Hier kannst du auf gar keinen Fall bleiben!«, ruft meine Schwester, »ich bringe dich ins Hotel.«

Sie zu beruhigen ist nach ihrem theatralischen Stauballergie-Hustenanfall hoffnungslos. Obwohl, sie hat ja recht, wohnen kann man hier wirklich noch nicht. Dankbar lasse ich mich von Fatma im Hotel absetzen. »Ich melde mich, sobald ich eine Übergangsbleibe gefunden habe«, sagt sie und macht sich auf den Weg zur Wohnung einer entfernt verwandten Tante, wo sie vorübergehend untergekommen ist.

Am nächsten Morgen fühle ich mich bereit für meinen ersten »freien« Tag in Istanbul. Zuerst will ich die Kalorien vom Vortag abtrainieren. Doch gleich meine erste Laufeinheit endet in einer Katastrophe. Ein heftiger Schmerz im Rücken legt mich lahm. Und das nach gefühlten hundert Metern. Ich bin gerade noch in der Lage, mich ins Hotelzimmer zurückzuschleppen.

Mit schmerzverzerrtem Gesicht liege ich auf dem Bett und überlege, wen ich anrufen kann. Von den Tipps meiner Schwester habe ich erst mal genug. Also rufe ich Nesrin an, und Nesrin ruft ihre Freundin Renan an, und die hat eine Lösung für mein Problem. »Eda, du musst sofort Eda anrufen, sie ist ein Genie, wenn es um eine richtige Massage geht«, schreit Nesrin mir ins Ohr.

Als ich mit Eda einen Termin vereinbare, wundere ich mich, dass ihr Türkisch einen leichten Akzent hat, den ich aber nicht richtig einordnen kann. Eda erkundigt sich, wo genau ich Schmerzen habe. Diese Information braucht sie, um auf dem Basar das passende Öl für mich mischen zu lassen. Eine Stunde später steht sie in meinem Hotelzimmer. Eda sieht mit ihren blonden Haaren, die ihr in geflochtenen Zöpfen um den Kopf liegen, ein bisschen aus wie die ukrainische Politikerin Julia Timoschenko. Und in der Tat, auch Eda stammt aus der Ukraine. Sie erzählt mir, dass sie aus einer ukrainischen Heilerfamilie stamme und dass ihre Großmutter ihr die heilende Wirkung von Kräutern beigebracht habe.

Sie breitet ein weißes Laken auf dem Boden aus und bitten mich, darauf Platz zu nehmen. Was Eda dann mit ihren Händen anstellt, übertrifft so ziemlich alles, was ich in meinem Leben an Massage je erlebt habe. Während Eda Muskeln an meinem Körper bearbeitet, von deren Existenz ich bisher nicht einmal wusste, umgibt mich ein Duft aus 1001 Kräutern und Honig. Und während ich mich entspanne, denke ich an eine Reise, die ich vor Jahren nach Istanbul unternommen hatte.

Ich hatte den Auftrag, für eine Reportage über erfolgreiche junge Türkinnen zu recherchieren. Damals war ich sehr überrascht darüber, wie spielend die Frauen hier Schönheit, Klugheit und Gerissenheit in sich vereinen konnten. Ich wohnte in einem Hotel im noblen Stadtteil Nişantaşı. So, wie auch jetzt. Gülay, eine der Frauen, die ich traf, zeigte mir das Viertel. Jede der Straßen hatte sich auf einen bestimmten Geschäftszweig spezialisiert. In einer wurden Elektrogeräte, in der nächsten Teppiche und der übernächsten ausschließlich Möbel verkauft. Und so ging es Straße für Straße weiter. Friseure, Brautmoden, Schmuck, Cafés, Boutiquen. Ich fragte mich, ob es betriebswirtschaftlich überhaupt Sinn hatte, dass zehn Friseure nebeneinander ihren Geschäften nachgingen. Aber Konkurrenzkämpfe schien es nicht zu geben, die Inhaber hatten offenbar ihre Stammkundschaft, mit der sie sich entweder über Wasser halten oder sogar richtig reich werden konnten.

Ob ein Geschäft gut oder schlecht läuft, erkennt man an seinem Namen und daran, wie groß und leuchtend der Schriftzug an der Fassade ist. Ein Friseur, der »Coiffeur Jacques« heißt, ist zum Beispiel immer gut besucht. Bei einem mit dem Namen »Kuaför Tolgahan« bekommt man hingegen schnell einen Termin. Aber die teuersten Friseure sind diejenigen, die den Begriff »Salon« in ihrem Namen tragen.

Die Haupteinkaufsstraße von Nişantaşı raubt mir auch heute den Atem. Eine Straße, in der die Reichen von Istanbul eine Menge Zeit und Geld lassen. Das Armani Café, in das ich von meinem Zimmer aus hineinschauen kann, ist gut besetzt mit blond gefärbten türkischen Frauen, die offenbar nicht nur denselben Friseur besuchen, sie scheinen auch alle denselben Schönheitschirurgen zu haben, der ihnen identische Stupsnasen modelliert hat.

Abdi Ipekçi Caddesi ist keine Straße, sondern ein Laufsteg. In Istanbul lebt jeder seine Individualität aus. Der Spielraum dafür scheint unendlich zu sein. Auch wenn vieles auf den ersten Blick chaotisch erscheint, gibt es offenbar einen geheimen Plan, wie die vielen unterschiedlichen Menschen reibungsfrei miteinander auskommen. Und so klingt das Leben in Istanbul wie eine Großstadtsymphonie, deren Wucht und Dynamik jede Wagneroper zu einem harmlosen Geburtstagsständchen schrumpfen lässt.

»Du bist für dein Alter ganz schön verkalkt«, holt mich Eda zurück auf den Boden der Tatsachen. Ab jetzt müsse ich mindestens dreimal die Woche eine Massage bekommen, sonst hätte ich schon in ein paar Jahren große Probleme. Für nur 30 Euro pro Sitzung könne sie diesen Job übernehmen.

»So, so«, denke ich, daher weht also der Wind. »Du hast ja recht, ich habe meinen Körper ziemlich heruntergewirtschaftet«, sage ich.

Da schüttelt Eda energisch den Kopf und befiehlt: »Rede nicht schlecht über dich. Du musst deinen Körper lieben.«

Typisch! Ich lache in mich hinein. Zuerst einem weismachen, man sei eigentlich schon so gut wie tot, und sich anschließend aufregen, wenn man das bestätigt.

Aber tatsächlich, am nächsten Morgen sind meine Rückenschmerzen dank der orientalischen Massage einer ukrainischen Heilerin mit dem türkischen Namen Eda spurlos verschwunden.

Die Desperate Housewives

Beim Frühstück im Hotelrestaurant bin ich ein wenig frustriert. Um mich herum nur Touristen und Geschäftsreisende. Das echte Istanbuler Leben ist nicht einmal auf meinem Teller zu entdecken. Tomaten aus Marokko, Cornflakes aus Deutschland, nur der Filterkaffee ist ein Istanbuler Original und damit ungenießbar. Nach dem überschaubaren Frühstück rufe ich meine Schwester an, um sie zu fragen, ob sie schon eine neue Bleibe für mich gefunden hat.

»Ja, habe ich. Erinnerst du dich an Tante Afet?«

Eine rhetorische Frage. Wie könnte ich Tante Afet jemals vergessen? Jetzt ahne ich, woher der Wind weht. Bei ihr ist Fatma untergekommen, hat es mir aber verschwiegen. Mit gutem Grund. Leider ist Tante Afet weder schön noch sanftmütig, wie ihr Name es verspricht. Historische Überlieferungen besagen, dass Afet nicht nur »bildhübsch« bedeutet, sondern auch »Katastrophe« und »Unglück«, was ihrem Charakter viel genauer entspricht. Mein Vater meinte einmal, dass Afet nichts anderes bedeute als »Landplage«. Ehrlich gesagt war Tante Afet der Schrecken meiner Kindheit. Eigentlich ist sie auch überhaupt nicht meine Tante. Sie ist bloß über drei Ecken mit uns verwandt, hat aber trotzdem verlangt, dass wir Kinder sie Tante nannten.

Meine Mutter gebrauchte ihren Namen gerne als Drohung. Wenn wir in Duisburg mal wieder unartig waren oder unseren Haushaltspflichten nicht sorgfältig genug nachkamen, sagte sie:»Ich schicke euch zu Tante Afet, sie wird euch schon bei-

bringen, wie ihr eure Mutter zu achten und zu ehren habt!«
Zum Glück hat meine Mutter diese Drohung nie wahr gemacht.

Wenn wir zu Besuch waren, begrüßte Tante Afet uns Kinder
immer mit einem dicken Schmatzer, der so feucht war, dass
wir es kaum erwarten konnten, den nassen Fleck im Gesicht
mit dem Ärmel wegzuwischen. Aber wehe, sie erwischte einen von uns dabei.

Moderne Erziehungsmethoden waren ihr unbekannt, vielmehr vertrat sie die schwarze Pädagogik, nach der ein paar
Ohrfeigen Wunder wirken können. Es gab nur einen Weg,
ihren Weg; es gab nur einen Plan, ihren Plan; es gab nur einen Willen, ihren Willen. Man sollte besser nicht versuchen,
sich zu widersetzen. Ein Schlag von ihr auf den Po brannte
drei Tage, und wenn sie einen am Ohr zog, blieb es tagelang
rot. Gerne statuierte Tante Afet das Exempel nur an einem
von uns Kindern.»Das soll den anderen eine Warnung sein«,
sagte sie dann immer.

Wenn ich das Wort Gewaltmonopol höre, denke ich un-
weigerlich an Tante Afet.

Am meisten tat mir ihr Ehemann leid. Onkel Osman hatte
wirklich nichts zu lachen. Manchmal nahm er uns mitfühlend zur Seite und gab Tipps, wie wir Tante Afets Strenge für
kurze Zeit entkommen konnten:»Ihr müsst sagen, dass wir
ohne sie verloren wären, dann ist sie für eine Stunde ruhig.«

Also machten wir ihr Komplimente, sagten, dass sie ein
großes Herz habe und ganz großartig kochen könne, obwohl
ihr Essen versalzen schmeckte und viel zu fett war.

Unter Tante Afets strengem Regiment wuchsen zwei Töchter und drei Söhne heran, die, sobald sie geheiratet hatten,
das Weite suchten. Und da soll ich unterkommen? Ist das Fatmas Ernst?

»Wir waren Kinder, Hatice«, versucht meine Schwester mir
die Unterbringung in Tante Afets mittelalterlichem Erzie-
hungsheim schmackhaft zu machen.»Eigentlich ist sie ganz
nett. Jetzt, wo sie alt ist, ist sie viel sanfter geworden.«

»Lass gut sein, ich bleibe im Hotel.« Dieses Mal lasse ich mich nicht von Fatma weichklopfen, nur um ihr ein gutes Gefühl zu vermitteln.

Ich setze mich in ein Café und überlege, was ich als Nächstes mache. Ich könnte zum Beispiel anfangen, die Wohnung zu renovieren. Aufgehübscht macht die Bruchbude bestimmt mehr her. Wenn ich wenigstens einen Mann und zwei starke Söhne hätte, die mir zur Seite stünden.

Meine Geschwister lagen mit ihrer Einschätzung gar nicht so falsch, tatsächlich scheint auch in Istanbul jede zweite Frau alleinerziehend zu sein. Dabei hatte ich immer davon geschwärmt, wie robust türkische Ehen seien. Ich hatte meine Eltern, Tanten und Onkel vor Augen. Alle seit Jahrzehnten verheiratet. Aber auch in der Türkei muss das traditionelle Familienmodell dem Fortschritt, der steigenden Produktivität, der Flexibilisierung aller Lebensbereiche weichen. Dennoch ist man hier weniger allein, scheint mir. Zumeist trifft man sich in einer großen Gruppe von Freunden. Dass man wie in Berlin mit *einem* Freund ins Kino oder mit *einer* Freundin in eine Bar geht, kommt hier kaum vor. In Istanbul schlägt eine Freundin einer anderen ein Treffen vor. Die ruft dann die nächste an, und so werden die Frauen in einer Art Kettenreaktion eingeladen. Zum Frühstück, zu einer Ausstellung, zum Kinoabend oder einfach zum Abendessen bei einer von ihnen zu Hause. Selbstverständlich bringt jede etwas mit, und am Ende sitzen zehn Frauen meist auch mit ihren Kindern an einem Tisch, der unter der Last der vielen Speisen und Getränke zusammenzubrechen droht. Ob man sich kennt oder nicht, jeder ist am Tisch willkommen. Herrlich.

So ergeht es auch mir. Heute bin auch ich in solch einer Runde zu Gast. Nesrin hatte mich gefragt, ob ich ihre Freundinnen kennenlernen möchte, und ich habe sofort zugesagt. Als ich von Nesrin ins Wohnzimmer geschoben werde, streitet sich die lustige Runde gerade lauthals über die richtige Taktik, wie man Männern Untreue nachweisen kann. Kaum stehe ich im Raum, hat mich die Erste schon an ihr Herz gedrückt. Die Zweite rückt einen Stuhl zurecht, die Dritte nimmt mir die Jacke ab, die Vierte zieht mich zum Tisch, und die Gastgeberin füllt meinen Teller. Sie heißt Renan und ist die, die die Masseurin Eda empfohlen hat. Nesrin und ich überreichen ihr als Gastgeschenk würzige Kekse, die wir unterwegs noch gekauft haben.

Dann geht es weiter mit der Untreue.

Das Gespräch handelt von einer stadtbekannten Friseurin. Sie ist bei den Istanbuler Ehemännern äußerst beliebt. Irgendwann wunderten sich die Frauen allerdings, warum ihre Männer so oft zum Friseur gingen. Sie wählten eine unter ihnen aus, die herausfinden sollte, was der Grund für die plötzliche Liebe ihrer Männer zu professioneller Haarpflege sein könnte. Sie ließ sich einen Termin im besagten Salon geben, und schnell wurde klar, warum es auch Männer mit schütterem Haupthaar regelmäßig dorthin zog. Die Friseurin betreibt ein neuartiges Geschäftsmodell. Sie kümmert sich immer exklusiv nur um einen einzigen Kunden. Sobald dieser es sich in einem ihrer kuscheligen Sitze gemütlich gemacht hat, schließt sie die Ladentür ab, damit niemand stören kann. Eine Exklusivbehandlung dauert 90 Minuten und kostet ein Vermögen. Das Besondere an dieser Friseurin ist allerdings nicht nur die Hingabe, mit der sie sich besonders männlichen Kunden widmet, sondern ebenso ihre Erscheinung. »Die sieht nicht wie eine Friseurin aus, sondern wie eine Domina«, sagt eine der Frauen abfällig. Aber vor der Spionin hat sie sich leider nicht verraten.

»Vielleicht kann Sibel ein Praktikum bei ihr machen?«, schlägt eine andere vor.

»Und wenn wir einen Feueralarm auslösen?«, eine andere.

»Ich kann mit meinem Landrover in ihre Auslage fahren. Wir sind gut versichert«, sagt Renan. Alle lachen, obwohl ich mir nicht sicher bin, ob Renan das als Scherz gemeint hat. In ihren Augen blitzt die Entschlossenheit einer eifersüchtigen türkischen Frau.

Das Gespräch hat die Frauen hungrig gemacht. Gerade die, die momentan keinen Mann haben, haben sich köstlich amüsiert. Mich inbegriffen. Man hat gut lachen, wenn man ganz sicher ist, von niemandem betrogen zu werden. Auch wenn das bedeutet, allein zu sein.

Die »unbemannten« Frauen werden hier aber nicht als frustrierte und gestresste Single-Frauen abgestempelt. Mich überrascht wirklich, wie lässig die alleinerziehenden türkischen Frauen Berufsleben und Kinder unter einen Hut bekommen. Und das, obwohl die Türkei ganz bestimmt kein Vorbild in Sachen Kinderbetreuung ist. Hier gibt es kaum öffentliche Kindergartenplätze. Auch scheinen einige von ihnen erst durch die Trennung von ihrem Mann gewachsen zu sein. Sie blühen richtig auf, haben gut bezahlte Jobs oder haben sich erfolgreich selbstständig gemacht. Obwohl ich zugeben muss, dass diese Frauen nicht repräsentativ für alle Frauen in der Türkei sind. Sie gehören zu einer privilegierten Gruppe. Aber wenn man es genau betrachtet, entspricht die steigende Scheidungsrate genau der steigenden Wirtschaftskurve in Istanbul. Denn die alleinerziehenden Frauen sind die wahren Motoren des türkischen Wirtschaftswunders. Sie treiben vor allem den Dienstleistungsbereich voran, wo jede von ihnen eine passende Nische gefunden hat.

Während ich am Tisch sitze und den Gesprächen lausche, komme ich mir vor, als hätte ich eine Gastrolle bei »Desperate Housewives« ergattert; obwohl, verzweifelt sind diese schönen, klugen Frauen ja gar nicht. Sie strotzen vor Selbstbewusstsein, genügen sich selbst vollkommen und genießen das Leben in vollen Zügen. Nicht umsonst läuft eine türkische Version der US-Serie erfolgreich im türkischen Privatfernsehen. Und aus »Desperate Housewives« ist »Umutsuz Ev Kadınlar«, aus der »Wisteria Lane« die »Gül Sokak« und aus Lynette, Bree, Susan und Gabrielle sind Susan, Berrin, Yıldız und Leyla geworden. Um mich herum sitzen lauter Frauen, die sich ohne viel Aufhebens emanzipiert haben. Von ihren Ehemännern, den alten

Traditionen und dem ganzen türkischen Familienkommunismus. Und ich frage mich, warum ich davon bislang nichts mitbekommen habe. Die Frauen, die ich bisher kennengelernt habe, sind umwerfend. Und ich begreife langsam, warum es ihnen so gut geht: Sie haben ihre Erwartungen bezüglich der Männer an die Realität angepasst. Oder um es mit ihren Worten zu sagen: »Männer orientieren sich nach unten, Frauen nach oben.« Dem simplen Durchschnittsmann sind diese selbstbewussten Geschöpfe ganz eindeutig zu selbstständig, zu anspruchsvoll und zu anstrengend geworden. Und für diese Damen hat das Standardmodell Mann einfach zu wenig Esprit, Charme und Leidenschaft. Kompromisse sind sie nicht mehr bereit einzugehen, sie leben nach dem Motto: »Lieber allein, als zu zweit einsam«. Eine Strategie, die ich mir hinter die Ohren tätowieren lassen sollte. Denn trotz meines ganzen Geredes, dass ich ohne Mann besser fahre, spüre ich plötzlich, dass ich mir nichts sehnlicher wünsche, als meinen alleinerziehenden Status gegen ein intaktes Familienleben einzutauschen. Aber ich sollte wirklich nicht schon wieder auf den Erstbesten hereinfallen, der mir mit weltmännischem Charme Komplimente macht. Und um an ein Exemplar zu kommen, das meinen Erwartungen entspricht, muss ich zuerst mein eigenes Leben auf Vordermann bringen.

Einen kleinen Systemfehler hat das perfekte Leben meiner »Housewives« aber dennoch. Diese Frauen vergöttern ihre Söhne. Ihnen gegenüber verhalten sie sich alles andere als souverän. Sie nehmen ihren Kronprinzen alles ab. Ja, ich befürchte, sie verziehen ihre Söhne mit ihrer türkischen Mutterliebe derart, dass diese zu einer Generation unsicherer Männer heranwachsen. Die erwachsenen Mamakinder werden es vermutlich auch sehr schwer haben, eine passende Frau zu finden. Meine Tochter werde ich nicht zur Verfügung stellen, auch wenn ich glaube, dass sie kaum eine bessere Schwiegermutter bekommen könnte, als eine der Frauen hier aus der Runde.

Renans Wohnung hat übrigens nichts mit einer Dreizimmerwohnung in Deutschland gemein. Hier könnte Markus Lanz »Wetten, dass..?« moderieren. Für die Zuschauertribüne und die Promi-Sitzgruppe wäre jedenfalls locker Platz in der Wohnung.

Beim Abräumen klackern wir mit unseren Absätzen über die Küchenfliesen als moderne Rhythmusgruppe, die den Gesang des Muezzins begleitet, der im Hintergrund zum Abendgebet ruft. Das also sind die modernen Türkinnen, denke ich. Diese Frauen unterscheiden sich nur in einem Punkt von deutschen Frauen: Sie lösen Probleme, die zu lösen sind, geben unlösbaren Herausforderungen aber niemals so viel Bedeutung, dass sie ihr Leben dominieren.

Und nun wird auch mein Wohnungsproblem zu ihrem. Nesrin bringt den Stein ins Rollen: »Hast du jetzt eine Bleibe gefunden, oder wohnst du noch im Hotel?«

Noch ehe ich antworten kann, überschlagen sich die anderen Frauen. »Du wohnst im Hotel? Das kann doch nicht wahr sein.«

»Die nehmen es doch von den Lebendigen, diese Halsabschneider!«

»In meinem Haus steht ein Zimmer leer. Du kannst bei mir wohnen«, schlägt Pelin vor, Nesrins beste Freundin.

»Und bei mir im Keller steht noch ein ausklappbares Gästebett«, sagt Renan.

Das höfliche Ja-nein-doch-danke-Spiel, das jetzt folgt, kenne ich als Türkin nur zu gut.

»Das kann ich doch nicht annehmen.«

»Keine Widerrede.«

»Bitte, macht euch doch nicht so viele Umstände meinetwegen.«

»Oh, jetzt kränkst du mich, das sind doch keine Umstände.«

Nur zögernd nehme ich an. Und freue mich. Auch darüber, dass Pelins Villa in der gleichen schicken Neubausiedlung steht wie das Haus, in dem Nesrin ihre Wohnung hat.

Neben einer neuen Herberge werde ich ganz bestimmt auch ein kleines Coaching-Programm von Pelin verpasst bekommen. Im Hotel interessiert sich niemand dafür, wann ich aufstehe und ob ich schon Klinken geputzt habe, um Aufträge als freie Journalistin in Istanbul zu bekommen. Pelin wird mich ganz bestimmt unter ihre Fittiche nehmen. Sie kann gar nicht anders. Diese Frau hat eine andere Art von Energiehaushalt. Ihr ist alles zuzutrauen. Nesrin sagt:»Nach zwölf Stunden Arbeit kann sie ohne Weiteres auf die Schnelle aus den Resten im Kühlschrank ein Vier-Gänge-Menü zaubern. Oder sie kann sich am Abend, wenn sie sich schon auf der Couch entspannt, nach einem Anruf schnell wieder anziehen, ein Dutzend Kinder von irgendwo abholen, sie verpflegen und über Nacht beherbergen.«

Pelin würde auf Deutsche vielleicht einen Tick zu gepflegt, einen Hauch zu schick, eine Spur zu gut gelaunt und eine Prise zu überdreht wirken. Aber das ist nicht aufgesetzt. Das ist ihre Art. Und wenn man sich einen Moment Zeit nimmt, sie kennenzulernen, merkt man, dass dieser Temperamentsbolzen von innen heraus strahlt und eine Atmosphäre der guten Laune verströmt, der man sich nicht entziehen kann.

Man muss diese türkischen Frauen einfach sexy finden, auch wenn ihre Diäten ähnlich erfolglos enden wie meine. Das sind Pfundsweiber, manche im wahrsten Sinne des Wortes. Diese Frauen gibt es überall. Auch wenn sie in New York, London oder Berlin vielleicht anders aussehen, weniger Goldschmuck tragen und die Augenbrauen anders geschwungen sind. Alle diese erfolgreichen Frauen haben ein sicheres Einkommen. Auch wenn ich pfundsmäßig locker mithalten kann, von Letzterem bin ich noch weit entfernt, aber das ist ein Grund mehr für mich, von ihnen zu lernen.

Diese Frauen nehmen neben der Arbeit auch noch eine gehörige Portion Freizeit mit. Sie entscheiden selbstständig über ihr Leben, sie gehen die ganze Nacht aus, ohne dass ihnen irgendjemand etwas verbieten könnte. Sie nehmen sich, was sie wollen. Das klingt ein wenig chauvinistisch, bedeutet aber nur, dass sie sich nicht mit dem begnügen, was sie von anderen vor die Nase gesetzt bekommen.

»Nicht zögern, handeln«, schreibe ich mir als nächste Lektion in mein kleines Büchlein. Wie kein anderes Land ist die Türkei zweigeteilt. Halb europäisch, halb asiatisch. Halb westlich, halb anatolisch. Halb Metropole, halb Dorf. Aber Istanbul bekommt diese Teilung bestens. Die beiden Hälften bereichern sich gegenseitig. Auf der einen Seite die moderne, schnelllebige Metropole, auf der anderen Seite das Traditionelle, das die vielen Zuwanderer mitbringen, die jeden Tag aus ihren anatolischen Dörfern kommen, um hier ihr Glück zu versuchen. Ein Teil des Lebens in Istanbul unterscheidet sich nicht viel von dem in anderen Metropolen. Zumindest kann ich das von den Metropolen behaupten, in denen ich schon gelebt habe: New York und Berlin. Und Anatolien ist weit weg.

Der Lebensstil dieser starken, emanzipierten Frauen ist eine milde Auflehnung gegen die immer sichtbarer werdende Religiosität in Istanbul – Restaurants, die stolz darauf sind, keinen Alkohol auszuschenken, und immer mehr Baustellen, wo neue Moscheen entstehen. Ihre kleinen Freiheiten sind keine Revolution, kein wutschnaubender Kampf um Gleichberechtigung. Den Kern der traditionellen Lebensweise, in der die Familie als Ort der Geborgenheit hochgehalten wird, haben sie sogar mit großer Überzeugung übernommen. Nur, dass sie es nicht mehr als altmodisches Modell Vater-Mutter-Kind ausleben, sondern als Mutter-Kind-Freundinnen-Variante. Die wichtigsten Wörter im Leben dieser Frauen sind Selbstbestimmung und Unabhängigkeit. Mustafa Kemal, besser bekannt als Atatürk, der Begründer der modernen Türkei, hätte seine wahre Freude daran, wie Nesrin, Pelin, Renan und die anderen Frauen seine Reformen mit Leben erfüllen. Im Mausoleum Atatürks hängt eine Tafel, auf der steht:»Wenn Männer und Frauen nicht gemeinsam für ein Ziel marschieren, sind die wissenschaftlichen und technischen Voraussetzungen für eine moderne Zivilisation nicht geschaffen.«

Und von Nesrin lerne ich noch ein weiteres Atatürk-Zitat: »Bir toplum, bir millet erkek ve kadın denilen iki cins insandan meydana gelir. Mümkün müdür ki, bir toplumun yarısı topraklara zincirlerle bağlı kaldıkça, diğer i göklere yükselebilsin – Eine Gesellschaft besteht aus Männern und Frauen. Wie kann es dann sein, dass der eine Teil in Ketten am Boden gehalten wird und der andere in den Himmel ragen darf?«

Diese Frauen, die ich in Istanbul kennenlerne, stehen mit beiden Füßen fest auf dem Boden und gehen mit erhobenem Haupt durch das Leben. Hach, wenn die dickbäuchigen Politiker doch mal hier Urlaub machen würden, um zu sehen, was sie alles verpassen. Meine neuen Freundinnen wären in vielerlei Hinsicht ein Gewinn für meine alte deutsche Heimat. Und die Islamisierung der Gesellschaft wird in Istanbul nicht gelingen, solange diese Frauen ein Gegengewicht bilden. Der gesellschaftliche Fortschritt und die Notwendigkeit der Berufstätigkeit der Frau einerseits, das expandierende Bildungswesen und die starke Zunahme von weiblichen Akademikerinnen auf der anderen Seite haben zu mehr Selbstbestimmung und Spielräumen innerhalb der Gesellschaft geführt. Im Alltag bedeutet das, dass die Frauen, natürlich nicht im ganzen Land, an gesellschaftlicher Teilhabe gewonnen haben. Sie werden vor allem ihren Töchtern keinen Weg zurück in die Unmündigkeit erlauben.

Unser Frauenabend endet ruhiger, als er angefangen hat. Wir sitzen im Wohnzimmer, die Terrassentür steht weit offen, und es weht ein kühlerer Nachtwind herein. Zwei Frauen haben sich schon verabschiedet, um ihre Kinder ins Bett zu bringen. Die Gespräche plätschern unaufgeregt vor sich hin.

»Mädels, kommt, wir gehen noch ins Lucca«, schlägt Pelin vor. Ein stadtbekanntes Café in Bebek, in dem die Prominenz der Stadt zu Hause ist. Gesagt, getan. Wir mischen uns unter sie, an jedem zweiten Tisch sitzen bekannte Schauspieler. Sie spielen allesamt in den unzähligen türkischen Soaps mit, die von morgens bis abends auf den Privatsendern laufen. Meine neuen Freundinnen sind keine Groupies, nie im Traum würde ihnen einfallen, einen der Darsteller anzuhimmeln. Vielmehr genießen sie das Gefühl, dass man im Vorbeigehen auch von ihnen denken könnte, dass sie Schauspielerinnen sind. Und so sitzen sie plötzlich kerzengerade, recken das Kinn, gestikulieren noch ausladender als sonst und betonen jedes einzelne Wort so, als hätte sich darin der Weisheit letzter Schluss versteckt.

Während die anderen Frauen über ein Starlet lästern, deren Rock nicht mehr als ein breiter Ledergürtel ist, nippe ich zufrieden an meinem schlechten Kaffee. Ich habe mich lange nicht so wohlgefühlt. Wenn ich in die Gesichter um mich herum sehe, merke ich: Ich falle nicht auf. Ich bin nicht die Quotentürkin, sondern eine Türkin unter vielen. Ohne Kopftuch und Bildungsnöte. Dafür gestylt, selbstbewusst und modern.

Was ich heute Abend auch entdecke, ist, dass man in dieser Stadt kein Date mit einem Mann braucht. Diese Stadt ist das Date. Diese Stadt lässt einen niemals im Stich. Die Stadt ist für die Frauen, mit denen ich hier nun lebe, ein Versprechen auf ein erfülltes Leben.

In Deutschland wird viel zu häufig darauf geachtet, was »deins« ist, was »meins«. Das ist ermüdend und raubt einem jegliche Spontaneität. Wenn ich jetzt und hier sagen würde, ich wäre so gern am Meer, dann könnte ich sicher sein, dass ich in ein paar Stunden dort sitzen würde. In Renans Ferienhaus, gekommen mit Nesrins Auto und mit Pelins Bruder als Begleitung.

Am Ende eines langen Frauentages sitzen Nesrin und ich bei Pelin im Garten und schauen in den Sternenhimmel. Das ist also mein erstes Zuhause in Istanbul. Ein Haus am Rande der Stadt, weit weg vom hektischen Trubel der Metropole. Aber es fühlt sich gut an, weil ich in Pelins Haus nicht mehr die Touristin bin, sondern fast schon eine neue Einwohnerin von Istanbul. Ich habe schon richtige Freundinnen hier gefunden, die mir das Gefühl geben, angekommen zu sein. Doch ich denke auch an Julia, an meine Freunde in Berlin, und merke, wie ich sie vermisse. Aber nach allem, was ich die letzten Tage erlebt habe, wächst das Gefühl, auf dem richtigen Weg zu sein. Werde ich eigentlich jemals zur Ruhe kommen? Und als könnte Nesrin meine Gedanken lesen, nimmt sie meine Hand und sagt:»Mach dir keine Sorgen, auch wenn dein Herz deutsch schlägt, gehörst du ab jetzt zu uns, und wir passen auf dich auf.«

Ich lächele und antworte:»Mein deutsches Herz wäre ohne meine türkische Seele sehr einsam.«

»Egal was du tust, du bist eine Frau. Verlass dich auf deinen Instinkt, dann kann nichts schiefgehen«, sagt Nesrin.

Aus dem Verkehr gezogen

Ich wohne jetzt schon mehrere Tage bei Pelin. Ein Umstand, der mir langsam zu schaffen macht. Nicht, dass sie mich drängt auszuziehen. Im Gegenteil. Schon als wir uns das erste Mal trafen, war ich fasziniert von ihrer Ausstrahlung. Früher arbeitete sie als Stewardess bei Turkish Airlines. Den Job hat sie aufgegeben, als sie vor knapp zehn Jahren Mutter wurde. Ihr Englisch ist ausgezeichnet, und so gibt sie Sprachkurse für Erwachsene und Schüler. Ich habe noch nie erlebt, wie jemand mit einem solch hervorragenden Organisationstalent Räumlichkeiten für die Kurse auftreibt, Inventar besorgt und neue Gruppen auf die Beine stellt. Und das alles in schwindelerregendem Tempo. In der Zeit, in der bei ihr der Kaffee morgens durch die Maschine läuft, hat sie schon drei Telefonate geführt und vier Häkchen auf ihrer To-do-Liste gemacht, während ich noch verzweifelt versuche, meine Haare zusammenzubinden. Es scheint, dass sie wirklich alles unter Kontrolle hat. Neben ihrer Power und ihrem Arbeitspensum fühle ich mich wie das größte Faultier der Welt.

Verschlimmert wird das Ganze noch dadurch, dass ich immer noch keine journalistischen Aufträge in Istanbul ergattern konnte. Ich bin die Suche so angegangen, wie ich es aus Berlin gewöhnt bin: im Impressum von Magazinen und Zeitungen den zuständigen Redakteur ermittelt, ein halbseitiges Exposé verfasst, in dem ich meine Idee für eine Geschichte erläutere, und per E-Mail verschickt. Nur habe ich schnell erfahren, dass das in Istanbul nicht so läuft. In Deutschland verbessern sich die Aussichten, einen Auftrag zu bekommen, wenn man den Verantwortlichen nicht mit einem lästigen Telefonat stört. Es ist galanter, ihm selbst die Möglichkeit zu geben, sich zu melden. In Istanbul scheint diese Rücksichtnahme nicht besonders geschätzt zu werden. Fünf E-Mails mit Ideen habe ich verschickt und nicht einmal eine Absage erhalten.

Ich hatte mir doch so fest vorgenommen, es ohne meine deutschen Kontakte zu schaffen, aber ich bin rückfällig geworden und habe einem Redakteur aus Berlin zugesagt, eine Reportage über Istanbul zu schreiben. Eine bequeme Entscheidung, die mich keinen Schritt weiterbringt, aber immerhin ganz gut bezahlt wird.

Nach dem Frühstück will ich heute in einem Maklerbüro vorbeischauen, um schätzen zu lassen, wie viel meine geerbte Wohnung eigentlich wert ist. Telefonisch habe ich dort bisher niemanden erreicht. Nicht einmal mobil. Dabei ist beinahe jeder in dieser Stadt stolzer Besitzer eines Handys, viele haben sogar zwei oder drei davon.

Offensichtlich ist die Technikaffinität der Türken in den letzten Jahren noch größer geworden. Schon früher waren sie Vorreiter, was technische Geräte betraf. Besuchten uns Verwandte in Duisburg, präsentierten sie uns stolz ihre Videokameras, lange bevor wir eine besessen hatten. Aber putzige Wecker in Moschee-Form, die einen sekundengenau mit dem Gebetsruf aus dem Bett werfen, hatten wir auch schon. In Istanbuls Bussen, in der Metro und Cafés spielen die Menschen ununterbrochen an technischen Neuheiten herum.

Zugegeben, ich fühle mich ohne mein Smartphone ebenfalls aufgeschmissen. Aber ich bin in der Lage, es während einer Unterhaltung auch mal wegzulegen. Mein Wissen beruht auf echten Büchern, die ich als Kind in der Bücherei ausgeliehen habe. Mein persönliches Bildungssystem ist zwar antiquiert, aber immerhin fundiert. Das ist heute anders. Diese digitalisierten Knilche können zwar ein halbes Dutzend Apps gleichzeitig bedienen, aber dass sie sich über längere Zeit einem Gedankengang widmen, wage ich zu bezweifeln. Man kann mich nostalgisch nennen oder auch gestrig, das halte ich gut aus. Besser, als mit anzusehen, wie sogar schon die Kleinsten hier im Netz verschwinden. Und ich übertreibe nicht. Hier besitzt fast jedes Kind so einen Minicomputer, der aussieht wie ein Frühstücksbrettchen. Und da es in Istanbul überall drahtlosen Internetzugang gibt, mailen, gamen und surfen sie um die Wette. Irgendwie beeindruckt mich der spielerische Umgang mit Multimedia in dieser jahrtausendealten Stadt schon sehr, aber ich bin mir nicht sicher, ob man den Kindern damit wirklich einen Gefallen tut. In der Zeit, in der sie online sind, war ich früher auf dem Spielplatz. Während sie chatten, habe ich mich mit meinen Freunden getroffen. Ich bin wirklich froh darüber, dass meine Tochter nach zwei Games am Computer die Lust verliert und sich lieber wieder ihren Spielsachen widmet.

Ich vermisse Johanna sehr. Es gibt so vieles, was ich ihr sagen möchte. In den letzten Tagen habe ich sie mit Mails bombardiert, aber wie ich den Vater kenne, ruft er sie garantiert nicht täglich ab, um sie ihr vorzulesen. Außerdem ist Ali Pragmatiker und fasst das Wichtigste für sie wahrscheinlich in ein paar knappen, nüchternen Sätzen zusammen.

Als ich sie endlich einmal ans Telefon bekomme, kann sie ihr Ich-möchte-jetzt-aber-lieber-spielen-Gezeter nicht verbergen. »Ich vermisse dich, canımın içi«, säusele ich. Und weil nicht prompt eine Erwiderung kommt, hake ich nach: »Vermisst du mich auch?«

»Hach, Mami«, sagt Johanna, und ich sehe vor mir, wie sie dabei mit ihren großen Augen rollt und ihr langes dunkles Haar zurückwirft. Zum Glück weiß ich, dass »Hach, Mami« bedeutet: »Natürlich, du bist meine Mami, wie sollte ich dich da nicht vermissen?«

»Ist es schön bei Papa?«

Diese Frage klingt in den Ohren meiner Tochter aber zu

dumm, als dass sie eine echte Antwort verdient. »Ich darf sogar mit all meinen Kuscheltieren ins Bett«, sagt sie provozierend.

Bei mir muss sie sich immer für eines entscheiden, weil ich finde, sie hat sonst nicht genug Platz in ihrem Bett. Und wenn sie heimlich doch mehrere mit unter ihre Decke schmuggelt, schleicht sie sich nachts zu mir, mit der Begründung, ihr Bett sei einfach viel zu klein zum Träumen.

Einen letzten Versuch starte ich noch, Johanna in ein Gespräch zu verwickeln. »Warst du gestern beim Ballett?«

»Hm«, nuschelt sie, und ich merke, wie sie sich windet und überlegt. Sie möchte garantiert eine dringende Frage stellen, von der sie aber ahnt, dass sie mütterlichen Unmut auslösen wird. Ich ermuntere sie, und dann platzt es aus ihr heraus: »Darf ich auflegen? Ich wollte gerade mein neues Kleid anziehen, und Papa macht mir einen Zopf.«

Bei so viel Vorfreude kann ich einfach nicht böse sein. Ich bekomme einen fernmündlichen dicken Schmatzer, und mein Herz hüpft vor Freude.

Es ist wirklich nicht einfach, so lange von meiner Tochter getrennt zu sein. Aber ich hoffe sehr, dass ich das Richtige tue und sie bald zu mir nach Istanbul holen kann. Auch wenn ich manchmal etwas kopflos erscheine, als Mutter kämpfe ich mit Wissen, Halbwissen und hoffentlich ganz passablen Instinkten gegen alles Unheil, das meiner Kleinen zustoßen könnte. Auch das von mir erzeugte. Bisher mit großem Erfolg. Nie würde sie auf die Idee kommen, das Chaos, das in meinem Kleiderschrank herrscht, könnte ich selbst angerichtet haben. Und nie würde sie glauben, ich könnte je einen Termin vergessen, so überpünktlich wie ich sie meistens in den Kindergarten bringe. Hoffentlich hat sie schon Abitur, ehe sie all meine Schwächen herausfindet.

Pelin bereitet ihr kleiner Sohn Mert Kopfzerbrechen. Er ist ein kleiner Computer-Nerd. Am iPad macht ihm so schnell keiner was vor. In letzter Zeit ist er gar nicht mehr davon wegzubekommen. Man kann das natürlich auch positiv sehen und sich einreden, er sei fit für die WW-Welt. Bildung ist aber nicht nur das Ansammeln von Informationen. Es gehören auch Wissen, Kultur und die Fähigkeit dazu, das Konsumierte verarbeiten und einordnen zu können. Damit sich kleine Persönlichkeiten entwickeln können, brauchen sie jemanden, der ihnen Orientierung gibt. In jedem Fall brauchen Kinder eine lebendige Beschäftigung mit Kindern, ja, mit Menschen, groß oder klein.

Pelin weiß das nur zu gut, und wie alle Mütter auf der Welt muss sie oft abwägen, was sie ihrem Kind erlaubt und was nicht. Bei mir ist das nicht anders. Soll man sein Kind zum Ballett oder Klavierspielen zwingen? Das Dilemma kennt jede Mutter.

»Und wenn du es zeitlich begrenzt? Eine Stunde Computer vor dem Abendessen?«, schlage ich Pelin vor.

»Das habe ich schon versucht, aber dann erzählt Mert der Nanny, er recherchiere für ein Schulprojekt. Oder neulich kam ich nach Hause, da erklärte mein Kleiner seiner Babysitterin, wie sie am günstigsten online Schuhe shoppt.« Wir mussten beide lachen.

»In den Herbstferien kommt er auf Entzug, da schicke ich ihn zu Onkel Ibrahim nach Deutschland. Da ist er dann zweitausend Kilometer entfernt von seinem geliebten iPad.«

Jetzt lache ich lauter. Das ist ja mal ein ganz anderer Blick auf Deutschland. Als Entwicklungsland, das sogar der Türkei hinterherhinkt.

Gut, Berichte der Europäischen Union bestätigen der Türkei im Bildungsbereich große Fortschritte. Ich habe aber Zweifel, ob dieser Fortschritt auch beim Durchschnittstürken ankommt. Natürlich ist es anerkennenswert, was sich hier in den letzten Jahren getan hat. Aber die überall aus dem Boden sprießenden Privatunis regeln die Zulassung ihrer Studenten über den Geldbeutel der Eltern. Das weiß ich auch von meinen beiden Nichten, Fatmas Töchter in Izmir. »Wo willst du denn studieren?«, hatte ich die eine auf der großen Feier zu ihrem Schulabschluss gefragt.

»Mal sehen, für welche Uni ich die Aufnahmeprüfungen bestehe. Ich weiß noch nicht, wie teuer das wird.«

»Wie teuer das wird?«

»Die Büffelanstalt!« Und als sie sieht, dass ich gar nicht weiß, worüber sie spricht, erklärt sie:»Wer auf eine Uni will, muss zahlen.«

Ohne eine »Dersane«, die darauf spezialisiert ist, gegen Bares das nötige Wissen einzutrichtern, laufe so gut wie gar nichts. Ich betone: Wissen eintrichtern. Denn lernen kann man in diesen Anstalten nichts. Es ist das Gegenteil dessen, was der Mathelehrer uns früher immer versuchte näherzubringen:»Nicht für die Schule lernt ihr, sondern fürs Leben.«

Bei mir hat der Spruch übrigens nicht gefruchtet. Vor Klassenarbeiten schloss ich mich immer zwei Tage in mein Zimmer ein, lernte Formeln auswendig und bewältigte mit einem gut trainierten Kurzzeitgedächtnis die Aufgaben. Mehr aber auch nicht. Heute nutze ich den Taschenrechner auf meinem Smartphone schon, wenn ich ausrechnen will, wie viel ich bei einem Sonderangebot sparen kann. Meist nicht einmal das. Hauptsache gespart, sage ich mir. Und ganz ehrlich, eine Kurve musste ich in meinem ganzen Nachschulleben noch nicht berechnen. Ich habe welche an den Hüften, das reicht.

Ein System, das die Wohlhabenden bevorzugt, entspricht auf jeden Fall nicht meinem Bildungsideal. Aber diese Tendenz, wenn auch in abgeschwächter Form, gibt es ja auch in Deutschland. Leider.

Ansonsten gibt es natürlich noch immer große Unterschiede zwischen Deutschland und der Türkei. Ein deutscher Makler würde sicher ans Telefon gehen oder zumindest zurückrufen. Ein türkischer Makler hat das nicht nötig. Als ich endlich vor dem Maklerbüro stehe, sehe ich das große Schild an der Tür:»Wegen Urlaubs geschlossen«. Wie lange das Büro unbesetzt ist, ist nirgends vermerkt. Das ist schon eine Leistung. Hier arbeiten drei Makler, und alle nehmen gleichzeitig Urlaub. Und was ist das überhaupt für ein Schild? Die Rückseite eines Werbeplakats, die jemand in Eile mit krakeliger Schrift beschrieben hat. Verrücktes Istanbul. Jetzt fällt mir die Topfpflanze im Schaufenster auf, sie ist so vertrocknet, dass dieser Urlaub schon Monate andauern muss.

Frustriert rufe ich Pelin an, die mir verspricht, gleich einen anderen Makler zu kontaktieren. Obwohl er in unserem Geschäftsverhältnis der Dienstleister ist, verlangt er einen Rundum-Sorglos-Service: einen saftigen Stundenlohn und einen Shuttleservice – heißt, ich muss ihn in seinem Büro abholen und zu meiner Wohnung kutschieren. Aber die Tatsache, dass er überhaupt zusagt, macht mich überglücklich.

Bei Pelin zu wohnen, hat noch einen weiteren Nachteil: Vom äußersten Rand Istanbuls in die Innenstadt zu kommen ist ein Höllentrip. Ich bin jedes Mal überglücklich, wenn ich mein Ziel lebend erreiche. Und damit scheine ich eine echte Ausnahme zu sein. Denn die – von mir grob geschätzten – rund drei Milliarden Verkehrsteilnehmer hängen anscheinend weder an ihrem Auto noch an ihrem eigenen Dasein.

Im Fernsehen wirkt dieses bunte Fahrzeugtreiben immer so, dass ich mich jedes Mal in diese anarchische und energiegeladene Atmosphäre hineinwünsche, weit weg vom Berliner Korinthenkackertum. Aber stecke ich selbst mittendrin im Getümmel, würde ich für paragrafenreitende Polizisten, besserwisserische Autofahrer und den deutschen Schilderwald ein Königreich geben. Müssten die Autos auf Istanbuls Straßen zum deutschen TÜV, würden mehr als 50 Prozent von ihnen wohl aus dem Verkehr gezogen werden.

Nicht anders erginge es auch dem Auto meiner Schwester Fatma, die mich heute netterweise durchs Getümmel manövriert. Als wir losfahren, mache ich sie darauf aufmerksam, dass sie keine Sicherheitsgurte hat. »Das ist kein Problem«, sagt Fatma. »In Istanbul interessiert es niemanden, ob du angeschnallt bist oder nicht.« Das stimmt zwar nicht, denn mittlerweile gilt auch in der Türkei eine Anschnallpflicht, nur hält sich daran natürlich niemand. Lieber einen Strafzettel riskieren, als uncool auszusehen.

»Ach, dann piept es in türkischen Autos gar nicht, wenn man sich nicht anschnallt?«, frage ich meine Schwester naiv.

»Natürlich gibt es auch in türkischen Autos diesen nervtötenden Ton. Türken wären doch keine Türken, wenn sie dafür keine Erfindung hätten«, meint Fatma gelassen. Für einige Lira könne man an jeder Ecke einen anahtar, Schlüssel, kaufen. Das ist natürlich kein richtiger Schlüssel, sondern das Endstück des Gurtes, das man in das Gurtschloss steckt. Und sobald die Steckzunge eingerastet ist, hört das Warnsignal auf, und das Problem ist auf türkische Weise gelöst. Typisch türkisch, eine Sache deutsch beginnen, aber türkisch beenden. Für jede Lebenssituation wird eine unkonventionelle Lösung gefunden.

»Guck mal, ein Murat«, rufe ich begeistert, als ich das kleine, kantige Auto entdecke, das mit ohrenbetäubendem Lärm an uns vorbeirattert. Aus seinem Auspuff steigt schwarzer Rauch, der bei uns durch die geöffneten Seitenfenster zieht.

Meine Schwester hustet. »Deine Sentimentalität in allen Ehren, aber diese Dreckschleuder sollte längst verboten sein. Dagegen ist selbst ein Trabi ein umweltschonendes Wunderwerk der Autoindustrie.«

Im Gegensatz zu meiner Schwester löst dieser rostige weiße Murat, der uns nun den Weg abschneidet und zur Notbremsung zwingt, bei mir eine ganze Reihe Kindheitserinnerungen aus. Das erste Highlight meiner Sommerferien war für mich nämlich immer die Einfahrt in die überfüllte Innenstadt Istanbuls. Damals fuhr jeder, der es sich leisten konnte, einen Murat. Das kleine Auto wurde in den Tofas-Werken in Bursa produziert und kostete nicht viel. Man könnte sagen, das Auto war die türkische Version des Volkswagens. Über eine Servolenkung verfügte es nicht. Beim Einparken musste man sich deshalb mit beiden Armen ans Lenkrad hängen, um die Reifen in die gewünschte Position zu zwingen. Mit seinen 60 PS war der Motor gerade stark genug, um zu waghalsigen Überholmanövern anzusetzen. Und während diese kleinen Kröten miteinander kämpften, als ob es um Leben und Tod ginge, wichen sie dem apfelsinenfarbenen Mercedes meines Vaters respektvoll aus, denn wir waren mit diesem Schiff von Auto die Könige der Straße.

Den Autokauf hatte ich damals miterlebt. Mein Vater hatte die 25 000 Mark, die der Mercedes kosten sollte, in bar dabei. Im Autohaus drückte er mir die Tausendmarkscheine in die Hand.»Du darfst bezahlen, Hatice!« Niemals zuvor und niemals danach habe ich so viel Geld in der Hand gehabt. Mein Vater traute dem Bankensystem nämlich nicht. Denn wie stünde er da, wenn seine Bank einen Fehler machen und der Autohändler sein Geld nicht rechtzeitig bekommen würde? Ratenzahlung kam für ihn genauso wenig infrage.»Adamak kolay, ödemek güçtür«, sagt er noch heute.»Schulden machen ist leicht, sie zu begleichen, schwer.«

In Duisburg genierte ich mich ein bisschen für unsere Zitruskiste. Dort waren die Autos schwarz, blau oder rot. Unseres aber war durch seine Signalfarbe nicht zu übersehen. Das Orange, das mir in Duisburg immer zu grell und aufdringlich erschien, war in Istanbul aber genau richtig. Schon im Rückspiegel konnten uns die anderen Fahrer erkennen und respektvoll Platz machen.

Jetzt aber sind die Murats fast vollständig von den Straßen verschwunden, am Verkehr hat sich aber nichts geändert. Nicht zwischen meinen Geschwistern auf der Rückbank eingeengt, kommt er mir sogar noch chaotischer vor. Regeln gibt es hier natürlich trotzdem, auch wenn sie einem Touristen ein wenig, sagen wir, unkonventionell erscheinen mögen.

Die wichtigste lautet: Wer als Letzter bremst, hat Vorfahrt! Außerdem ist es ein ungeschriebenes Gesetz, dass Feiglinge immer rechts fahren, und die Oberfeiglinge fahren, falls es einen Seitenstreifen gibt, natürlich dort. Eher Regel als Ausnahme sind auch die Geisterfahrer. Immerhin machen die meisten noch kurz vor dem Frontalaufprall mit der Lichthupe auf sich aufmerksam. Und was in Deutschland die Entenfamilie ist, die über die Straße wackelt, sind in der Türkei Kühe, Schafe und Kinder, die ab und an in aller Seelenruhe über eine dreispurige Autobahn marschieren. Und nebenbei bemerkt, die Anzahl der Fahrspuren wird dem Verkehrsaufkommen angepasst. So kann zur Rushhour aus einer dreispurigen Schnellstraße schnell mal eine fünfspurige werden, auf der die Autos so dicht nebeneinander herfahren, dass man sich durch die geöffneten Fenster gegenseitig ein Kaugummi in den Mund stecken könnte.

Aber ich will nicht ungerecht sein, es gibt auch ein paar Verkehrsregeln, die nicht auf das Recht des Stärkeren setzen: In geschlossenen Ortschaften gilt eine Höchstgeschwindigkeit von 50 km/h, die Promillegrenze liegt bei 0,5, für einen Fahranfänger gibt es striktes Alkoholverbot, Hupen ist an sich nicht erlaubt, ebenso wie über eine rote Ampel zu fahren. Aber in vielen Situationen nimmt ein waschechter türkischer Autofahrer lieber eine hohe Geldstrafe in Kauf, als vom Gaspedal zu gehen.

Nachdem wir den Makler aufgegabelt haben, setzt Fatma uns beide bei meiner Wohnung ab. Nach der Besichtigung setzt er ein mitleidiges Gesicht auf:»Diese Wohnung erfüllt nicht die Mindeststandards. Das wird schwer.«

»Und was bitte sind hier die Mindeststandards?«, frage ich bissig zurück.

»Die Wohnung ist alt. In Istanbul muss alles neu sein«, kommt belehrend zurück.

»Aber das hier ist ein charmanter Altbau«, sage ich,»die Wohnung hat schon so viele Menschen beherbergt, und das macht die besondere Atmosphäre doch erst aus.«

»Frau Akyün, hierbei handelt es sich um eine Wohnung,

und die muss funktional sein, ihre hat ja noch nicht mal einen Whirlpool.«

»Aber die sanitären Anlagen funktionieren doch einwandfrei«, wende ich ein.

»Okay, Sie tun mir leid, und deshalb helfe ich Ihnen. Sie bekommen 25 000 Dollar für die Bruchbude von mir, ein wirklich großzügiges Angebot.«

»Wieso denn Dollar? Ich bin aus Deutschland und wir haben den Euro. Und in Istanbul sind das Lira, oder sehe ich das falsch?«

»Das mag für die Türkei gelten, aber nicht für mich. Ich arbeite ausschließlich für Dollarscheine.«

Mir platzt der Kragen, ich bin nicht bereit, diesen arroganten Typen auch nur eine Minute länger zu ertragen. »Wissen Sie was, Mister Dollar?«, sage ich, »machen Sie, dass Sie hier rauskommen.«

Als ich allein in der Wohnung zurückbleibe, höre ich meine Mutter sagen: »Kısmet ayağına kadar geldi – Dein Schicksal ist bis an deine Schwelle gekommen.« Und jetzt begreife ich langsam, dass das ein Zeichen sein muss. Dann ist es eben eine höhere Macht und nicht dieser unsägliche Makler, die mich dazu bringt, die Wohnung nicht zu verkaufen. Ich werde sie für mich herrichten. Und nach der Renovierung kann ich ja immer noch schauen, ob das eine endgültige Entscheidung für Istanbul ist. Eigenartig, Kismet nimmt mir nicht nur die Entscheidung ab, sondern beruhigt auch ungemein.

Zunächst mache ich eine Bestandsaufnahme. Und während ich durch beide Zimmer und die Küche laufe, notiere ich mir die Dinge, die ich besorgen müsste. »Gardinenstangen, Vorhänge, Tisch, Stuhl und Wasserkocher«, schreibe ich auf meinen Zettel. Hier kommt eine Menge Arbeit auf mich zu. Genervt von dieser Einsicht, setze ich mich, ohne dass ich auch nur einen Handschlag getan hätte, erschöpft in ein Café, und es überkommt mich plötzlich eine ungemeine Sehnsucht nach meiner Tochter. Ich rufe sie an, und immerhin kommt sie diesmal ohne Zögern und Zetern ans Telefon.

»Mami«, ruft sie ungeduldig, »darf ich mit meiner Freundin Emma in ›Lauras Stern‹?« Daher weht also der Wind. Vermutlich konnten die Großeltern mit dem Wunsch nichts anfangen, und so bin ich die letzte Rettung, dass die teure Kultur nicht zu kurz kommt.

»Na klar, gib mir mal Oma«, sage ich. Und während ich meine Ex-Schwiegermutter zu überreden versuche, mit ihr ins Kino zu gehen, höre ich es im Hintergrund knistern, und so knistern nur Papiere, die Süßigkeiten umhüllen. Da kenne ich mich aus.

»Wir bringen sie zum Theater«, versucht die Oma von den süßen Gaben abzulenken.

»Sie soll nicht so viel Süßes essen. Wenn sie die Gene ihrer Mutter hat, geht sie bald auf wie ein Hefekloß«, baue ich ihr eine versöhnliche Erziehungsbrücke.

»Hat sie nicht«, sagt sie empört. »Sie kommt nach unserem Sohn, und der ist sehr sportlich.«

Das sitzt. Aber trotzdem verkneife ich mir jeglichen Kommentar. Die Oma sitzt gerade einfach am längeren Hebel. Ich lasse mir dann lieber meine Tochter wieder an den Hörer holen, bevor ich mich für die ex-schwiegermütterliche Gemeinheit doch noch räche.

»Mami«, fängt Johanna von selbst an. »Wann kommst du denn wieder?«

Mir steigen sofort die Tränen in die Augen. Muss Allah mich auf eine so harte Probe stellen? Vor ein paar Minuten hatte ich mich entschieden, in Istanbul zu bleiben. Und jetzt würde ich zu gern alles hinschmeißen und sofort zu meiner Tochter zurückkehren. »Erst kommst du mich hier besuchen«, rette ich mich aus der Situation.

»Wann?«

»Ganz bald«, sage ich.

In den nächsten Tagen gibt mir meine Schwester ihr Auto, damit ich die Sachen für die Renovierung besorgen kann. Sie selbst hat keine Lust, mich ständig zu Baumärkten zu fahren, weil ich jede Schraube und jeden Pinsel einzeln kaufe. Sie zwingt mich dazu, mich selbst hinters Steuer zu setzen. Das Autofahren raubt mir den letzten Nerv. Plötzlich fallen mir erstaunlich viele türkische Schimpfwörter ein, von denen ich nie gedacht hätte, dass ich sie überhaupt kenne. Als sich mal wieder ein rabiater Kerl so spontan vor mir in die Abbiegespur einfädelt, dass ich eine Vollbremsung hinlegen muss, platzen sie tourettemäßig aus mir heraus. Prompt eröffnet der Fahrer, der mir um ein Haar hinten draufgesessen hätte, ein Hupkonzert. Ich erwäge ernsthaft, das Auto an Ort und Stelle stehen zu lassen und mich zu Fuß weiter durchzuschlagen. Ich kann gar nicht in Worte fassen, wie sehr ich in diesen Momenten die guten deutschen Ampelphasen vermisse, ein Auto nach dem anderen, dazwischen immer der gleiche Sicherheitsabstand, und jeder wartet geduldig auf das grüne Licht. So dauert es nicht lange, bis ich das Autofahren in Istanbul wieder aufgebe. Es muss doch auch noch andere Möglichkeiten geben, um ans Ziel zu kommen, denke ich naiv.

Als Erstes versuche ich mich im Dolmuş-Fahren. »Dolmuş« heißt wörtlich übersetzt »angeblich voll«. Gemeint ist eine Art Großraumtaxi. Man steigt an einer Haltestelle ein und gibt dem Fahrer Bescheid, wo man aussteigen will. Dieser Stop-and-Go-Bus wäre eigentlich eine geniale Erfindung, wenn sicher sein könnte, dass der Fahrer nicht nur sporadisch auf die Wünsche seiner Fahrgäste eingeht. Außerdem wird im Dolmuş alles transportiert, was eben hineinpasst. Mitten auf der Strecke hält jemand das Sammeltaxi mit heftigem Winken an, um einen Sack Zwiebeln durch die Tür zu hieven, der nach fünf Kilometern vor einem Lokal in Empfang genommen wird. Es ist nicht ungewöhnlich, dass es im Dolmuş gackert und kräht und die Geruchsnerven arg strapaziert werden. Der Service geht sogar so weit, dass der Fahrer seine Stamm-Fahrgäste aus dem Haus hupt. Ab und an quetscht er sich hinter seinem Steuer hervor, um Ziegen von der Fahrbahn zu scheuchen, sonst verharrt er dort regungslos.

Die Fahrzeuge müssen einiges aushalten, denn mit Vorliebe scheinen Dolmuş-Fahrer Schlaglöcher mitzunehmen. Na ja, es gibt Schlimmeres als ein angebrochenes Steißbein. Wenn im Dolmuş Horrorunfall-Geschichten erzählt werden, höre ich grundsätzlich nicht hin. Mir gelingt es nämlich nicht, mich wie die Türken mit »Das hat Allah so gewollt!« zu beruhigen. Meine Schwester amüsiert sich über mein ängstliches Gemüt und meint, ich müsse endlich ein bisschen Humor entwickeln: »Liegt das Lamm frisch auf dem Teller, war der Dolmuş wieder schneller.«

Endlich habe ich einmal Glück und halte einen Dolmuş an, der ausnahmsweise nicht völlig überladen ist. Zufrieden schiebe ich mich zwischen drei Frauen auf die Rückbank. Das Glück währt nicht lange, denn schon nach ein paar Hundert Metern hält uns ein Polizist an. Der Fahrer verlässt sofort bereitwillig sein Fahrzeug und unterhält sich höflich mit dem Beamten.

Erstaunt frage ich meine Sitznachbarin, wo denn das türkische Temperament des Fahrers geblieben sei. »So freundlich habe ich noch nie jemanden mit einem Verkehrspolizisten reden hören«, sage ich.

»Das würde er auch nicht tun, wenn er nicht Angst hätte, gleich verhaftet zu werden«, erklärt mir die Türkin mit hochgezogenen Augenbrauen. Wahrscheinlich habe ich mich gerade als Touristin enttarnt.

Ich sehe, wie ein ziemlich großer Schein den Besitzer wechselt. Ich spreche die Türkin noch einmal an, und sie scheint erstaunt, dass mich ihre spöttisch hochgezogenen Augenbrauen nicht beeindruckt haben. »Ein Fahrgast zu viel«, erklärt sie mir genervt. »Das Fahrzeug ist nur für acht Personen zugelassen.«

Ich bin platt. Es gibt tatsächlich Vorschriften, die von der Polizei kontrolliert werden. Einen Moment fühlt sich mein deutsches Herz heimisch. Gelassen setzt der Fahrer sich wieder hinters Steuer und nickt dem Polizisten freundlich zum Abschied zu. Aber kaum ist der Beamte abgebogen, gibt er fluchend Vollgas. Brüllt und schimpft derart, dass mir angst und bange wird. »War es denn so teuer?«, frage ich den Fahrer mitfühlend. Er schmeißt mir, ohne vom Gaspedal zu gehen, wütend die Quittung auf den Schoß. »40 Euro, das ist ja sogar für Deutschland teuer«, sage ich. Jetzt drückt der Fahrer noch mehr aufs Gas; ich muss ihn wohl beleidigt haben. Auch die anderen Fahrgäste werden unruhig, reden beruhigend auf ihn ein. Ein, zwei Leute springen von der Straße, zeigen ihm einen Vogel. Doch der Fahrer stellt sich taub, hält es wohl für ausgeschlossen, zweimal am Tag angehalten zu werden, und fühlt sich an keine Verkehrsregeln mehr gebunden. Schon gar nicht an ein spießiges Tempolimit. Meine Sitznachbarin überwindet sogar ihre Abneigung mir gegenüber und klammert sich so stark an meinen Arm, dass ich ihre falschen Fingernägel bis auf die Knochen spüren kann. Nach den längsten zehn Kilometern meines Lebens darf ich endlich aussteigen. Mir ist schwindelig und ich schwöre nach dieser Grenzerfahrung, nie wieder einen Fuß in einen Dolmuş zu setzen.

Mein Dolmuş-Boykott sollte kein Problem sein, denn Istanbul bietet viele andere Fortbewegungsmöglichkeiten. Rein technisch ist der öffentliche Nahverkehr auf dem neuesten Stand. Im Ernst – Istanbul kann es da sogar mit New York aufnehmen. Doch die Stadt hat die Rechnung ohne ihre Einwohner gemacht.

Das fängt schon beim Ampelsystem an. Hier wird auf digitalen Anzeigetafeln sogar der Countdown von 30 heruntergezählt, damit sich die Fußgänger darauf einstellen können, dass die Ampel bald auf Grün springt. Doch das interessiert niemanden. Im Gegenteil, die meisten Menschen passieren die Straße, sobald der Countdown anfängt, so als ob sie Genugtuung dabei empfinden würden, genau zu wissen, dass sie 30 Sekunden Wartezeit gespart haben.

Überall in der Stadt sind knallbunte Tafeln aufgestellt, die dafür werben, dass man dank des Istanbuler Verkehrsnetzes in zwölf Minuten von einem Stadtteil in einen anderen kommt; auch kann man im Internet auf die Sekunde genau ausrechnen, wie lange man von der Haustür bis zum Arbeitsplatz braucht. Aber die Wahrheit steht wie so häufig im Kleingedruckten: alle Zeiten unter Vorbehalt. Das gilt für Busse, Schiffe und die Metro. Und so hält sich keiner der Fahrer an zeitliche Vorgaben. Die digitale Anzeige verrät einem zwar, dass der Bus jetzt da sein müsste, aber real ist von ihm keine Spur. Manchmal habe ich das Gefühl, dass die Zeitangabe auf der Anzeigetafel nur dafür da ist, dass man weiß, wann der Bus garantiert nicht kommt.

So gehören Verspätungen für jeden Istanbuler zum Alltag. »Der Verkehr hat mich aufgehalten«, hört man deshalb zur Begrüßung öfter als »Guten Tag«. Und als Neuling in der Stadt bekomme ich ständig gut gemeinte Ratschläge: »Wenn du um 13 Uhr da sein willst, plan besser eine Stunde Fahrzeit ein.« Oder: »Den Termin würde ich verlegen, sonst brauchst du Ewigkeiten für die Fahrt.«

Irgendwann wird es mir zu bunt, und ich antworte heftig: »Es ist doch total egal, wann ich fahre. Es ist immer zu viel Verkehr.«

Meine Schwester lacht. »Da hast du recht, aber um vier Uhr ist es besonders schlimm!«

Das Beste am Istanbuler Verkehrssystem ist die Metrokarte Akbil. Und das meine ich wirklich ohne jede Ironie. Sie gilt für die Metro, für Straßenbahnen und Busse, und den Chip auf der Karte kann man an fast jedem Kiosk aufladen. Damit fällt das lästige Kleingeldsuchen weg, ebenso das Rätselraten, welcher Tarif für welche Strecke der richtige ist. Beim

Einsteigen hält man die Karte an den Kontakt, und die Fahrt wird automatisch abgebucht. So weit, so gut. Hat man jedoch seine Karte vergessen, kann man theoretisch nicht mitfahren. Natürlich gibt es auch hierfür eine türkische Lösung. Sagen wir, eine mit Tüten beladene Mutter steigt in einen Bus. Sie hat die Akbil nicht dabei und ruft:»Kann mir jemand seine leihen?«Sofort reicht ihr jemand eine Karte, und sie erstattet dem freundlichen Mitfahrer den Fahrpreis in bar. Das funktioniert immer. Wenn man im überfüllten Bus nicht bis zum Automaten kommt, reicht man die Karte einfach nach vorne, und jemand anderes erledigt die Bezahlung. Und es kommt schon fast einem Wunder gleich, dass immer die richtige Karte an den richtigen Besitzer zurückgeht. Faszinierend.

Als ich Julia am Telefon davon vorschwärme, fragt sie als Erstes:»Und wer kontrolliert die Karten?«

Ich bin verblüfft, an die typisch deutsche Angst vor Schwarzfahrern habe ich gar nicht gedacht.»Wieso kontrollieren? Es funktioniert«, antworte ich.

Für mich beginnen die Probleme allerdings meist schon vor dem eigentlichen Fahrtantritt. Jedes Mal wieder frage ich mich: Wie soll ich bloß in diesen Bus kommen?

Am schlimmsten ist es am zentralen Busbahnhof in Taksim. Hier fahren alle Busse ab. Dort bin ich zu Anfang gerne eingestiegen, weil man sich nach einem Shoppingbummel nicht auf die Suche nach der richtigen Haltestelle machen muss. Aber leider halten die Busse wegen des Platzmangels an diesem chaotischen Ort wie Kraut und Rüben. Egal, was einem die Anzeigentafel suggeriert, man muss immer auf der Hut sein. Der Bus kann zu früh kommen, in der dritten Reihe halten oder sofort wieder abfahren. Die Busfahrer haben nämlich keine Lust, sich länger als nötig in diesem Trubel aufzuhalten und das erhöhte Unfallrisiko einzugehen.

Wenn man also mitfahren will, hilft nur ein beherzter Sprung zur rechten Zeit durch die Tür, und dann heißt es Ellenbogen ausfahren, um einen Sitzplatz zu ergattern. Da die

Fahrt manchmal eine gute Stunde dauert, im Berufsverkehr sogar fast zwei Stunden, lohnt sich dieser Ganzkörpereinsatz. Aber selbst wenn man einen Sitzplatz erobert hat, weiß man nicht, wie lange man ihn halten kann. Denn auch wenn sich an Verkehrsregeln so gut wie nie gehalten wird, die Höflichkeitsregeln werden beachtet. Und die Rangfolge sieht so aus: Ein junger Mann räumt seinen Platz für eine Frau. Die Frau für einen älteren Fahrgast, und falls eine Schwangere im achten Monat einsteigt und die ältere Frau noch recht rüstig ist, bietet sie der werdenden Mutter den Platz an. So erinnert mich das Busfahren immer ein bisschen an das Kinderspiel »Reise nach Jerusalem«, bei dem ein Stuhl zu wenig aufgestellt wird. Nur, dass im Istanbuler Bus nicht gedrängelt und geschubst wird. Und bedeutet man dem jungen Mann, er solle bitte sitzen bleiben, kommt dies einer Beleidigung gleich. Sonst wird viel geredet, und ob man will oder nicht, hier erfährt man den neuesten Istanbuler Klatsch und Tratsch und bekommt allerhand gut gemeinte Ratschläge.

Ich sitze wieder einmal im Bus, und das ständige Im-Stau-Stehen zerrt an meinen Nerven. Vor allem sind draußen wunderbare 28 Grad, hier drinnen allerdings gefühlte höllische 40. Was für eine Zeitverschwendung. Und dann passiert es: Mitten auf der Galatabrücke platzt mir der Kragen. Ich will aussteigen. Mir reicht es. Nicht nur der Busfahrer sieht mich mit Entsetzen an, auch die Fahrgäste murmeln: »Die ist verrückt, die will laufen.« Dazu muss man wissen, dass zu Fuß gehen in Istanbul das Allerletzte ist. Das macht höchstens jemand, der sich keine Verkehrsmittel leisten kann. Ansonsten wird für jede Strecke, und sei sie noch so kurz, ein passendes Vehikel gefunden.

Neulich sind Nesrin und ich zu Fuß zum Supermarkt um die Ecke von Pelins Villa aufgebrochen. Da bekam ich zu spüren, wie entsetzlich Türken das Laufen finden, also das Laufen als Fortbewegungsmittel. Wenn es ums Spazierengehen geht, ist das hingegen etwas anderes. So kommt es zu dem seltsamen Umstand, dass der in der Nachbarschaft gelegene Park mit dem Auto angesteuert wird, um dort dann ausgiebig zu flanieren.

Obwohl wir nur ein bisschen Obst und Käse gekauft hatten, reihten wir uns brav in eine Warteschlange ein. Jeder Supermarkt, der etwas auf sich hält, bietet seinen Kunden einen Fahrservice für die umliegenden Bezirke an. Die Frau vor uns pochte vehement auf ihr Recht, nach Hause gefahren zu werden. Der Fahrer blieb stur, ihre Adresse läge außerhalb seiner Zuständigkeit.

Die laute Debatte wurde mir peinlich. Ich wollte einfach nur weg. »Lass uns den Bus nehmen«, schlug ich Nesrin vor. Vom Laufen zu sprechen, wagte ich gar nicht.

»Wo kommen wir dahin«, antwortete sie empört. »Wir lassen uns fahren!«

Typisch türkisch, gibt es ein Serviceangebot, wird es genutzt. Alles andere wäre Verschwendung. Während wir also weiter warteten, fragte ich mich, für wen der Service eigentlich gemacht ist. Alle fahren doch sowieso mit dem eigenen Auto einkaufen.

Nachdem wir endlich bezahlt hatten, zwängten wir uns zu zwei weiteren voll beladenen Frauen in den Wagen. Der Fahrer verstaute die restlichen Einkäufe im Kofferraum. Dann ging es los, und es wurde eine fürchterliche Fahrt. Keine Ahnung, wo der Typ Auto fahren gelernt hatte oder ob er überhaupt einen Führerschein besaß. Den Eindruck machte es jedenfalls nicht. Kamikazeartig fuhr er dicht auf und legte mehr als eine Vollbremsung hin. Da wir noch die anderen beiden Kundinnen absetzen mussten, dauerte die Fahrt letztlich länger, als wenn wir den Weg zu Fuß zurückgelegt hätten.

Und nun reicht es mir auch im Bus. Der Fahrer redet auf mich ein wie auf ein trotziges Kind. »Junge Frau, der Stau löst sich doch bald auf.« Aber davon will ich nichts mehr hören. Denn wann sich in Istanbul ein Stau auflöst, liegt in Allahs Hand.

Als ich auf die Straße springe, atme ich tief ein, dann spaziere ich langsam los und genieße den Blick über das Goldene Horn. Der Verkehr ist unglaublich laut, aber für mich pure Erholung. Am Brückengeländer sitzen einige Angler, die sich durch nichts aus der Ruhe bringen lassen. Ich beneide sie ein wenig um ihre Gelassenheit, etwas, das ich nur mit größtem Kraftaufwand aufbringen kann. Vielleicht sollte ich es mal mit Angeln versuchen, aber davon hält mich meine Fischallergie ab. Ich beobachte die schweigenden Männer. Ganz selten wird ihre Ruhe durch einen gefangenen Fisch unterbrochen. Einer von ihnen will aber so gar nicht dazu passen. Er trägt einen Pullover von Boss, und sein Dreitagebart ist so stylisch, dass man meinen könnte, der Angler käme direkt von einem Mode-Fotoshooting. Er sitzt seelenruhig mit seiner Angel am Ufer, sein Blick ruht auf dem Wasser. Meine Entspannung ist perdu, und meine Ich-brauche-keinen-Mann-Felle schwimmen davon. Er gefällt mir. Und er macht mich neugierig. Wo kommt er her? Ist die Angelei nur ein Hobby? Vorsichtig nähere ich mich ihm, und weil mir nichts Sinnvolles einfallen will, wie ich mit ihm ins Gespräch kommen könnte, versuche ich ihm die Sonne zu nehmen. Nach und nach schiebe ich mich immer weiter vor das Licht, aber er ignoriert mich. Dann stoße ich, und wirklich nur aus Versehen, gegen seinen Eimer. Er blickt auf.

Nur um irgendwas zu sagen, stottere ich verlegen auf Türkisch:»Die sind aber hübsch, gehören die Ihnen?«, und zeige auf die Fische im Eimer. Ich beiße mir auf die Lippen. Habe ich das wirklich gerade gesagt?

»Sie schmecken auch sehr gut«, antwortet er – auf Deutsch!

»Sie sprechen Deutsch?«, frage ich und kann meine Freude kaum zurückhalten, endlich mal wieder einen deutschen Gesprächspartner zu haben. Er scheint an meinem deutsch eingefärbten Türkisch gemerkt zu haben, dass ich nicht von hier bin. Jahrelang habe ich hartnäckig daran gearbeitet, meinen

Ruhrpott-Akzent loszuwerden, und nun erkennt man an meinem Türkisch, dass ich deutsch bin. Aber in diesem besonderen Fall ist es mir gar nicht so unrecht. »Ich habe lange in Hamburg gelebt«, erklärt er. »Ich bin Cenk.« Dann schweigt er wieder und blickt aufs Wasser. Damit habe ich nicht gerechnet und verliere sofort wieder den Mut. Meinen Charme, meinen Witz. Das Einzige, was mir einfällt: »Darf ich Ihnen einen abkaufen?«

»Ich mache Ihnen einen guten Preis: Sie bekommen zwei für einen.«

Trotz meiner Abneigung gegen Fische wähle ich die schönsten aus. Dann bemerke ich, dass einer von ihnen noch zuckt. »Die leben ja noch!« Angewidert betrachte ich die zappelnden Fische.

Mit einem gekonnten Schlag auf die Bordsteinkante tötet Cenk sie, umwickelt sie mit Zeitungspapier und legt sie mir in die Hände.

Ich muss mich zusammenreißen, dass ich sie nicht sofort wieder fallen lasse. »Danke«, presse ich hervor. »Das machen Sie bestimmt öfter, oder?« Meine Einfälle, unser Gespräch am Leben zu erhalten, werden immer einfältiger. Langsam wird es Zeit, mich in Luft aufzulösen. Schnell reiche ich ihm das Geld, bleibe dann aber einfach stehen.

»Wenn sie Ihnen geschmeckt haben, kommen Sie doch wieder. Ich bin eigentlich immer hier«, sagt Cenk zum Abschied.

Ich bekomme Herzklopfen, und bevor ich durch meine Nervosität wieder alles vermassele, verabschiede ich mich und laufe Richtung Taksim.

Für den Rückweg nehme ich lieber das Schiff. So komme ich erst gar nicht in Versuchung, noch einmal bei Cenk haltzumachen. Vielleicht braucht er eine Weile, um sich von meiner Charmeoffensive zu erholen. Ich laufe jetzt noch rot an, wenn ich daran denke, wie plump ich war.

Am Fähranleger muss ich Cenk für eine Weile vergessen.

Hier ist höchste Konzentration gefragt. Denn hier fahren die Schiffe ab, die den asiatischen mit dem europäischen Teil von Istanbul verbinden und über den Bosporus fahren, diejenigen, die sich entlang der Küste bewegen, und solche, die kreuz und quer von Anleger zu Anleger fahren. Und ich weiß natürlich nicht, wo ich einsteigen muss. So frage ich mich durch, erhalte aber so viele verschiedene Antworten, bis ich denke: »Wer nicht wagt, der nicht gewinnt.« Mutig betrete ich ein Schiff, das meiner Meinung nach das richtige sein müsste.

Kaum haben wir abgelegt, überkommt mich ein wohliges Gefühl der Ruhe. Mein Hirn wird weich. Einem Goldfisch gleich, der so lange im Kreis schwimmt, bis er seinen dringlichsten Gedanken vergisst. Aus »Ich muss hier raus! Ich muss hier raus!« wird ein zufriedenes »Blubb«. Dazu reicht der Steward mir Tee. Fasziniert beobachte ich Jachten, Touristendampfer, Segelboote und Fähren, die wild durcheinanderfahren. Es ist herrlich, an der frischen Luft zu sein und endlich vorwärtszukommen. Der Bosporus ist wie eine Geburt. Sobald man einmal unterwegs ist, vergisst man die Schmerzen.

Und dann kommt mir eine Wahnsinnsidee: Warum fahre ich nicht einfach mit dem Fahrrad? Wie herrlich wäre es, wenn ich zu Pressekonferenzen einfach radeln könnte. Gut, ich habe mich noch nicht weiter um Aufträge gekümmert, weil gestern wieder ein Redakteur aus Deutschland angerufen hat, dem ich ein Porträt eines türkischen Schriftstellers schreiben soll. Aber wenn ich damit fertig bin, könnte ich zu meinen Terminen radeln – wie in Berlin.

Welche Art von Wahnsinn in der Idee steckt, stellt sich allerdings erst einige Tage später heraus, als ich mir ein Fahrrad organisiere. Nesrin ist bereit, mir ihres anzuvertrauen. Sie bietet mir auch ihre Handschuhe und ihren Helm an.

»Ach, lass mal. Ich lästere nicht seit Jahren über die Spießer mit den Frisur zerstörenden Helm-Ungetümen in Deutschland, um mich hier der Lächerlichkeit preiszugeben.«

»Ach Hatice, ob mit oder ohne Helm, das wirst du nicht verhindern können.«

»Was?«

»Na, dass du ausgelacht wirst.«

Ich schüttele den Kopf und nehme den Helm an mich, bevor Nesrin wieder loslegt mit ihrer Tirade, die ich mir schon am Telefon anhören musste:»Hatice, du kannst doch in Istanbul kein Fahrrad fahren. Das überlebst du nicht. Das macht hier kein Mensch. Fahr raus ins Grüne, wenn du was für deine Beine tun willst. Aber in der Stadt ist das verrückt.« Tatsächlich habe ich hier bisher noch keine Radfahrer gesehen. Aber mir will nicht einleuchten, was hier anders sein sollte als in Berlin. In Großstädten mögen Autofahrer grundsätzlich keine Radler, die sich am Verkehr vorbeischlängeln und Ampeln nur als zusätzliche Laterne betrachten. Ich habe also Übung.

Ich wische alle Zweifel beiseite und schwinge mich elegant auf das Fahrrad. Ich will endlich ein Gefühl für Istanbul bekommen, und das bekomme ich nur, wenn ich meine eigenen Wege wähle. Mein Plan ist folgender: Zuerst will ich die rund 25 Kilometer auf der europäischen Seite am Ufer bis Rumelifeneri entlangfahren, dem äußersten Zipfel des Bosporus, wo er ins Schwarze Meer mündet. Anschließend auf der asiatischen Seite von Anadolufeneri wieder zurück. Die nächsten Tage kümmere ich mich dann um die Querverbindungen.

Ich bin hoch motiviert, und das ändert sich auch nicht, als ich beim schwungvollen Herausfahren aus der Ausfahrt sofort angehupt werde. Im Gegenteil, ich winke dem Fahrer freundlich zu. Schon wenige Augenblicke später werde ich wieder angehupt, diesmal drängt ein Auto mich beinahe in den Straßengraben. Schockiert halte ich an und setze den Helm auf. Irgendwie gibt er mir jetzt Sicherheit. Mich sieht hier ja sowieso keiner. Nicht einmal die, die mich sehen sollten, die Autofahrer.

Etwas weniger schwungvoll, aber umso entschlossener setze ich mich wieder auf das Fahrrad. Euch werde ich's zeigen, denke ich und verzichte darauf, mit der Faust zu drohen, lieber halte ich mit beiden Händen den Lenker fest. Denn kaum verlasse ich die gehobene Wohnsiedlung, endet die gepflegte Promenade, und es beginnt das harte Asphaltleben. Die Straßen scheinen nur aus Schlaglöchern, Rissen und Rollsplit zu bestehen. Der Verkehr wird dichter, und mir läuft der Schweiß herunter. Aus Angst oder vor Anstrengung in der Mittagshitze, ich weiß es nicht. Noch bevor ich ernsthaft darüber nachdenke aufzugeben, mündet die Straße wieder in eine Promenade. Ich atme durch. Wie sehr weiß ich nun die Fahrradwege in Berlin zu schätzen. Selbst die Kopfsteinpflasterstraßen wären mir jetzt lieber. Es ist die Hölle. Denn sobald die Promenade endet, geht der Horror von vorne los. Ich komme nur mühsam voran. Manchmal bin ich kaum schneller als ein Fußgänger. So entgehen mir auch nicht die Sprüche von Passanten, die sich eindeutig über mich lustig machen. Ein paar ältere Damen schwanken zwischen Mitgefühl für »die arme Touristin« und Spott über so viel Dummheit.

»Ich verstehe, was ihr sagt«, rufe ich ihnen zu, »ich bin keine Touristin!«

Erschrocken halten sie inne und winken mir kichernd zu. Ich bin mir sicher, dass sie, sobald ich außer Sicht bin, wieder loslästern: »Auch noch eine Türkin, wie kann sie dann auf so eine dumme Idee kommen?«

Das frage ich mich jetzt ehrlich gesagt auch. Aber die Hälfte der Strecke habe ich immerhin geschafft. Immer, wenn ein betuchterer Stadtteil auf meiner Strecke liegt, wie zum Beispiel Yeniköy oder Tarabya, fahre ich gemütlich, aber vor allem sicher auf der asphaltierten Promenade. Manchmal halte ich an und genieße einfach nur die Aussicht auf den Bosporus oder gönne mir eine kleine Pause mit einem Ayran. Stunden später bin ich endlich da. Für die 25 Kilometer habe ich tatsächlich fast den ganzen Tag gebraucht.

Ich schleppe mich in ein Teehaus in Rumelifeneri. Und erst als ich mich auf einen Stuhl fallen lasse und einen frischen Tee in der Hand halte, sehe ich, wie schön es hier ist. Hier scheint die Zeit stehen geblieben zu sein. Die alten Holzhäuser wirken wie gemalt. Wind und Salzwasser haben leichte Krusten auf ihren Fassaden gebildet, Farbe blättert ab. Dass die Türken nur noch lieben, was neu ist, kann nicht stimmen, denke ich erleichtert. Obwohl ich fürchte, dass die Erinnerung an die mir bevorstehenden Renovierungsarbeiten mir den Tag verdirbt, kann ich das Bild meiner heruntergekommenen Altbauwohnung nicht verdrängen.

Als ich vor ein paar Tagen mal wieder Einkäufe aus dem Baumarkt im Wohnzimmer abgestellt hatte, konnte ich mich beim Anblick des wachsenden Chaos der Einsicht nicht mehr verschließen, dass Wohnungsrenovierung wirklich nicht mein Ding ist. Ja, dass ich mich mit dem Besorgen irgendwelcher Kleinigkeiten nur davor drücke, tatsächlich mal den Pinsel in die Hand zu nehmen und die Küche zu streichen.

Als ich meiner Schwester am Telefon vorjammerte, dass ich nicht einmal einen Mann hätte, der mir die schweren Farbeimer die Treppen hochträgt oder beim Tapetenabreißen hilft, sagte sie:»Wie sehen deine Hände aus? Du hast doch hoffentlich nicht deine Nägel ruiniert?« Ich konnte sie beruhigen. Wenn man nur jammert, statt zu arbeiten, bleibt man zumindest äußerlich in einem tadellosen Zustand. So gesehen ist meine handwerkliche Lähmung ein Segen. Finanziell gesehen könnte meine sinnlose Materialschlacht bald zu einem Problem werden.

Ich hoffe auf jeden Fall, dass hier in Rumelifeneri, am schönsten Ort in Istanbul, nie ein Investor auftaucht, der aus dieser Idylle eine Massenabfertigung für Touristen macht. Hier rührt das Rauschen, das an meine Ohren dringt, nicht von Autos her, sondern vom Meer, das gegen die Bohlen peitscht. Überall stehen Menschen am Straßenrand und trinken Tee. Hier kann man gefahrlos am Straßenrand stehen, nur selten fährt ein Auto vorbei. Bei meinem zweiten Glas Tee kommen mir die Tränen. Es ist so schön hier, dass es mich wirklich berührt. Ich könnte ewig hier sitzen bleiben und auf das Meer schauen.

Und vielleicht muss ich auch ewig hier sitzen bleiben, denn ich kann mich kaum noch bewegen. Meine Beine schmerzen, meine Arme auch. Zurück werde ich auf jeden Fall die Metro nehmen. Die Metro ist eindeutig das Stiefkind im Istanbuler Nahverkehr. Das Metro-Netz kann man nicht als solches bezeichnen, es ist eher ein loses Bündel von Linien. Mittlerweile bereut man, das unterirdische System nicht schon früher vorangetrieben zu haben. Längst darf nicht mehr überall gebaut werden, und wenn es dann mal gelingt, eine Linie zu verlängern, wird das wie ein Staatsakt gefeiert. Das ist kein Scherz. Es erscheint tatsächlich der Ministerpräsident, um über Fortschritt und Umwelt zu philosophieren und feierlich die neue Station einzuweihen. In keinem anderen Land würde sich der Staatschef für so einen Termin interessieren, es sei denn, die Station würde auf seinen Namen getauft werden.

Heute bin ich dankbar, dass es eine Linie gibt, die mich und mein Fahrrad problemlos nach Hause bringen kann. Hoffentlich kann ich mich unerkannt in Pelins Villa schleichen, diese unmöglichen Klamotten ablegen und duschen, ehe meine immer perfekt gestylte Gastgeberin von der Arbeit kommt. Ich habe genug vom Fahrradfahren und will nie wieder daran erinnert werden. Schon gar nicht durch spöttische Bemerkungen meiner Freundinnen.

Noch in der Metro streiche ich gedanklich alle weiteren geplanten Radtouren. Dann werde ich Istanbul eben nie ganz verstehen. Ich liebe doch Geheimnisse, warum soll ich mich also weiter auf dem Rad quälen? Jetzt bleibt mir nur noch das Taxifahren, denke ich, aber mein Budget zwingt mich, diese Luxusoption gleich wieder zu verwerfen. Die Tarife sind hier fast so hoch wie in Berlin. Ach, Berlin. Ich vermisse mein

Berlin. Und noch ehe mein Heimweh einen Grad erreichen kann, der mich dazu bringt, mir sofort einen Rückflug zu organisieren, muss ich über mich selbst lachen. Wie oft habe ich mich über die Berliner Verkehrsbetriebe aufgeregt? Und vermisse ich nun tatsächlich die Pampigkeiten der Busfahrer, die Verspätungen, die Ausfälle? Nein! An Berlin vermisse ich einzig und allein meine Tochter. So! Ansonsten bin ich hier in der Metro oder im Bus viel besser aufgehoben, weil Höflichkeit noch selbstverständlich ist und jeder mit jedem redet, statt sich hinter Zeitungen zu verstecken. Und wenn es mir im Bus nicht gefällt, kann ich jederzeit aussteigen. Und bei einem Angler vorbeischauen, der ohne Frage dabei ist, mein Herz zu erobern. Aus dem wohligen Gefühl, das in mir aufsteigt, wird plötzlich ein kalter Schauer, der mir den Rücken herunterläuft: Die Fische liegen seit drei Tagen in Zeitungspapier gewickelt im Kühlschrank.

7
Liebe geht durch das Fußballstadion

Gibt es etwas Romantischeres, als sich mit einem Mann zusammen ein Fußballspiel anzuschauen? Meine erste Verabredung mit Cenk habe ich in einem Stadion. Nicht in irgendeinem Stadion, sondern in dem Stadion überhaupt: das des Erstligavereins Beşiktaş Istanbul. Cenk ist nicht Fan irgendeiner Fußballmannschaft, sondern leidenschaftlicher Anhänger von Beşiktaş Jimnastik Kulübü – dem Beşiktaş Gymnastik-Klub. Es ist ein wenig so, als gäbe man 1860 München gegenüber Bayern München den Vorzug oder ließe Borussia Dortmund links liegen für den MSV Duisburg. Man sympathisiert mit dem Underdog statt mit jenen Klubs, die sich ihre Starkicker mit viel Geld zusammenkaufen können.

Ich schaue Fußball auf jeden Fall immer mit Leidenschaft. Und es ist auch egal, ob er im Fernsehen, im Stadion oder auf dem Bolzplatz stattfindet. Wobei: Auf dem Bolzplatz muss schon mein Schwarm mitspielen, sonst fehlt es mir da schon manchmal an Finesse und Übersicht. Bis heute besitze ich übrigens ein Originaltrikot des MSV Duisburg, das mir vor Jahrzehnten mein damaliger Freund geschenkt hat. Das heißt aber nicht, dass ich an alten Sachen festhalte, weil ich nicht loslassen kann. Nein, ich finde, es ist etwas Besonderes, wenn ein Mann seine Leidenschaft mit mir teilt.

Damals war es leider nicht viel mehr als die gemeinsame Liebe zum Fußball, die uns verband. Und so ging unser Zusammenleben nicht in die Verlängerung, sondern endete mit einem Platzverweis nach klarem Foulspiel. Ich passe auch schon längst nicht mehr in dieses ausgewaschene Baumwolltrikot, aber es bleibt eine wehmütige Erinnerungshilfe an eine Zeit, in der man mit diesem Verein litt, und das viele Wochen lang, weil er aus sportlichen und finanziellen Gründen leider nicht in der Lage war, auf den oberen Ligaplätzen mitzuspielen. Bis heute bin ich Lokalpatriotin genug, um über die dauerhafte Erfolglosigkeit hinwegzusehen, weil der MSV einfach meine Zebras sind und bleiben.

Zebrastreifen weiß und blau,
Zebrastreifen weiß und blau,
ein jeder weiß genau:
Das ist der MSV!

Bei meinem letzten Besuch auf der Galatabrücke trug Cenk ein T-Shirt des Hamburger Vereins St. Pauli. Für mich die perfekte Gelegenheit, mit meinem Fußballwissen zu brillieren und meine anfängliche Stotterei vergessen zu machen. Also sang ich ihm »You'll never walk alone« in der langsamen St.-Pauli-Version vor. Gut, die Töne traf ich nicht ganz, aber der Text saß bis zur letzten Silbe perfekt.

Cenk war so überwältigt von meiner Gesangseinlage, dass er mich spontan in den Arm nahm und sagte: »Das habe ich ja schon seit Ewigkeiten nicht mehr gehört. Ich nehme dich mit zu einem Spiel meines Vereins.«

»Nach Hamburg?«, fragte ich überrascht.

»Quatsch, zu Beşiktaş natürlich.«

»Und warum trägst du dann ein Trikot von St. Pauli?«

»Weil Beşiktaş das St. Pauli von Istanbul ist«, erklärte er mir.

»Ach so, darauf hätte ich auch selbst kommen können«, gab ich spitz zurück. Und wir mussten beide lachen.

Cenks Begeisterung für Fußball war so echt, dass ich mich schon wieder in ihn verliebte. Bestimmt das sechste Mal innerhalb der kurzen Zeit, die wir uns kannten.

Türken halten ihr ganzes Leben lang nur einem einzigen

Verein die Treue, das weiß ich von meinem Vater. Er behauptet felsenfest, das hätte etwas damit zu tun, dass man sich in der Türkei nur sehr schwer mit einer politischen Partei identifizieren könne. Und so entscheidet man sich für einen Fußballklub.

Gleich nach der Frage, woher man komme, klärte Cenk mich auf, werde die viel wichtigere Frage gestellt: »Welche Mannschaft?«

Als er mich fragte, für welche Mannschaft ich sei, traute ich mich nicht mehr, über die Deutsche Liga nachzudenken. Für einen St.-Pauli-Fan hätte es nur die falsche Antwort sein können. Und so sagte ich unverfänglich: »Natürlich Beşiktaş!«

Ich weiß, dass die Türken keinen Spaß verstehen, wenn es um ihren Lieblingsklub geht. Der deutsche Trainer Christoph Daum zum Beispiel, der sowohl bei Fenerbahçe als auch bei Beşiktaş war, musste mehrfach fluchtartig die Stadt verlassen, als er die jeweilige Mannschaft nicht mehr zum Sieg führen konnte. Verliert die eigene Mannschaft, richtet sich der Zorn der Fans gegen die eigenen Spieler und vor allem gegen den Trainer. Es gibt für einen Fan keine größere Demütigung, als ein Derby zu verlieren.

Am Tag unserer Verabredung kann ich mich einfach nicht entscheiden, was ich zum Spiel bloß anziehen soll. Schließlich ist es kein normales Fußballspiel, zu dem ich gehe, sondern das erste Date, das ich mit Cenk habe. Ein Kleid mit flachen Schuhen? Einen Rock mit einem schlichten Oberteil und einem Hauch von Absatz? Das wäre für ein Fußballspiel jedoch etwas unpassend. Ein Stadionoutfit aus Jeans, T-Shirt und Sportschuhen erleichtert es einer Frau allerdings auch nicht gerade, einen Mann visuell zu begeistern.

Früher war es für mich normal, gestylt die Wohnung zu verlassen, um aufzufallen. Heute finde ich das nicht mehr passend, und ich mag es erst recht nicht, wenn man sich für ein erstes Treffen mit einem Mann nach dem Motto zurechtmacht: »Guck mal, ich habe mich total für dich aufgedonnert!« Männer mögen natürliche Frauen, und ich habe es auch noch nie erlebt, dass ein Mann gesagt hätte:»Ich finde es total toll, wie du geschminkt bist.« Oder:»Toll, wie du deine Haare hochgesteckt hast.« Aber ganz ohne Styling geht es auch nicht. Wenn ich mich nämlich so natürlich, wie ich wirklich bin, mit Cenk träfe, würde er sagen:»Oh, du siehst aber müde aus, hattest du eine kurze Nacht?« Natürlich ist auch Natürlichkeit sehr viel Arbeit.

So entscheide ich mich für eine enge Jeans, rote Sportschuhe und trage dazu eine taillierte Bluse, um mich Cenk als sportlich, elegant und leger zu empfehlen. Kleine Ohrstecker, ein wenig Rouge, Wimperntusche und ein Hauch von Gloss auf die Lippen. Nicht zu viel und nicht zu wenig.

Cenk und ich haben uns auf dem Taksim-Platz verabredet, dem zentralen Punkt in Istanbul. Er liegt im Stadtteil Beyoğlu. In der Mitte des Platzes steht unübersehbar das Denkmal Cumhuriyet Anıtı, das»Denkmal der Republik«. Oft treffen sich hier die Fußballfans der Istanbuler Mannschaften, um anschließend gemeinsam zum Stadion zu laufen, das etwa in zwanzig Minuten zu Fuß zu erreichen ist – unter normalen Umständen. Der Taksim-Platz ist oft auch Schauplatz von Demonstrationen für verschiedenste Interessen. Und an diesem frühen Abend ist er meinem ganz persönlichen Interesse gewidmet: Cenk.

Das Lokalderby der beiden Istanbuler Klubs Beşiktaş und Galatasaray beginnt erst um 21.45 Uhr. Nicht etwa wegen der drückenden Hitze und Schwüle, die die Stadt unter einer Dunstglocke einschließt, sondern auf Wunsch des übertragenden Fernsehsenders.

Als der Bus mich natürlich zu spät am Taksim-Platz abliefert, wartet Cenk schon auf mich. Völlig selbstverständlich trägt er über seiner Jeans das schwarz-weiße Beşiktaş-Trikot der aktuellen Saison. Er sieht so lässig aus in seinem Outfit, dass ich unsicher werde, ob ich mich nicht doch zu sehr aufgestylt habe für ein Fußballspiel. Bevor ich ihn zur Begrüßung umarmen kann, streckt er mir schon einen Fanschal entgegen, was meine Unsicherheit noch verstärkt. Hat er mich etwa gerade zurückgestoßen? Ist er selbst nervös? Oder ist er so fußballbegeistert, dass für ihn nichts anderes mehr zählt? Um meine Enttäuschung nicht allzu deutlich zu zeigen, werfe ich mir schnell den Schal um den Hals. Was allerdings bei knapp 30 Grad dazu führt, dass ich mein ganzes Parfum, das ich eigentlich an Cenks Hals abliefern wollte, nun in den Schal schwitze.

Cenk hatte recht, rund um das Stadion herrscht Ausnahmezustand. Fast zwei Stunden benötigen wir, um den mit Sicherheitskontrollen und Absperrungen gespickten Weg hinter uns zu bringen. Genug Zeit für Cenk, die Dauerkrise bei Beşiktaş für mich ganz persönlich zu analysieren:»Beşiktaş wird es nie schaffen, in der Tabelle oben mitzuspielen, geschweige denn international Erfolge zu feiern«, sagt er wehmütig. Ob das wohl schon ein kleiner Liebesbeweis ist, dass er mir so vertraut, dass er auch kritische Töne seiner Mannschaft gegenüber anschlägt? Wobei mir deutlichere Beweise lieber wären. Soll ich seine Hand nehmen, um ihn im Chaos nicht zu verlieren?

»Hmmh«, sage ich nur zu seinen Ausführungen. Und weil ich finde, man könnte nun auch mal über etwas anderes sprechen als die letzten dreißig Spiele des Vereins, füge ich ironisch hinzu:»Eines ist gewiss: Ein Spiel dauert 90 Minuten, und der Ball ist rund.«

Plötzlich verändert sich Cenks Mimik schlagartig. Er wirkt nun sehr ernst. Habe ich mich zu sehr aus dem Fenster gelehnt? Ich weiß ja, dass Türken keinen Spaß verstehen, wenn es um ihren Klub geht. Mein Bruder Mustafa spricht drei Tage nicht mit mir, wenn ich mich über ihn lustig mache, weil er wie ein kleines Baby weint, sobald sein Lieblingsklub Galatasaray verliert.

Als ich bei Cenk zu einer Entschuldigung ansetzen will, kräuselt Cenk die Stirn und sagt sehr bedeutungsvoll:»Ja, und vor dem Spiel ist nach dem Spiel. Und auf keinen Fall dürfen wir jetzt den Sand in den Kopf stecken. Aber ich habe vom Feeling her ein gutes Gefühl. Denn ich glaube, dass der Tabellenerste jederzeit den Spitzenreiter schlagen kann.«

Wir müssen beide herzlich lachen, dass wir die Kultsprüche deutscher Fußballer und Trainer aus dem Ärmel schütteln können, und das mitten in Istanbul. Wir sind uns sehr schnell einig darüber, dass man sich von nichts in der Welt den Spaß am Fußball verderben lassen sollte.

»Wie kommst du als Duisburger Berlinerin eigentlich dazu, für Beşiktaş zu sein?«, fragt mich Cenk.

»Es gibt Norddeutsche, die Bayern-Fans sind, es gibt Schwaben, die stehen hinter Dortmund, und es soll sogar Menschen geben, die Bayer Leverkusen gut finden«, antworte ich. Aber wahrscheinlich ist mein Vater an allem schuld. Im Fernsehen schaute er nur die Spiele der deutschen Fußballnationalmannschaft, verfolgte im Radio aber regelmäßig die türkische Liga und erzählte mir alles über seinen Verein Beşiktaş, schon zu einer Zeit, als ich kaum größer als meine Schultüte war. Galatasaray stehe für die Oberschicht am Bosporus, Fenerbahçe für den asiatischen Teil und Beşiktaş für das Volk, trichterte er mir ein.

»Wir sind gegen alles, außer Atatürk‹, lautet das Motto der Hardcore-Fans«, erklärt mir Cenk.

Und um die bedingungslose Verbundenheit mit seinem Verein zu verstehen, brauche es eine gehörige Portion türkischer Seele. Mit deutscher Logik erkenne ich allerdings die unzähligen Widersprüche in diesem Fankonstrukt. Die abgehalfterten Altstars der europäischen Spitzenligen, die sich hier zu gemütlichen, gelenkschonenden Laufeinlagen aufraffen, spielen vor Fans, die gemessen an ihrem Einkommen Opfer bringen mussten für ein Ticket im Stadion. Die konzernähnlich von Patriarchen geführten Vereine, deren Alleinherrschaft es seit Jahrzehnten verhindert, eine effektive Jugendarbeit aufzuziehen. Die quasireligiöse Abhängigkeit der

Anhängerschaft, der ein kampfbetonter, aber technisch überholter Fußball angeboten wird, und die ungebrochene Begeisterung der Fans, deren Gegnerschaft zu den anderen Vereinen in Istanbul sich in einer Radikalität ausdrückt, die die Rivalität zwischen Schalke 04 und Dortmund dagegen wie Neckereien eines frisch verliebten Paares wirken lässt.

Aber meine türkische Hälfte stört sich nicht weiter an den Brüchen der Legende rund um den schwarzen Adler von Beşiktaş. Die Legende lebt, und das ist das Entscheidende. Persönlich geht mir Fußball als Ersatzreligion zwar etwas zu sehr ins Fundamentale, aber dank Beşiktaş komme ich heute Abend immerhin dem interessantesten Mann näher, den ich seit Langem getroffen habe. Wie sich unsere erste Verabredung entwickeln wird, so ganz unter uns, abgesehen von den knapp 32 000 anderen Zuschauern, steht noch nicht mal in den Sternen, denn es ist noch immer taghell in Istanbul.

»Soll ich dir von meinem ersten Mal erzählen?«, fragt Cenk verschmitzt.

»Äh, wie bitte?«, frage ich verdutzt zurück.

»Nein, nicht was du wieder denkst«, grinst Cenk. »Mein erstes Mal in der VIP-Lounge des Beşiktaş-Stadions meine ich natürlich.«

Ein reicher Istanbuler Geschäftsmann hatte ihn eingeladen. Das war in jener Zeit, als er als Anwalt für seine Kanzlei für internationales Recht regelmäßig zwischen Hamburg und Istanbul pendelte.

»Bei der Istanbuler Schickeria geht es hinter Panzerglas recht nobel zu«, erzählt Cenk und lächelt mir zu, »mit warmen Häppchen und kalten Getränken. Da habe ich zum ersten Mal gesehen, dass man Netze vor die Zuschauerränge gespannt hatte. Das war ein wenig irritierend, man hatte das Gefühl, im Zoo zu sein, aber leider ist es wohl immer noch bitter nötig.« Cenk lässt seinen Blick über die eigentlich recht friedlich wirkenden Menschenmassen um uns herum schweifen. »Nur so können die Wurfgeschosse abgehalten werden, die sonst mit viel Fantasie aus allem Möglichen gebastelt werden. Früher haben gegnerische Fangruppen sich sogar mit Raketen über das Spielfeld hinweg beschossen. So ganz ohne Feuer ging es bei meinem ersten Spiel aber auch nicht ab. In beiden Fanblocks brannten bengalische Feuer, und als das Spiel, nachdem es die ganze Zeit recht ausgeglichen war, mit einem Sieg Beşiktaş endete, rissen die gegnerischen Fans das Stadioninventar ab.« Cenk macht eine ausschweifende Geste. »Alles, wirklich alles wurde zerstört. Zum Glück waren die so mit den Stühlen und Geländern beschäftigt, dass wir das Stadion lebend verlassen konnten.« Obwohl er lächelt, ist mir klar, dass das kein Spaß war.

Cenk erzählt weiter, dass dem Verband nach diesem Chaos der Geduldsfaden gerissen sei. Aufgrund der wiederholten Ausschreitungen beschloss man, dass Galatasaray und Beşiktaş nur noch vor eigenem Publikum spielen durften. »Eigentlich waren alle davon ausgegangen, dass das die beste Lösung für stressfreie Spiele sei.« Cenk lacht, »da haben sie die Fans von Galatasaray echt unterschätzt. Die schaffen es auch ohne Gegner, Krieg zu spielen. Eine Zeit lang durften dann nur Frauen und Kinder in das Stadion, um ihre Mannschaft anzufeuern. Entweder sind die Herren des türkischen Fußballbunds nicht verheiratet oder sie hatten tatsächlich keine Ahnung, über welchen Wortschatz ihre Frauen verfügen.«

Die fußballbegeisterten Türkinnen haben sich zwar nicht geprügelt wie ihre ausgeschlossenen männlichen Kollegen, aber sie warfen mit den schmutzigsten Flüchen um sich, die je unter Istanbuls Himmel zu hören waren. Mütter, die ihre minderjährigen Kinder mitgebracht hatten, hatten alle Hände voll zu tun, den unverdorbenen Kleinen die Ohren zuzuhalten.

Heute Abend scheint alles ruhig zu bleiben, was natürlich allein daran liegt, dass eben nur die Fans von Beşiktaş das Stadion betreten dürfen. Ja, wenn es denn auch mal was würde mit dem Betreten. Denn nicht nur der Istanbuler Verkehr erliegt dem Chaos, auch die Ordner an den Stadioneingängen scheinen dem Ansturm nicht gewachsen, sodass es bestimmt noch eine Ewigkeit dauert, bis Cenk und ich es überhaupt in die Nähe des Tribüneneingangs schaffen.

Völlige Fehlinvestition sind mit Sicherheit die Blumenkübel, die rechts und links der Zufahrtswege angebracht sind. Auf seinem Weg scheint sich der gemeine Fußballbegeisterte gerne in aktiver Entlaubung und Entfernung jedweder Flora zu üben.

Das Stadion ist nach dem zweiten Präsidenten der türkischen Republik, Ismet Inönü, benannt. Es versprüht von außen den Charme sozialistischer Monumentalarchitektur der Stilrichtung »Spartakiade«, aber das trifft auch auf viele Stadien der Bundesliga zu. Mehrfach hat man im Inönü renoviert und als Neuerung unter anderem das Spielfeld sieben Meter tiefer gelegt. Nein, nicht weil man glaubte, das Tieferlegen würde die Spiele automatisch rasanter wirken lassen – analog zu den Bemühungen vieler Landsmänner in Deutschland, die mit diesem Verfahren einem BMW der 3er-Reihe erst den letzten Schliff verpassen –, sondern um die Kapazität des Stadions von 20 000 auf 32 000 Zuschauer zu steigern.

Als Cenk und ich gerade versuchen, die vierspurige Fahrbahn vor dem Stadion zu überqueren, fächert sich vor uns eine Polizeikette auf und versperrt uns den direkten Weg. Zunächst erkenne ich den Grund nicht. Cenk nimmt meine Hand und zieht mich auf die gegenüberliegende Straßenseite zurück, damit wir uns einen Überblick verschaffen können. Etwa 300 Meter weiter ist eine schmale Gasse im Polizeiaufgebot auszumachen, und dort gelangen wir endlich auf die Stadionseite.

Dann verstehe ich den Grund für den Auflauf der Hundertschaften: Der Mannschaftsbus von Galatasaray fährt an einem der gesicherten Eingänge vor. Plötzlich fliegen Plastikflaschen, herausgerissene Sträucher und auch Sesamringe durch die Luft. Mit Schutzschilden versuchen Polizeibeamte den Bus zu schützen, so entsteht eine Art Schildkrötenpanzer, ähnlich der Aufstellung römischer Legionen in einem Asterix-Comic.

Ich halte Cenks Hand fest, und als der Bus endlich hinter einem Tor verschwindet, hört der Wurfgeschossregen schlagartig wieder auf. Im Vergleich ist das Polizeiaufgebot bei gefürchteten Paarungen wie St. Pauli gegen Hansa Rostock oder Schalke 04 gegen Borussia Dortmund recht überschaubar. »Die spannendste Frage vor jedem Heimspiel ist«, so erklärt Cenk, »wie viele getarnte Fans der gegnerischen Mannschaft den Weg ins Stadion finden.«

Wir strömen in dem Sog der Menschenmasse, die in Schwarz und Weiß gekleidet ist, direkt auf den Trichter des Eingangs zu. Zweimal werden wir von Sicherheitskräften durchsucht, Cenk von einem männlichen und ich von einer weiblichen. Mit Trippelschritten bahnen wir uns den Weg zu unseren nummerierten Sitzplätzen, während uns ein Orkan aus Gesängen, Sprechchören und kanonenartigen Klatschrhythmen umtost. Fans, die sich immer frenetischer in Ekstase bringen. Sogar die Gesten werden kollektiv ausgeführt.

Wie oft habe ich mir im Stadion von Duisburg schon die Seele aus dem Leib gesungen. Aber verglichen mit dem, was ich heute Abend im Beşiktaş-Stadion erlebe, gleicht das Zebra-Liedchen-Schmettern im Wedaustadion einem besinnlichen Weihnachtskonzert der Regensburger Domspatzen. Die Beşiktaş-Fans entfachen eine unglaubliche Begeisterung für ihre Mannschaft, sie unterstützen sie bis zur Selbstverleugnung, und das müssen sie auch, bei den eher mäßigen sportlichen Leistungen. Und überhaupt gibt das Endergebnis im türkischen Fußball niemals Auskunft darüber, wie das ganze Spiel verlaufen ist, und schon gar nicht darüber, ob es sehenswert war oder nicht.

Nein, es gibt wirklich nichts Romantischeres, als bei der ersten Verabredung mit einem tollen Mann im Stadion von Beşiktaş zu sein, in dem Zehntausende singen:

Beşiktaşım benim, biricik sevgilim, söyle senden başka
kimim var benim?
Seninle ağlarız, seninle güleriz, söyle senden başka kimim
var benim?
Mein Beşiktaş, mein einziger Liebling, sag mir,
wen habe ich sonst außer dir?
Mit dir weine ich, mit dir lache ich, sag mir,
wen habe ich sonst außer dir?

»Der Weltrekord im lauten Jubel in einem Fußballstadion
liegt bei 132 Dezibel«, erklärt mir Cenk.
»Und wo wurde das gemessen?«, frage ich neugierig.
»Bei einem UEFA-Cup-Gastspiel des FC Liverpool. Und gegen wen haben sie gespielt? Natürlich gegen Beşiktaş hier im
Inönü-Stadion«, sagt er stolz. Das sei ungefähr so laut, als
würde man neben einem startenden Düsenjäger stehen. Der
fließende Übergang von Lautstärke zu Schmerz also.

»Nun«, versuche ich mir die Situation schönzureden,»die
Qualität einer Beziehung entscheidet sich nicht allein dadurch, worüber man reden, sondern auch, wie gut man miteinander schweigen kann.«

Da ich als Gebärdendolmetscherin keine profunden Erfahrungen habe und Cenk das internationale Flaggenalpha-
bet nicht beherrscht, schweigen wir also und lassen, so gut es
geht, unsere Blicke sprechen. Aber selbst dabei bleiben Fragen offen. Schaut er fordernd oder spöttisch? Und wenn sein
Blick zu lange auf mir ruht, weiche ich irgendwann aus, weil
ich»wer zuerst wegguckt, hat verloren« gegen meinen Bruder
zu oft gespielt habe.

Die Lautmalerei um uns herum, oder treffender ausgedrückt, der auf Handzeichen hin an- und abschwellende Ge-
räuschtsunami wird von den Çarşi-Fans dirigiert, die in der
ultraharten Fankurve stehen. Sie haben Anführer, die sich im
Stadion sektorweise auf den Rängen um das Spielfeld gruppie-
ren. Beeindruckend ist, dass sich einzelne Gruppen gegensei-

tig anfeuern, wenn sie in ihrer Begeisterung nachlassen. Und wenn irgendwo die Beşiktaş-Hymne angestimmt wird, ertönt sie umgehend aus Tausenden von Kehlen.

Religion, Herkunft oder Einkommen spielen beim türkischen Fußball offenbar keine Rolle. Hier zählt nur, gemeinsam für schwarz und weiß zu stehen, es zählt einzig der Glaube an Beşiktaş. Wenn es sein muss, dient das Stadion den Fans aber auch für klare Statements, die dann doch weit über das Fußballfeld hinausgehen. Als der farbige Barcelona-Stürmer Samuel Eto'o durch Sprechchöre rassistisch angefeindet wurde, solidarisierten sich die Beşiktaş-Anhänger umgehend mit ihm, und es wurden Banner entrollt mit der Aufschrift »Wir sind alle schwarz«. Gegen Kernkraft wird hier ebenso protestiert wie gegen den geplanten Ausbau des Hafens. Man könnte Seiten darüber füllen, wofür die Fans von Beşiktaş schon eingetreten sind. Auch bei mir persönlich entfachen die singenden Fans einen Aufruhr. Ich lasse mich anstecken von ihrer ausgelassenen Stimmung und ihrer Leidenschaft, und eine plötzliche Welle des Hochgefühls lässt mich schnurstracks in die Arme von Cenk fallen, der es zulässt und lässig seinen Arm um mich legt.

Unter dem Pfeifkonzert gegen Galatasaray und aufpeitschenden Gesängen für das eigene Team machen sich beide Mannschaften warm. Bei der Verkündung der Spieleraufstellung von Beşiktaş wird Spieler für Spieler bejubelt, die Mannschaftsaufstellung von Galatasaray wird kurz als Gesamtbild auf der Anzeigetafel gezeigt und, noch ehe die Beschimpfungen losgehen könnten, wieder ausgeblendet. Vier Stunden sind vergangen, seit Cenk und ich uns am Taksim-Platz getroffen haben, und noch immer kein Ball, der rollt. Ich bin schon fix und fertig, bevor das Spiel überhaupt losgeht. Aber um nichts in der Welt würde ich jetzt woanders sein wollen. Das Feuer hat mich längst gefangen.

Endlich Anpfiff. Und schon geht es los, hohe Flanken, weite Bälle, jeder verkeilt sich in seinen Gegenspieler. Spielaufbau,

Technik und Taktik müssen eindeutig hinter dem wilden Kampfgeist zurückstehen. Man möge mir verzeihen, und hoffentlich riskiere ich mit dieser Aussage nicht meine nächste Einreise in die Türkei, aber qualitativ ist das dritte Liga, was Beşiktaş und Galatasaray bieten. Aber das behalte ich lieber für mich, denn Cenk stimmt immer lauter in die Chöre ein.

Ich erkenne einige frühere Spieler aus der Bundesliga, wie Hamit Altıntop, aber entweder sind sie schon etwas in die Jahre gekommen oder haben zuletzt bei ihren deutschen Mannschaften nur noch auf der Bank gesessen. Beşiktaş geht durch ein Eigentor in Führung, das Stadion wackelt. Cenk amüsiert sich prächtig und stößt mir lachend in die Rippen. Dann fallen zwei Freistoßtore hintereinander: Zuerst gleicht Galatasaray aus, dann geht Beşiktaş wieder in Führung. Wir jubeln und tanzen. Kurz vor der Halbzeit gleicht Galatasaray wieder aus, und ich habe den Eindruck, dass türkische Verteidiger, egal welcher Mannschaft, stets wie in einer einstudierten Choreografie wie angewurzelt stehen bleiben und dem Ball in Zeitlupe hinterhersehen.

Halbzeit. Polizisten schirmen die Galatasaray-Spieler beim Gang in die Kabine mit Schilden ab, weil es von den Rängen Wasserflaschen regnet. Gerade als ich anfangen möchte, Cenk meine Analyse des Spiels zu präsentieren, sagt er:»Ich besorg uns mal Wasser«, und schon ist er in der Menge verschwunden. Ich zupfe einem Verkäufer am Ärmel und lasse mir ein Tütchen Sonnenblumenkerne geben. Erst jetzt fällt mir beim Blick über die Ränge auf, dass ich weit und breit die einzige Frau bin. Aber das gemeinsame Knacken der Sonnenblumenkerne lässt mich wieder zum Teil des Ganzen werden. Auch wenn die Männer offenbar gegen ihre Anspannung anknacken und ich gegen die Langeweile, die das Spiel bei mir ausgelöst hat. Um mich herum stehen Hunderte Männer, die unaufhörlich Kerne knacken. Beim Blick auf ihre Münder bin ich fest davon überzeugt, dass die Türken die Kernspaltung erfunden haben müssen.

Sonnenblumenkerne zu spalten gehört zu den Grundlagen der türkischen Erziehung. Die Fertigkeit, den Kern aus der Schale zu lösen, habe ich von meinem Vater gelernt. Der wiederum von seinem Vater, der von seinem Vater und so weiter. So wird diese Technik von Generation zu Generation weitergegeben. Nur das Problem der Restmüllbeseitigung ist auch nach jahrtausendelanger Tradition noch nicht gelöst worden. Die ausgelutschten Schalen landen einfach auf dem Boden.

Es gibt zwei erprobte Kernspaltungsphilosophien: zum einen die bei Deutschen beliebte Hasen-Variante, bei der man die Spitze anknackt und sich gefühlvoll hochknabbert, und zum anderen die Spitzspalt-Variante, bei der man den Kern hochkant zwischen die Schneidezähne nimmt, die Schale aufknackt, den geöffneten Kern seitlich wegdreht und das weiche Innere mit der Zunge herausfischt. Um den Kern so geschickt zu öffnen, dass man nicht ständig Fasern an den Lippen hat, muss man enorm lange üben. Empirische Untersuchungen gibt es darüber zwar keine, aber wie gern würde ich Cenk jetzt meine Geschicklichkeit demonstrieren, ausdauernd und eindrucksvoll küssen zu können, die sicher auf die feinmechanischen Fertigkeiten der Kernspaltung zurückgeht.

»Wie gefällt es dir?«, fragt Cenk, nachdem er mit einem halben Dutzend Wasserflaschen im Arm wieder zurück ist.

»Die Deutschen trinken sich ihren Fußball schön, und die Türken singen sich ihren Fußball schön«, antworte ich schnell.

Mit einem schallenden Lachen nimmt er mich in den Arm und gibt mir prompt einen Kuss auf die Stirn. Einen Kuss, den ich mir so nun nicht erträumt hatte. Er war so brüderlich.

»Ich glaube, dass einige Spieler weniger Kalorien verbraucht haben als die Fans beim Singen, Leiden und Jubeln«, sage ich.

Und Cenk kontert: »Nach deutschen Leistungsmaßstäben liegst du sicher richtig. Dem Sinn des Spiels kommst du damit allerdings nicht auf die Spur.«

»Und der wäre?«

»Bedingungslose Liebe«, antwortet er und lacht, noch ehe ich meinen verlegenen Blick von ihm abwenden kann.

Neben uns sitzen zwei Jungs aus München, in Deutschland sind sie Bayern-Fans, hier aber eingefleischte Galatasaray-Anhänger, wie sie mir flüsternd gestehen. Sie sind natürlich in Zivil gekommen. Ihre Mimikry geht so weit, dass sie, vermutlich unter schlimmen Schmerzen, bei den Toren für Beşiktaş frenetisch applaudieren, nur um nicht aufzufallen.

»Man kann es mit der Integration auch übertreiben«, rufe ich ihnen zu.

Bevor die zweite Halbzeit beginnt, stellt mir Cenk die einzelnen Spieler und ihre Besonderheiten vor. Was dann passiert, würde mir in Deutschland niemand glauben, weshalb ich auch sofort meine Kamera heraushole, um ein Beweisfoto zu schießen: Ein Spieler von Beşiktaş telefoniert während des Aufwärmens mit seinem Handy. Ich schwöre, bei Allah, dem Allmächtigen, er telefoniert so lange, bis ein Mitspieler kommt und ihm offensichtlich sagt, dass es nun weitergeht. Erst dann steckt er sein Handy in die Tasche und läuft auf das Feld.

Als ich Cenk auf den unglaublichen Vorgang hinweise, sagt er nur: »Das war bestimmt seine strenge Frau, die sichergehen will, dass er sich nicht irgendwo herumtreibt.«

Klar, das klingt sehr überzeugend.

»Ich kann beim besten Willen kein Konzept in der Spielweise erkennen«, sage ich, nachdem der Ball wieder rollt.

Und Cenk antwortet gelassen: »Es gibt auch keins.«

Als ob die Spieler mich gehört hätten, drehen beide Mannschaften plötzlich auf. Es wird gefightet, geklammert, gefoult. Ohne Rücksicht auf die gegnerische oder die eigene Gesundheit. Die Ersten werden auf einer Trage vom Platz gewuchtet. Bevor sämtliche Spieler ausfallen, geht Beşiktas wieder in Führung, dann erzielt Galatasaray mit den Restkräften kurz vor Schluss den Ausgleich. Fazit: Zwei kampfbetonte Mannschaften spielen wie eineiige Zwillinge mit identischen Stärken und Schwächen. Das Ergebnis geht in Ordnung, die Fans sind glücklich und feiern ihren Klub.

Draußen vor dem Stadion outen sich die ersten Zuschauer und zeigen ihre Galatasaray-Trikots. Und ich träume davon, bald wieder Real Madrid gegen Inter Mailand sehen zu dürfen. Oder wenigstens Dortmund gegen Bayern. Auf jeden Fall ein Spiel, ein echtes Spiel, mit echten Profis, Taktik und Fairplay.

»Komm, ich besorge dir ein Taxi«, sagt Cenk. Es ist inzwischen weit nach Mitternacht, aber die Straßen sind voller Menschen.

»Ich nehme lieber den Bus«, antworte ich.

Gemeinsam fahren wir ein Stück in dieselbe Richtung. Im Bus erzähle ich ihm endlich von meiner Wohnung. Und dass ich sie dringend renovieren müsste.

Cenk erzählt von der Wohnung, die er selbst bald beziehen wird. »Bis es aber so weit ist, stehe ich unter strengster Bewachung meiner Verwandten, bei denen ich in gewisser Weise als Untermieter wohne«, sagt er wie ein Teenager, der in seinen Freiheiten arg beschränkt ist.

Cenk hat, bevor er nach Istanbul kam, in Hamburg als Anwalt für Immobilienrecht gearbeitet. Seine Ersparnisse reichten, um sich ein Jahr eine Auszeit zu nehmen. Danach fing er langsam wieder an, als Anwalt zu arbeiten. Er half Deutschen, die sich in Istanbul eine Wohnung kaufen wollten. Aber er achtet darauf, dass er nicht zu viele Mandate annimmt, um nicht wieder in den Strudel hineinzugeraten, in dem er in Hamburg versunken war. Für die Zukunft hat er sich vorgenommen, zu arbeiten, um zu leben, und nicht zu leben, um zu arbeiten.

Ich muss schmunzeln, weil mich das an meine Zeit in Duisburg erinnert, als ich niemanden mit nach Hause nehmen, aber auch unmöglich über Nacht wegbleiben konnte. Pelin hätte bestimmt nichts dagegen, wenn ich Cenk heute

Abend mitbringen würde. Nur, was dann? »Nie beim ersten Date. Und ab dem dritten entweder für immer oder nie«, höre ich meine Schwester Fatma sagen.

Wir sitzen im Bus wie Schulkinder nebeneinander. Ich genieße die Stille und freue mich über den schönen Abend, den wir zusammen verbracht haben. Da muss ich erst als Deutsche mit türkischen Wurzeln nach Istanbul reisen, um einen Deutschen mit türkischen Wurzeln zu treffen, der in mir ein Gefühl auslöst, das ich lange schon nicht mehr gehabt habe. Ich weiß nicht, wie es weitergehen wird mit uns, aber es ist schön, dass es auf einmal egal ist, wie viel Gewissheit man hat oder wie sicher man sein muss, um sich gut zu fühlen. Es reicht zu fühlen, und ich fühle nach vielen Jahren wieder etwas für einen Mann, mit dem ich mir vorstellen könnte, für immer zusammen zu sein. Ich fühle mich wie ein Mädchen, das sich einfach Hals über Kopf verliebt hat.

Cenk fährt mit bis zu meiner Station. »Du musst mich nicht bis zur Haustür bringen, hier werde ich besser bewacht als die Queen«, sage ich, als der Bus das gesicherte Wohngebiet ansteuert.

Als ich aufstehe, ruft Cenk mir hinterher: »God save the Queen!« Und sein Blick verspricht mir: Wir sehen uns bald wieder.

Zu Hause ist die Heimat am schönsten

»Sektor IV« wird die noble Wohnanlage genannt, in der Pelin mir immer noch Unterschlupf gewährt. Und hier begegne ich meinem ersten Luxus-Scheißhaufen. Das Prachtexemplar befindet sich leider mitten auf meiner Joggingstrecke, einer Tartanbahn, für die sich sonst niemand in dem Komplex zu interessieren scheint. Vielleicht liegt das nicht nur daran, dass Jogger den Türken suspekt sind – hier gilt Walken als schick –, sondern hat auch mit einer gewissen Monotonie der Laufstrecke zu tun. Die einfache Bahn ist exakt 1100 Meter lang. Woher ich das so genau weiß? Ganz einfach, weil nach jeweils 100 Metern rote Markierungen angebracht sind, damit man bloß nicht vergisst, dass man wieder 1/10 Kilometer geschafft hat.

Also laufe ich immer wieder hin und her wie ein Hamster im Käfig. Und so komme ich etwa zehnmal an diesem Haufen vorbei, was mich nicht daran hindert, beim letzten Mal hineinzutreten. Nicht aus Spaß an der Freude, wie man im Ruhrgebiet sagen würde. Eine Frau hatte mich abgelenkt, die in einem glitzernden Jogginganzug von Armani mit schwerem Goldschmuck behängt ein paar Schritte auf dem Freiluft-Stepper macht. Mich wundert nicht nur, dass all ihre Halsketten, Ringe und Ohrstecker sie nicht beim Sport stören, sondern vor allem, dass außer mir überhaupt jemand hier trainiert. Die anderen Bewohner sind bestimmt alle Mitglieder in einem der exklusiven Fitnessklubs, in denen die perfekt austarierte Klimaanlage Schweißbildung verhindert und die Pausen an der Safttheke wichtiger sind als das Workout.

Mir bleibt gar nichts anderes übrig, als ein paar Laufeinheiten in meinen Tagesplan einzubauen. Ich werde in Istanbul gemästet. Denn nicht nur Nesrin und Pelin verwöhnen mich täglich mit Köstlichkeiten. Mittlerweile haben auch meine neuen Nachbarn in Yeşilköy ihr Herz für mich entdeckt. Sie begrüßen mich wie eine verlorene Tochter, die endlich nach Hause zurückgekehrt ist. Dabei kenne ich die meisten noch gar nicht richtig. Noch schaue ich in meiner Wohnung nur vorbei, um die Renovierung voranzutreiben – na ja, vorzubereiten. Oft fangen sie mich schon im Hausflur ab, um mir Sarma, gefüllte Weinblätter, oder Kurabiye, Kekse, zuzustecken. Andere winken mich zu Çay, Tee; Salata, Salat; Peynir, Käse, und Karpuz, Melone, herein.

Zuerst macht es mich nervös, dass ich ständig daran gehindert werde, meinen Zeitplan einzuhalten. Aber irgendwann lasse ich mich mitreißen. Das Essen ist wirklich lecker, meine Nachbarn sind nett und unkompliziert, ich fange an, mein Leben hier zu mögen. Und ich revanchiere mich gelegentlich mit frischem, zur Überraschung der Hausfrauen nicht zubereitetem Fisch. »Mit Ihren Kochkünsten kann ich doch gar nicht mithalten«, habe ich mir als Entschuldigung zurechtgelegt. Und es funktioniert. Als Dank für das Kompliment bekomme ich gleich süße Lokum oder Tulumba zugesteckt.

Etwas verloren stehe ich im leeren Flur meiner Wohnung. Ich muss mich noch daran gewöhnen, die 65 Quadratmeter als meine eigene Wohnung zu betrachten, obwohl ich noch gar nicht darin wohnen kann. Während ich einfach nur dastehe und auf das Gefühl warte, mich zu Hause zu fühlen, steigt mir der Klorox-Duft in die Nase, der vom Treppenhaus her hereinweht. Der Geruch erinnert mich an früher, an meine Mutter, wie sie mit Klorox, einer üblen chemischen Keule, das ganze Haus putzte. Türken sind Klorox-Fans. Alles wird damit gesäubert. Erst, wenn es nach Klorox riecht, ist eine Wohnung sauber. Und die Hofeinfahrt wird auch gleich damit übergossen und geschrubbt, da wächst dann kein Gras mehr. In Deutschland würde niemand mehr dieses Zeug benutzen, allerhöchstens für die Toilette. Aber hier in der Türkei scheint es noch immer ein unverzichtbares Putzmittel zu sein.

Ich öffne das Fenster und betrachte das Leben in meinem neuen Viertel. Kinder spielen Fußball auf der Straße, zwei ältere Männer unterhalten sich, während sie vor einem Laden auf wackligen Stühlen sitzen und Sonnenblumenkerne knabbern. Mir gefällt, was ich sehe, es ist die Art türkischen Lebens, die ich in Deutschland oft vermisse. Das Gefühl, Zeit zu haben, seine Nachbarn zu kennen, das Leben zu genießen. Allerdings gibt es das ja auch leider nicht mehr überall in Istanbul.

Meine neuen Nachbarn sind mir gegenüber sehr offen. Die ältere Dame aus dem Stockwerk über mir fragt jeden Morgen, ob ich hier einziehen werde. Jeden Morgen antworte ich:»Ja, und wir haben uns doch schon kennengelernt.« Und jeden Morgen bringt sie mir selbst gebackenes Börek, gefüllte Strudel, als Willkommensgruß. Nein, das ist kein türkisches Ritual, sie hat Alzheimer. Ihr Sohn, der sie nachmittags besucht, entschuldigt sich für ihr Verhalten.

»Für die Herzlichkeit Ihrer Mutter müssen Sie sich wirklich nicht entschuldigen«, sage ich.

»Ah, das ist nett von Ihnen«, antwortet er erleichtert,»ich dachte nur, Sie kommen ja aus Deutschland und wollen sicher Ihre Ruhe haben.«

Daran, dass ich hier als»Deutschländerin« genauso vielen Vorurteilen ausgeliefert bin wie in Berlin als Deutschtürkin, habe ich mich noch nicht gewöhnt. Und wo wir schon bei Vorurteilen sind: Ich vermisse deutsche Handwerker. Ja, ihnen mag der Ruf anhängen, für jeden Handgriff ein Heidengeld zu verlangen, aber das ist immer noch besser als ein türkischer Handwerker, der gar nicht erst auftaucht.

Erst gestern habe ich wieder den ganzen Tag vergebens auf den Klempner gewartet, der in Allahs Namen geschworen hatte, ganz sicher die neuen Armaturen im Bad anzubringen. Natürlich ist er nicht wie verabredet um zehn Uhr gekommen. Auch nicht um elf oder zwölf oder dreizehn Uhr. Er ist den ganzen Tag nicht gekommen. Mit seinem Hinweis auf Allah hatte er mir vermutlich diskret zu verstehen geben wollen, dass ich selbst ihn anzurufen habe, damit das mit den Armaturen auch tatsächlich klappt. Aber ich bin mir sicher, dass Allah Wichtigeres zu tun hat.

Und wenn ein Handwerker doch mal auftauchen sollte, dann mit einer Woche Verspätung. So war das mit dem Küchentechniker, der mir aber zuerst einmal erklärt hat, welche Probleme sich bei seiner Arbeit auftun. Ist man dann kurz davor, alles abzublasen, weil die Probleme überhandnehmen und man sich nicht vorstellen kann, dass die Spüle jemals angeschlossen werden wird, dann sagt der türkische Handwerker, dass er das natürlich hinbekommt. »Aber heute nicht mehr, morgen.« Und aus dem »Morgen« wird, wenn man Glück hat, nur ein Überübermorgen. Wenn man Pech hat, taucht der Handwerker die nächsten drei Wochen nicht mehr auf. »Das Material war nicht zu bekommen« ist eine beliebte Erklärung, die allerdings auch von den deutschen Kollegen gern verwendet wird.

Nach etlichen Touren zum Baumarkt lecke ich traurig meine Wunden. Bei der Schlepperei haben meine Fingernägel dran glauben müssen, und ein großer blauer Fleck ziert mein rechtes Schienenbein. Ein feiner Schnitt an der linken Hand macht das Bild der unfähigen Handwerkerin perfekt. Auf dem Boden im Wohnzimmer stapeln sich die Utensilien: Tapeten, Kleister, Farbe, Holzlatten; sogar eine Stuckrosette für die Decke im Wohnzimmer habe ich mir gegönnt. Mir graut vor dem nächsten Schritt, der eigentlichen Renovierung. Vorher habe ich eine Pause verdient. Eine ganz besondere Pause sogar.

Schon als ich die Galatabrücke betrete, beginnt mein Herz zu hüpfen. Es ist unglaublich, was dieser Mann in mir auslöst. Ich blende sogar den Fisch aus, der mir so zuwider ist.

»Wie siehst du denn aus?«, begrüßt mich Cenk wenig charmant.

Irritiert sehe ich an meinem roten Sommerkleid herunter. Ich dachte, dass es mir gut steht. Die Schuhe passen doch auch perfekt dazu.

»Das Kleid steht dir ausgezeichnet«, sagt Cenk sofort, der offenbar jeden meiner Gedanken erraten kann. »Aber deine Hände und Beine sehen arg mitgenommen aus.«

Als hätte er damit den Startschuss gegeben, jammere ich los. »Ich habe einfach kein Talent für handwerkliche Tätigkeiten. Wenn mein Vater mich in diesem Zustand sehen würde, würde er mir den Schlüssel zur Wohnung wieder abnehmen.«

Mein Vater ist ein Meister des Innenausbaus. Nachdem er in unserem alten Zechenhaus in Duisburg die ersten doppelverglasten Fenster eingesetzt hatte, ließ er es sich nicht nehmen, jedem, den er in die Finger bekam, die Spitzenqualität der neuen Fenster zu demonstrieren. Er öffnete eines und fragte: »Hörst du das?« Dann schloss er es wieder und sagte: »Hörst du das? Nix hörst du.« Das wiederholte er noch dreimal und strahlte dabei über das ganze Gesicht. Mit seiner Begeisterung für doppelverglaste Fenster steht mein Vater übrigens nicht allein da. Angela Merkel hat mal auf die Frage, welche Empfindungen Deutschland in ihr weckt, geantwortet: »Kein anderes Land kann so dichte und schöne Fenster bauen.«

Das Zusammentragen von Baumaterial und Werkzeugen sowie die Bastelstunde am Wochenende sind für meinen Vater zur Berufung geworden. Für den fachlichen Austausch besucht er diverse Baumärkte rund um Duisburg. Und wenn Gäste da sind, führt er gerne und stolz vor, welche Verbesserungen er wieder an seinem Haus angebracht hat. Abla, meine älteste Schwester, erzählte mir bei unserem letzten Telefonat, dass sie kürzlich auf dem Wohnzimmertisch meiner Eltern einen Prospekt für dreifach verglaste Fenster gesehen habe. Nicht, dass mein Vater sie bräuchte, unser Haus liegt in einer Sackgasse, aber ihn kann nichts aufhalten, wenn es um die Neugestaltung seines Hauses geht.

»Sen işe nasıl bakarsan, iş de sana öyle bakar« ist sein Motto. »Wie man die Arbeit ansieht, so sieht sie einen wieder an.« Auch wenn die Weisheit meines Vaters unermesslich ist und seine Sprichwörter immer den Kern der Sache treffen, hier irrt er. Denn ich betrachte die Renovierungsarbeit wirklich sehr höflich und mit Respekt, während sie mich offensichtlich verhöhnt.

»Wenn ich dir helfen kann«, reißt mich Cenk aus meinen Gedanken, »lass es mich wissen.«

»Das würdest du tun?« Ich bin so erleichtert, dass ich ihm um den Hals falle.

»Nicht so stürmisch«, kommentiert er meinen Überfall, auch wenn er es nicht eilig zu haben scheint, sich wieder zu befreien, wie ich erfreut feststelle.

»Wann kannst du bei mir sein?« Ich will ihn lieber gleich beim Wort nehmen, bevor er es sich doch anders überlegt.

»Wann du willst.«

»Heute Nachmittag!« Gut, nun wirke ich vielleicht etwas überstürzt, aber es ist ja auch eine Notlage, aus der mich Cenk erretten muss.

»Abgemacht.« Er lacht und zwinkert mir zu. »Wir schaffen das schon.«

Unser erstes »Wir«. Diese Teenagergedanken sind peinlich, aber ich kann sie nicht abstellen. Meine frische Röte im Gesicht überstrahlt sogar meine abgebrochenen Fingernägel und meine Blessuren.

Zurück in meiner Wohnung stürze ich mich in die Arbeit. Cenk soll nicht denken, dass ich noch gar nicht angefangen habe. Auch wenn das der Wahrheit entspricht. Die Materialbeschaffung hat meine gesamten Kräfte aufgezehrt. Doch die Aussicht, den Nachmittag mit Cenk verbringen zu dürfen, gibt mir neuen Schwung. Als Erstes mache ich mich daran, die alten Tapeten abzureißen. Ein mühsames Geschäft. Denn unter den Tapeten finde ich weitere Tapeten und schließlich alte Zeitungen. Das Haus ist zum Glück erst hundert Jahre alt, wer weiß, wie viele Schichten ich sonst noch entdecken würde. Bedeutend ältere Häuser als meines findet man nur noch in Alt-Istanbul. Nesrin hat mir bei unserem letzten Ausflug diese alten Viertel gezeigt. Die Holzhäuser sind gut dreihundert Jahre alt. Wunderschön, doch in einem bedauernswerten Zustand. Die Eigentümer haben meist kein Geld für eine Restaurierung, die aufgrund der Denkmalschutzauflagen sehr teuer werden kann. In der Türkei, wo viele Deutsche die Wiege des Baupfuschs vermuten, gibt es tatsächlich seit einigen Jahren ein Denkmalschutzgesetz. Und das steht in puncto Strenge und Pedanterie den deutschen Vorschriften keineswegs nach. Der Unterschied ist wohl nur, dass der Denkmalschutz hier quasi einem Todesurteil für die alten Gebäude gleichkommt, denn kaum ein Hauseigentümer lässt sich auf eine solch kostenintensive Sanierung ein. So verfallen diese Schmuckstücke leider. Viele der Holzhäuser haben Löcher in den Wänden und windschiefe Dächer, die Fenster sind mit Brettern vernagelt.

Ich hoffe, dass die Investitionswelle, auf der Istanbul seit wenigen Jahren reitet, auch hierherschwappt. Die Holzhäuser liegen direkt am Meer, ein Kaufargument, dem doch sicher mancher Wohlhabende nicht widerstehen kann. Früher ließ man die Armen am Wasser wohnen. Die harten Witterungsverhältnisse waren nichts für die verwöhnten Reichen, die ihre Residenzen lieber in den Bergen errichteten. Das ist heute anders. Stararchitekten versuchen ja schon ins Meer zu bauen, um die exklusive Lage noch exklusiver zu machen.

Für alle, die weder das Glück haben, ein kleines altes Häuschen am Meer zu erben, noch über das Geld verfügen, sich eines zu kaufen, steht ein roter Sessel am Bosporus. Im Türkischen heißt direkt am Meer wohnen »denize sıfır«, was wörtlich »zum Meer null« bedeutet und sinngemäß: unverbauter Blick auf das Meer. Der Sessel bleibt nie lange unbesetzt. Nachdem ich mich dort selbst mal meinen Sehnsüchten hingegeben hatte, überließ ich den Sessel einem alten Mann, der in den Docks gearbeitet haben könnte. Ich blieb eine Weile in der Nähe stehen. Die unterschiedlichsten Menschen kamen vorbei und ruhten sich eine Weile auf dem Sessel aus. Ein paar Jugendliche, die sich auf die Lehnen schwangen; eine ältere Dame, die den Sessel in den Schatten rückte, um so kurze Zeit der gleißenden Sonne zu entkommen; eine junge Frau, die kein einziges Mal auf das rauschende Wasser schaute und ihren Blick nicht vom Display ihres Smartphones löste.

Mittlerweile bin ich bei meinen Renovierungsarbeiten auf Zeitungen aus den Siebzigerjahren gestoßen. Vorsichtig lege ich unter der dritten Schicht Tapete einen Artikel über die Invasion Zyperns 1974 frei. Ich muss zugeben, dass ich schon eine halbe Stunde vergeudet habe, um einen Artikel über den Militärputsch von 1980 zu lesen. Die deutsche Geschichte ist mir viel vertrauter als die türkische. Und ausgerechnet jetzt beschließe ich, Versäumtes aufzuholen.

Ich bin so in mein Zeitungsstudium vertieft, dass ich mir, als es an der Tür klingelt, erst in Erinnerung rufen muss, wer mir heute zur Seite stehen will. Cenk ist bestens vorbereitet. Alte Jeans, ein verschlissenes Hemd, und neben einem Werkzeugkasten trägt er eine große Kühlbox bei sich. Mir schwant Böses. Was wird ein Angler schon in einer Kühlbox transportieren? Welche Ausrede soll ich mir einfallen lassen, wenn er sein romantisches Picknick auf meinem Wohnzimmerboden ausbreitet und mich mit Fischhäppchen verführen will? Etwas angespannt folge ich also Cenk, der meinen Kamin bewundert, die Aussicht lobt und sich über den alten Boiler in der Küche lustig macht. Und genau dort beginnt er, seine Schätze aus der Box zu nehmen.

»Ich habe uns etwas mitgebracht, zur Stärkung«, sagt er und zaubert, ganz Türke, Unmengen von Tupperdosen mit eingelegten Leckereien und selbst gemachten Köstlichkeiten in Alufolie aus der Box hervor.

Da steht mein Fischversorger also nun in meiner Küche, um mich mit Köstlichkeiten zu verwöhnen. So schließt sich der Kreis, so leicht wie mein Gürtel schon lange nicht mehr. »Mir war nicht nach Fisch heute, ich hoffe, das ist okay?«, fragt Cenk, als er das letzte Päckchen mit Köfte ausgepackt hat. Erleichtert atme ich durch. »Aber ich habe dir für später ein paar schöne Hamsi mitgebracht.«

Zu früh gefreut, denke ich, als ich die in Zeitungspapier gewickelten Sardellen betrachte. Schnell bugsiere ich die Fische samt Zeitungspapier in den Kühlschrank.

Mit Cenk zusammen schaffe ich das Wohnzimmer in einer Stunde von allen Tapetenresten zu befreien. Er legt einen derartigen Eifer an den Tag, dass ich es mir nicht erlauben kann, auch nur die Überschriften der Zeitungsreste zu lesen. Bis Cenk selbst beim Zusammenkehren einen Artikel entdeckt. »Oh, sieh mal, die gibt es bald gar nicht mehr!« Er zeigt mir ein Foto, auf dem ein Gecekondu, eine Siedlung notdürftig zusammengezimmerter Holzhütten, zu sehen ist, direkt neben einer prächtigen Villa. »Hoffentlich lassen sich nicht alle rauskaufen. Ohne die Gecekondular würde Istanbul an Authentizität verlieren, meinst du nicht auch?«

So etwas könnte man sich in Deutschland nicht vorstellen, da würde das Bauamt der wilden Zimmerei unverzüglich Einhalt gebieten. Tatsächlich gibt es auch in der Türkei Bauämter, aber wie in so vielen Bereichen kümmert sich auch hierbei oft niemand darum, dass die Vorgaben eingehalten werden.

»Ich würde mir solche Siedlungen ja gern mal aus der Nähe anschauen, aber meine Freundinnen meinen, die gibt es kaum noch oder nur in Stadtteilen, in denen ich mich lieber nicht blicken lassen sollte.«

Cenk lacht. »Lass mich raten, deine Freundinnen wohnen in einer dieser bewachten Neubausiedlungen. Das sind tatsächlich die einzigen Wohngebiete, wo die Bewohner glauben könnten, es gebe keine Gecekondular mehr«, lästert er. »Zwischen Plastikpalmen und künstlichem Marmor muss ja auch niemand mehr sein Wohnrecht erkämpfen.«

Die Gecekondular gibt es schon seit Jahrhunderten. Es wird behauptet, ein Gesetz aus der osmanischen Zeit erlaube, ein Haus »über Nacht« auf öffentlichem Grund und Boden zu errichten. Wenn es erst einmal stehe, dürfe es nicht mehr abgerissen werden. Daher der Name: Gecekondu bedeutet »über Nacht hingestellt«. Cenk meint, das sei eine Robin-Hood-Legende, denn schon Ende der Vierzigerjahre sei ein Gecekondu im Istanbuler Stadtteil Zeytinburnu gesetzlich abgerissen worden. Ein Gecekondu zu errichten sei offiziell keineswegs erlaubt und somit illegal, wurde aber aufgrund der Wohnungsnot, die das wirtschaftliche Wachstum mit sich brachte, häufig stillschweigend geduldet. Ich nehme meinen Block und schreibe: Abrissgesetz recherchieren! Illegalität prüfen! Mein journalistischer Instinkt sagt mir, dass eine Reportage über Gecekondular auch für eine deutsche Zeitung interessant sein könnte.

»Wichtig war angeblich, dass das Gebäude ein Dach hat«, sagt Cenk. Ob es sich nur um einen Bretterverschlag handelte oder tatsächlich um ein Häuschen mit vier Wänden, sei dagegen nebensächlich gewesen. In Nacht- und Nebelaktionen trafen sich meist alle männlichen Mitglieder einer Familie oder eine Gruppe von Freunden, um gemeinsam den Rohbau zu errichten. Nachbessern und ausbauen konnte die Familie die Hütte später immer noch. Das Gewohnheitsrecht, auf das die Bewohner der Gecekondular sich beziehen, konnte schriftlich nicht nachgewiesen werden, und so nahm sich die Regierung oft das Recht heraus, die Siedlungen bei Bedarf zwangsräumen zu lassen. Seit den Sechzigerjahren gibt es aber Bestrebungen, die Gecekondular zu legalisieren, und erst seit Kurzem ist es möglich, sich als Besitzer eines solchen Häuschens im Grundbuchamt eintragen zu lassen. »Soll ich eine Gecekondular-Tour mit dir machen?«, fragt Cenk. Keine Frage!

Nachdem Cenk sich verabschiedet hat, sitze ich noch lange zwischen alten Zeitungsschnipseln und Tapetenhaufen im Wohnzimmer und denke darüber nach, wie sehr sich das Wohnen in Istanbul von dem unterscheidet, was ich von Berlin gewohnt bin. Hier erscheinen mir die Gegensätze in jeder Hinsicht sehr extrem. Ohne Frage, solche schicken Wohnanlagen wie die, in der Pelin mich beherbergt, sind für gut situierte Menschen, die Sicherheit als höchstes Gut betrachten, eine hervorragende Investition. Die Häuser stehen im perfekten Winkel, sodass jeder Balkon eine Sonnengarantie erhält. Sie sind gerade so hoch gebaut, dass sie vielen Menschen exklusiven Wohnraum bieten, aber keine dunklen Wolkenkratzerschluchten entstehen lassen. Die Grünflächen werden von sorgsam gestutzten Bäumen und geometrisch getrimmten Büschen eingerahmt, den Bewohnern stehen adrette Poolanlagen inklusive Plastikliegen und Sonnenschirmen zur Verfügung, und natürlich finden sich in den Komplexen auch Supermärkte, Friseure, ja sogar Hundesalons.

Hundesalons! Schockiert das nur mich? Nicht, dass ich etwas gegen gepflegte Vierbeiner hätte, im Gegenteil. Aber für mich war es immer eine Horrorvorstellung, als Single eines Tages in einer kleinen Wohnung in irgendeiner deutschen Großstadt zu leben und Freud und mein größer werdendes Leid einzig mit meinem Hund zu teilen. Ein Hund, dem ich das Essen mit Petersilie verziere und dessen Pflegeprogramm im Hundesalon mehr kostet als mein Friseurbesuch. Und der ist wirklich nicht günstig. Und jetzt sehe ich hier in der Türkei plötzlich Menschen, die ihre Hunde an der Leine herumführen. Hier, wo Hunde zwar immer zum Straßenbild gehörten, allerdings streunend und verwildert. Und keineswegs mit einem Halsband versehen, das teurer ist als mein komplettes Outfit.

Mit neu erwachtem Ärger denke ich an den Hund, der mein Trainingsprogramm kürzlich so ekelhaft boykottiert hat. In Berlin kann man an jeder Ecke Hundetüten ziehen, auch wenn die wenigsten Herrchen und Frauchen sie benutzen. Aber wenn das Ordnungsamt gerade nicht zur Stelle ist, nutzt zumindest ein mit Berliner Schnauze versehener Augenzeuge die Gelegenheit, ordentlich loszupöbeln. Obwohl die Wohnanlage, wo Pelin und Nesrin leben, über ein Großaufgebot an Wachleuten verfügt, kümmert sich hier niemand darum, dass Hundehaufen beseitigt werden. Die meisten Hunde sind klein, und die meisten Besitzer weiblich. Der Familienhund hat sich noch nicht ganz durchgesetzt. Nur Familien, die auseinanderzubrechen drohen, kaufen einen süßen kleinen Welpen, der das Glück zurück ins Haus bringen soll. Meist vergebens. Und dann behalten die Damen den Hund und die Herren ihre Sportwagen. So wäre zu erklären, warum ich keinen Mann sehe, der einen Hund Gassi führt. Abgesehen vom männlichen Personal.

Personal gibt es in dieser Wohnanlage für jeden Bereich. Und so finden ausgerechnet die Leute, denen durch hohe Zäune und aufmerksame Wachmannschaften der Zugang zu den Wohnanlagen eigentlich verwehrt werden soll, ihren Weg als Angestellte hier hinein. In den Häusern und Villen wird kein Handgriff mehr selbst erledigt. Es gibt Hausmeister, Butler, Köche, Putzfrauen, Gärtner, jemanden, der sich um den Pool kümmert, einen, der die Alarmanlagen überprüft, den Wassertank, das Notstromaggregat, einen, der einkaufen geht, der den Müll wegbringt. Und es gibt natürlich auch Nannys und Kinderfrauen.

Gern sitze ich auf Nesrins Balkon und beobachte das Geschehen auf dem Spielplatz. Morgens um zehn Uhr beleben sich dort die modernen Spielanlagen mit ihrem pädagogisch wertvollen und vor allem bunten Angebot. In dem Trubel lässt sich kein einziges Elternteil blicken, stelle ich fest. Nicht, dass alle Eltern arbeiten müssten, denn zeitgleich füllen sich die umliegenden Cafés. Frauen mit großen Sonnenbrillen, sportlich gekleidete Männer, flanierende Rentner und lässige Freiberufler. Genauso sieht man es in Hamburg oder Berlin. Auf den Spielplätzen aber werden die vielen gut gekleideten Kinder ausschließlich von Kinderfrauen und Au-pair-Mädchen betreut. Das sind dann meist ältere Türkinnen oder junge Frauen aus Russland oder der Ukraine. Erst, als ich einmal auch den Abendblick genieße, sehe ich die Eltern. Die Abholung übernehmen sie tatsächlich höchstpersönlich.

Ich stelle mir vor, wie es wohl wäre, wenn auch Johanna so aufwachsen müsste. Aber so weit würde ich es niemals kommen lassen, oder besser gesagt, meine Mutter würde schon dafür sorgen, dass ihre Enkelin von den Großeltern betreut wird. Wenn ich mich entschließe, für immer in Istanbul zu leben, bin ich dann auch gezwungen, diese Art von Kinderbetreuung zu nutzen? Nesrin hatte mir erzählt, dass viele Eltern sogar ihren knappen Urlaub in kinderfreien Hotels verbringen, um sich zu erholen. Ich kann das gar nicht glauben. Ist das wirklich noch die Türkei? Jenes Land, in dem Kinder und Familie immer oberste Priorität hatten? Ich liebe es auf jeden Fall, mit meiner Tochter auf dem Spielplatz zu sein. Mich für Sandkuchen zu begeistern, fangen zu spielen oder ihr zuzusehen, wie sie die Kletterspinne erklimmt, die ich zum Glück nicht mehr hochklettern muss. Das sind für mich Luxusstunden, die ich ganz sicher nicht freiwillig an jemand anderen abtreten würde. Aber in einigen Wochen, wenn unsere Wohnung fertig renoviert ist, wird Johanna herkommen. Ich muss mich um einen Kitaplatz kümmern. Ganz sicher möchte ich nicht, dass sie den ganzen Tag von einer Nanny betreut wird.

Pelin und Nesrin hindern mich ständig daran, irgendetwas eigenständig zu erledigen, einzukaufen oder wegzubringen. »Ich kann anrufen«, sagt Pelin, wenn ich mir überlege, mir eine DVD für den Abend auszuleihen, oder: »Die bringen das«, wenn ich noch mal in den Supermarkt will, um mir einen Joghurt zu holen.

Als ich einen Abend Lahmacun, türkische Pizza, bestelle, sagt der freundliche Pizzabäcker:»In fünfzehn Minuten bringt sie der Fahrer zu Ihnen.«

»Nein, ich komme sie abholen«, sage ich hektisch, endlich eine Chance, mal wieder etwas selbst zu machen.

»Das ist doch nicht nötig«, versucht der Pizzabäcker meinen Elan auszubremsen.

»Doch, das ist es«, sage ich und lege schnell auf, bevor er mich doch noch überreden kann, den Lieferservice zu nutzen. Als ich in dem Imbiss ankomme, wird mir bewusst, dass ich die versammelte Familie, die sich die Arbeit zwischen Herd, Telefon und Lieferwagen teilt, in Verlegenheit bringe. Der Laden ist gar nicht darauf ausgerichtet, dass man sich die Speisen selbst abholt. Ich stehe also mitten in der Küche, beteuere, dass ich nie wieder selbst vorbeikäme, bezahle und eile mit hochrotem Kopf davon. Zu allem Übel ist die Lahmacun kalt, als ich zu Hause ankomme; der Lieferant hätte sicher eine Thermobox genommen.

In unseren streng bewachten und umzäunten »Sektor IV« wäre er nur gelangt, wenn ich dem Wachmann an einer der 24 Stunden lang besetzten Pforten telefonisch bestätigt hätte, dass ich tatsächlich eine Pizza erwarte. Mich beruhigt nur, dass die Wachleute nicht bewaffnet sind, zumindest habe ich bisher keine Pistolen bei ihnen gesehen.

Das Sicherheitskonzept geht jedenfalls auf. Kriminalität gibt es hier nicht. Keine Einbrüche, keine Überfälle. Nicht einmal Ladendiebstahl. Ich bin kurz davor, einmal einen Schokoriegel im Supermarkt mitgehen zu lassen, nur um zu sehen, was sie dann mit mir machen. Aber vermutlich werde ich die Anlage dann nie wieder betreten dürfen, und das wäre schade, denn dann könnte ich meine neuen Freundinnen nicht mehr besuchen. Eigentlich ein Wunder, dass sich dieses Klübchen gegründet hat. Nachbarschaftliche Aktivitäten oder einfach nur das typische Schwätzchen auf der Straße gibt es hier nämlich nicht. Sogar in den Villen, deren Gärten aneinandergrenzen, legt man keinen Wert auf die sonst so übliche türkische Nachbarschaft. Jeder bleibt für sich. Als Cenk mich am nächsten Morgen abholt, steige ich als hochprofessionelle Journalistin mit Block, Stift und Fotoapparat bewaffnet in sein Auto.

Vor dem Einschlafen ist mir gestern der Gedanke gekommen, dass ich mir über meine berufliche Zukunft in Istanbul viel zu wenig Gedanken mache. Und über die mit Cenk. Meine Kolumne bei einer deutschen Tageszeitung liefere ich immer noch pünktlich Woche für Woche ab. Auf diese Weise, so argumentiere ich jede Woche meine Zweifel weg, kann ich weiter am politischen Leben in Deutschland teilnehmen. Wer weiß, wozu das gut sein wird. Ich habe mich noch nicht getraut, alle Brücken hinter mir abzubrechen, zumal hin und wieder ein deutscher Kollege anruft und eine kleine Geschichte von mir will. Wie immer zum Thema »Integration« und manchmal auch Tipps für Touristen in Istanbul. Das kann ich nicht ausschlagen. Die Honorare sichern zumindest meinen Grundbedarf hier in Istanbul.

Kaum sind Cenk und ich einige Minuten unterwegs, komme ich mir weniger wie eine Journalistin, eher wie eine Slum-Touristin vor. Wir fahren durch enge Gassen. Das Viertel heißt Derbent Mahallesi, es liegt mitten in der Stadt, nicht weit von hier hat mein Schwager sein Haus. Links und rechts stehen dicht gedrängt Gecekondu-Häuschen, die seit der ersten Nacht kaum Verbesserungen erfahren haben. So viel Armut habe ich lange nicht gesehen.

»Willst du aussteigen, ein paar Fotos machen?« Cenks Angebot lehne ich so schnell ab, dass er den Grund dafür bemerkt. »Hier passiert nichts, ich kann gern anhalten.«

»Nein, nein, später«, versuche ich notdürftig meine Angst zu verstecken.

Dabei sehen die Menschen nicht einmal gefährlich aus.

Eher neugierig als grimmig sind die Blicke, die sie in unseren Wagen werfen. Hierher kommt sonst nur, wer hier auch hingehört. Oder die Polizei.

Cenk nimmt mir die Kamera aus der Hand und macht ein paar Bilder. »Sonst bereust du es später«, meint er.

Vielleicht hat er recht. Es bleibt aber das Gefühl, dass ich mit dem Fotografieren die Privatsphäre der Menschen verletzen würde. Habe ich das jemals gedacht, wenn ich im Urlaub urige Fischer, alte Marktfrauen oder irgendwelche Menschen im Café fotografiert habe?

Einige der Häuser haben tatsächlich gemauerte Wände, doch mit einer Satellitenschüssel sind sie alle bestückt. Die Straßen sind nur wenig belebt, es sind kaum Autos unterwegs. Frauen sitzen am Straßenrand, Männer stehen beisammen und reden. Erst bei einem Neubau, der noch nicht ganz fertiggestellt ist, aber schon erahnen lässt, das er mit allen Annehmlichkeiten ausgestattet sein wird, traue ich mich auszusteigen. Von den beiden Mädchen, die dort mit einer Puppe spielen, scheint keine Gefahr auszugehen.

»Hier haben wieder einige ihre Häuser verkauft«, erklärt Cenk. Wenn man sich den Grundbesitz beim Amt hat bestätigen lassen, erhält man eine Urkunde, die auch zum Verkauf berechtigt. »Die meisten warten, so lange es geht, um die Preise hochzutreiben. Andere machen mit den Bauunternehmern einen Deal. Neben einer kleinen Abfindung bekommen sie eine Wohnung in dem Neubau. So bleiben sie in ihrer alten Nachbarschaft. Das ist vielen wichtig. Hier hält man noch zusammen.«

»Und das machen die neuen Mieter oder Eigentümer mit? Haben die keine Angst?«

»Hier wohnen doch keine Kriminellen, die leben ein paar Straßen weiter. Da bringe ich dich als Nächstes hin.« Cenk scheint sich in der Rolle des Touristenführers langsam wohlzufühlen. »Sieh mich nicht so schräg von der Seite an«, kommentiert er meine skeptischen Blicke. »Ich mag diese Gegenden. Das macht Istanbul einzigartig.«

Die Straßenzüge, in denen angeblich Klein- und Großkriminelle den Ton angeben, unterscheiden sich kaum von denen, die wir zuvor besucht haben. Aber etwas ist anders: Am Straßenrand parken teure Limousinen, Landrover und sogar Sportwagen. Und entweder liegt es an dem Kontrast zu den kostspieligen Autos, oder die Häuser sind hier tatsächlich noch ein wenig baufälliger. In diesen wahren Bruchbuden wohnen angeblich nur Kurden. Ob das stimmt, hat sicher noch kein Türke überprüft. Vorurteile sind eben auch am Bosporus einfach und bequem.

Ich kann es kaum fassen, dass neben den zusammengezimmerten Buden diese teuren Autos stehen. Cenk scheint zu erahnen, was mir gerade durch den Kopf geht, und sagt:»Versuch erst gar nicht, es verstehen zu wollen. Aber vor allem, du musst kein Mitleid haben.«

»Wie kann man kein Mitleid haben, wenn man das hier sieht«, frage ich erschrocken. Ich bin enttäuscht, wie kaltherzig Cenk plötzlich sein kann.

»Du hast mir doch vorhin erzählt, dass du auf das neue iPhone-Modell wartest.«

»Was hat das denn bitte mit den Gecekondular zu tun?«

»Nun, die Leute, die hier wohnen, warten auch darauf. Und sie haben es sicher noch vor dir.«

Das saß. Vielleicht hat Cenk recht, und weder mein Mitleid noch meine Hilfe werden in dieser Gegend gebraucht. Hier, wo ich wirklich nicht nachts allein unterwegs sein sollte, schwindet meine Angst langsam.

Cenk scheint sich wirklich auszukennen. Er kurbelt immer wieder das Fenster herunter, um dem Fahrer eines teuren Autos oder einigen Männern, die vor ihren Buden stehen, Zeichen zu geben.»Ich bin aus Maden Mahallesi, wir sehen uns nur um«, sagt er. Die Männer nicken uns daraufhin zu und drehen sich weg. Wir werden geduldet.

»Warum wohnen die hier?«, frage ich naiv.»Die haben doch anscheinend Geld. Wollen die hier nicht weg?«

Cenk bemüht sich, all meine Fragen zu beantworten. »Warum die hierbleiben? Vielleicht, weil sie hier in Ruhe gelassen werden.«

Vermutlich werden sie hier gar nicht gefunden. Es stehen keine Namen an den Türen. Und wer sich nicht beim Grundbuchamt registrieren lässt, hat keine offizielle Adresse. Nur eines von zehn Kindern schaffe es raus aus dem Viertel, meint Cenk. Eines von zehn. »Zur Schule gehen viele gar nicht erst. Ihre Karriere ist vorprogrammiert.« Dann bemerkt Cenk meine gedrückte Stimmung. »Jetzt zeige ich dir mein Lieblings-Gecekondu!«

Je näher wir dem Finanzdistrikt Şişli kommen, desto höher werden die Häuser. Warum rund ums Geld immer noch die Symbolkraft des Phallus beschworen wird, ist mir ein Rätsel. Dabei können die Damen der Schöpfung doch viel besser mit Geld umgehen. Wir Frauen interessieren uns nicht für das Geld um des Geldes willen. Gerüchte amüsieren uns, aber wir würden nie darauf wetten. Und wir investieren nur in wahre Werte – abgesehen von Schuhen vielleicht.

»Früher standen hier viele Hütten und Häuschen, doch die meisten haben schon verkauft, weil sie sich nicht vorstellen konnten, wie hoch die Preise noch steigen würden.« Cenk klingt wehmütig. »Aber einige halten durch. Und dort wohnt vermutlich der beste Finanzexperte des Viertels!«

Und tatsächlich. Umgeben von Hochhäusern und Designerarchitektur steht ein kleines windschiefes Holzhäuschen. Im Vorgarten blühen Rosensträucher. Es wirkt so romantisch in dieser kühlen Umgebung. Ich kann mir gut vorstellen, wie es die Investoren wurmt, dass dieser Besitzer nicht verkaufen will.

»Komm, wir klopfen an. Vielleicht ist der da«, schlägt Cenk vor. Leider öffnet niemand die Tür.

»Vermutlich ist er unterwegs und verhandelt«, sagt Cenk und amüsiert sich offenbar darüber, dass es hier einen gibt, der sich mit der Finanzwelt anlegt.

Am Ende unserer Tour möchte ich Cenk als Dank zum Essen einladen. Da er den Zustand meiner Wohnung kennt, muss ich gar nicht erst den höflichen Versuch starten, Selbstgekochtes anzubieten.

»Das Restaurant darfst du wählen«, schlage ich vor, damit er sich auf jeden Fall wohlfühlt. Und vielleicht kann er dann auch leichter akzeptieren, dass ich zahle. Für einen türkischen Mann ist das nämlich eine Horrorvorstellung. Der Mann zahlt. Selbst wenn Mann und Frau schon länger ein Paar sind und die Frau besser verdient. Der Mann zahlt. Und wenn die Frau ihr Portemonnaie ihrem Liebsten heimlich unter dem Tisch zustecken muss, damit er seiner Rolle gerecht werden kann. Cenk hat lange genug in Deutschland gelebt, um durch meine Einladung nicht in Verlegenheit gebracht zu werden. Hoffe ich.

Er wählt ein kleines Restaurant in Taksim. Dort wird er herzlich vom Wirt begrüßt; der Kellner fragt, ob er den Weinladen gefunden hat, den er ihm empfohlen hat.

»Du bist wohl oft hier?« Meine Frage ist überflüssig, aber ich will mich in Erinnerung rufen, denn seit zehn Minuten plänkeln der Koch und Cenk über die Fischqualität im Bosporus. Die gewünschte Wirkung bleibt aus, denn nun beginnen die beiden zu überlegen, seit wann sie sich eigentlich schon kennen. Genug Zeit, um mich ein wenig umzusehen.

Die Einrichtung des Restaurants ist schlicht, Naturstein an den Wänden, einfache Holztische ohne Tischdecken. Es wirkt gemütlich. Als störend empfinde ich nur die Fotogalerie am Eingang. Stolz wird dort präsentiert, wer hier schon alles gespeist hat. Schauspieler, international bekannte Sänger, Schriftsteller. Für mich signalisieren die Fotos nur, dass ich offenbar in einer Touristenattraktion sitze und dass sich der Wirt vermutlich das Recht herausnimmt, auf die Preise den Wow-Bonus aufzuschlagen. Das Publikum passt aber perfekt nach Taksim. Das Künstlerviertel ist zum Aushängeschild des modernen Istanbuls geworden. Besonders die Straßen rund um den Galataturm sind mittlerweile so angesagt, dass die Mieten wuchern und von den ursprünglichen Bewohnern kaum zu bezahlen sind. Ein Schicksal, das wohl auch bald Kreuzberg ereilen wird.

»Dorade ist wunderbar, für dich auch?« Cenks Frage überrumpelt mich.

Beide Männer sehen mich erwartungsvoll an. Mir will keine höfliche Ausrede einfallen, und so nehme ich das Angebot an. Dorade. Fisch. Schon die Vorstellung lässt Übelkeit in mir hochsteigen. Stell dich nicht so an, sage ich mir, als die Dorade mich dann wirklich aus ihren dunklen Augen von meinem Teller aus ansieht. Während Cenk mir erzählt, dass er schon vor Jahren, als er noch in Deutschland lebte und man hier von Wucherpreisen noch weit entfernt war, eine Wohnung in diesem Viertel gekauft habe, malträtiere ich den armen Fisch beim Filetieren.

»Je länger ich als Anwalt in Hamburg gearbeitet habe, desto deutlicher wurde mir, dass ich so nicht leben kann. Nur arbeiten, Geld verdienen und keine Zeit zum Leben«, philosophiert Cenk, und ich frage mich, ob das der richtige Zeitpunkt wäre, die Fischlüge aufzudecken. »Irgendwann war klar, dass ich so nicht weitermachen kann. Zuerst bekam ich einen Tinnitus, dann diagnostizierte der Arzt einen Burn-out, Depressionen inklusive.« Das Thema ist zu sensibel, um Cenk nun wegen meiner Aversion gegen Schuppentiere zu unterbrechen.

»Als mir klar wurde, dass es keinen Weg zurück in den Job geben würde, habe ich alles verkauft, was ich besaß, und bin nach Istanbul gezogen«, fährt Cenk mit seiner sehr persönlichen Erzählung fort. »Meine Wohnung hatte ich Verwandten zur Verfügung gestellt. Etwas gewöhnungsbedürftig war es schon, von einem 100-Quadratmeter-Loft in eine Dreizimmerwohnung mit einer vierköpfigen Familie zu ziehen, aber in ein, zwei Monaten werde ich etwas weiter rausziehen, in mein neues Haus. Ich konnte meine Verwandten ja schlecht vor die Tür setzen, also musste ich noch mal investieren. Pass auf, bald werde ich ganz ungewollt der neue Immobilienhai von Istanbul.«

Cenk lacht, weil er sich ganz sicher ist, dass er bestimmt kein großer Geschäftsmann werden will. Er ist der glückliche Angler am Bosporus. Auf meinem Teller sieht es mittlerweile wie in einer Sardinenbüchse aus – matschig und unappetitlich. Ich habe den Fisch zerteilt und kleine Häufchen gebildet. Zum Glück ist Cenk durch seine Dorade abgelenkt, die er eindeutig zu genießen scheint. Ich schiebe mir ein kleines Stückchen Fisch mit einem großen Stück Knoblauch, der wohl mehr die Garnitur sein sollte, in den Mund. Beim zweiten Bissen versuche ich möglichst viel Gemüse mit auf die Gabel zu nehmen, beim dritten gebe ich auf.

»Schmeckt es dir nicht?«

»Ich habe gar keinen Hunger«, weiche ich Cenks Frage aus. Wieder den Moment der Wahrheit verpasst. Cenk nickt, wie es nur ein Mann tun kann, der gewohnt ist, mit Models auszugehen, die nach einer Erbse Sättigungsgefühle verkünden. Ich bestelle mir einen Ayran.

Zu Hause angekommen, trinke ich noch einen Liter Milch gegen den durchdringenden Knoblauchgeschmack im Mund und einen Raki gegen den Fisch, der wieder ans Tageslicht kommen möchte.

Am nächsten Tag widme ich mich den Ikea-Regalen, die ich für das Badezimmer gekauft habe. Ich stelle mich so ungeschickt an, dass ich drei Versuche brauche, bis das erste Regal schief an der Wand lehnt. Ich wäre nie in der Lage, ein Gecekondu-Haus zu errichten.

In einer wohlverdienten Teepause erinnere ich mich an den schönen Tag, den ich mit Cenk verbracht habe. Nach dem Essen sind wir noch in Bebek spazieren gegangen. Dort wohnen die reichen Reichen. Für eine Million US-Dollar bekommt man ein bescheidenes kleines Häuschen auf dem türkischen Rodeo Drive. Auch hier wird fleißig investiert.

Üblicherweise dauert es nur ein halbes Jahr, ein Gecekondu abzureißen und einen Neubau hochzuziehen. Die Qualität ist dann allerdings nicht unbedingt hochwertig. Die Wände sind dünn, der Stuck aufgeklebt. Nichts ist massiv, alles nur Blendwerk. Sogar die Platten um den Pool herum liegen oft schief. Es gibt Auflagen, dass Neubauten erdbebensicher errichtet werden müssen. Doch meist hält sich niemand daran. Dass die Besitzer sich selbst damit am meisten schaden, vergessen sie.

Die richtig Reichen hingegen sparen nicht an den Handwerkern und Baumaterial, das sie aus dem Ausland beziehen. Der Wert so manchen Eigenheims in Bebek liegt dann schnell bei mehreren Millionen. Und die soll man auch sehen. Hier gilt es als schick, seinen Reichtum zu präsentieren. Mit viel Bling-Bling oder mit Stil – in jedem Fall muss ersichtlich sein, dass alles vom Feinsten ist. Zäune und Hecken sind hier verpönt, die Leute sollen schon von der Straße aus sehen, dass Geld vorhanden ist. Und in den umliegenden Cafés bestellen Menschen wie ich eine Käseplatte mit vier Sorten; die hier Ansässigen hingegen nehmen grundsätzlich die extragroße Platte mit mindestens zwanzig Sorten zur Auswahl. Auch wenn davon nur ein Stück angeknabbert wird, weil man wegen des neuen Dior-Kleides auf Diät ist.

Noch dekadenter als in Bebek wohnt man nur noch in Beykoz, quasi das Blankenese auf der asiatischen Seite der Stadt, oder in Yeniköy, wie das vergleichbare Viertel auf der europäischen Seite des Bosporus heißt. Hier lässt man sich allerdings ganz untypisch nur noch vom Wasser aus auf die goldenen Teller gucken.

Lange ist es her, dass wir mit unserem orangefarbenen Mercedes die Könige der Straße waren, heute sieht mich keiner mehr respektvoll an. Selbst das Gütesiegel »Made in Germany« hat seinen Glanz verloren.

Meine Wohnung im bescheidenen Yeşilköy wird mit Sicherheit keine Luxushöhle werden. Dazu fehlt mir das Geld, aber auch die Lust. Und eine Wohnung wird nicht durch Geld schön, sondern durch Liebe. Meine Wohnung soll ein Zuhause werden. Für mich und meine Tochter. Aus einer Kiste ziehe ich ein Foto hervor. Johanna und ich beim Grillen auf der Wiese vor Schloss Bellevue in Berlin. Feierlich stelle ich es auf das wacklige Ikea-Regal. Erst jetzt wird mir richtig bewusst, dass ich tatsächlich hier leben will. Langsam traue ich mich vielleicht, die Hintertür zu schließen, die ich in Deutschland offen gehalten habe. Für meine Tochter wird es sicher eine noch größere Umstellung. Sie ist durch und durch Berlinerin. Aber zusammen werden wir es schaffen.

Ich vermisse meine Tochter so sehr, dass ich sie gleich anrufe, um ihr zu erzählen, dass ihr Zimmer bald fertig sein wird.

»Ich will es rosa haben«, fordert meine Kleine, und sentimental, wie ich gerade bin, verspreche ich ihr, die Wände rosa zu streichen.

Immer diese Integrationsverweigerer

Warum nennt man etwas, das nicht freiwillig an der Wand hängen bleiben will, Hängeschrank? Ich meine den kleinen Badezimmerschrank, mit dem ich seit geraumer Zeit herumhantiere. Die Kunst beim Anbringen besteht darin, den Hängeschrank waagerecht an die richtige Stelle zu positionieren. Am besten stellt man eine Wasserwaage auf die obere Abdeckung, damit man ganz genau sehen kann, wie sich die Wasserblase exakt zwischen den Strichen, die die Mitte markieren, einpendelt. Damit ich diesen Vorgang beobachten kann, brauche ich einen Stuhl, auf den ich mich stelle, weil ich sonst nicht auf Augenhöhe mit der Markierung auf der Wasserwaage bin. Als ich endlich die richtige Höhe ausgemacht habe, indem ich, kunstvoll auf einem Bein stehend, die Unterkante des Badezimmerhängeschrankes mit dem Knie des angezogenen anderen Beines stabilisiere, lehne ich mich seitlich in den Schrank hinein, um ihn mit dem Unterarm an die Wand pressen zu können. Das ist außerordentlich wichtig, um die Oberkante des Schranks greifen zu können. Wichtig dabei ist es auch, möglichst keine hastigen Bewegungen zu machen, sonst verrutscht die Positionierung, und man kann die ganze Prozedur wieder von vorne beginnen.

Jetzt hole ich den Bleistift aus meiner Gesäßtasche, nehme ihn in den Mund und fingere an der Innenseite des Schrankes nach dem ersten Loch für die Wandhalterung. Dann nehme ich den Stift aus dem Mund, führe ihn an das ertastete Loch in der Hängeschränkchenrückabdeckung und bringe eine Markierung auf der Wand an. Schließlich tauche ich mit der Hand unter dem im rechten Winkel an die Wand drückenden anderen Arm durch, bewege sie vorsichtig, jede Hüftdrehung vermeidend, zur anderen Halterungsöffnung, um das zweite Bohrloch durch die Rückwand zu markieren. Und während ich gerade diese Phase der Selbsterfahrung bis hin zur vollendeten Körperbeherrschung durchlebe, klingelt mein Handy.

Obwohl mein Bedürfnis nach einer Unterhaltung gegen null tendiert, ist die Konzentration dahin, mein Knie gibt nach, der Schrank kippt nach links, mit einem leisen Schleifgeräusch rutscht die Wasserwaage vom Badezimmerhängeschränkchen und landet zielgenau in der Toilette. Ich lasse den Bleistift los, um eine Hand frei zu bekommen, damit ich das Schränkchen noch zu fassen kriege, bevor es mir mein Gleichgewicht auf dem Stuhl raubt. Puh, gerettet. Der Schrank bleibt heil. Und ich auch.

Wenn ich diesen Mistschrank schon alleine an die Wand dübeln muss, soll man mich, wenn mir schon niemand zur Hand geht, auch bitte in Ruhe lassen. Da überholt blitzartig ein zweiter Gedanke den ersten: Es könnte Cenk sein! Und da der rechte Arm, der verdreht im Schrank eingeschlafen ist, ausfällt, fingere ich mit der linken Hand mein Telefon aus der rechten Tasche meines Baumarktoveralls. Tatsächlich, er ist es, und mein Herz schlägt bis zu den Ohren.

»Was machst du?«, fragt er mich.

Ich bemühe mich, auf die Schnelle etwas Wichtiges zu sagen, aber es herrscht Generalstreik in meinem Oberstübchen. Ich will nicht, dass er merkt, wie einsam ich mich in Istanbul eigentlich fühle. »Ich probiere hier gerade ein paar neue Yogafiguren aus«, sage ich schließlich, »und nebenbei versuche ich, so ein kleines Schränkchen im Bad aufzuhängen.«

»Lass den Schrank stehen, den hänge ich dir heute Abend auf. Entknote dich aus deinem Sonnengruß, ich hole dich in einer halben Stunde ab.« Noch bevor ich etwas entgegnen kann, hat Cenk schon wieder aufgelegt.

Dreißig Minuten? Ist er wahnsinnig geworden? Wie soll ich es bloß schaffen, in so kurzer Zeit vom Baustellengespenst zur Bosporus-Beauty zu mutieren? Bevor ich in Panik gerate, fällt mir glücklicherweise ein, dass in Istanbul aus einer halben Stunde gut und gerne auch mal eine ganze werden kann.

Nachdem ich alle Farbreste vom Lackieren eines alten Stuhls mit einer Nagelbürste von Händen und Gesicht abgeschrubbt habe, kann ich mich endlich umziehen. Seit dem ersten Tag bin ich vom Wetter in Istanbul begeistert. Es ist so beständig, nie muss ich damit rechnen, dass es einen Temperatursturz von 20 Grad von einem auf den nächsten Tag gibt, wie in Berlin. Ich entscheide mich für ein schlichtes dunkelblaues Chiffonkleid und kombiniere es mit flachen, goldenen Sandalen. In meinem Gesicht muss ich noch ein wenig Hand anlegen, Cenk hat bisher nicht nach meinem Alter gefragt. In Berlin käme das gleich nach den Fragen, in welchem Kiez ich wohne und was ich beruflich mache. Sein eigenes Alter hat er selbst mal nebenbei erwähnt. Im Fischrestaurant meinte er, dass er mit 38 Jahren langsam in einem Alter sei, in dem er eine Entscheidung treffen müsse, wie er sich sein zukünftiges Leben vorstelle. Vier Jahre jünger als ich, denke ich, als ich meine Haare zu einem Pferdeschwanz zusammenbinde. Vier Jahre jünger lässt diese Frisur mich mindestens aussehen, das weiß ich.

Als Cenk klingelt, sind genau sechzig Minuten seit unserem Telefonat vergangen. Wie froh bin ich, dass ich die Zeitrechnung in dieser Stadt längst verinnerlicht habe. Ein echtes Zeichen dafür, dass ich angekommen bin. Als er mich an der Tür in Empfang nimmt, will er sich für seine Verspätung entschuldigen, aber bevor er etwas sagen kann, entgegne ich: »Der Verkehr, ich weiß«, und begrüße ihn lächelnd mit zwei Küssen auf die Wangen. »Wohin fahren wir?«, frage ich ihn neugierig.

»Eine Überraschung«, antwortet er und lächelt verschmitzt. Ich lehne mich zurück und male mir aus, wohin er mich wohl bringen wird. Vielleicht in dieses romantische Restaurant oberhalb der Bosporusbrücke, von wo aus man einen fantastischen Blick auf Istanbul hat, auf der einen Seite sieht man die Fatih-Sultan-Mehmet-Brücke und auf der anderen Seite die Rumeli-Hisari-Burganlage. Pelin hat mir vom Doğatepe in Hisarüstü erzählt und es mir für ein Date mit Cenk empfohlen. Es sei der Ort, an dem die meisten ersten Dates von Istanbul stattfänden, sagte sie und fügte zu meiner Beruhigung hinzu: »Keine Sorge, es ist kein Fischrestaurant, aber der perfekte Ort, um deinem canim deine Liebe zu gestehen.«

Cenk spricht im Auto kein Wort, auch ich schweige und schaue träumend aus dem Fenster. Die Stadtteile, durch die wir fahren, kenne ich nicht. Zumindest ist unsere Strecke definitiv keine Busroute, denn die würde ich sofort wiedererkennen. Mittlerweile kenne ich nämlich alle Busstrecken Istanbuls auswendig. Wir fahren an Beşiktaş und dem Stadion vorbei, wo wir unseren Fußballabend zusammen verbracht haben. Ich schaue Cenk an und merke, dass ich mich ziemlich in ihn verliebt haben muss, weil plötzlich mein Puls rast, als er meinen Blick kurz erwidert und mir zuzwinkert, um sich dann wieder auf den Straßenverkehr zu konzentrieren.

Cenk parkt seinen Wagen vor einer beeindruckenden Villa. Auf dem Dach weht eine Deutschlandfahne. »Wo sind wir hier?«, frage ich ihn, aber er antwortet nur: »Das werden Sie gleich sehen, Fräulein Akyün.«

Fräulein, wie süß das klingt, wenn er es sagt. Und wie lange ich das nicht mehr gehört habe.

Am Eingang lese ich auf einem messingfarbenen Schild: »Sommerresidenz der Deutschen Botschaft«. Die Lage der Residenz in Tarabya, etwa fünfzehn Kilometer vom Istanbuler Stadtkern in einer kleinen Bucht, ist atemberaubend, und das Gebäude ähnelt mehr einem Märchenschloss als einer Botschaft. Ich hatte in Berlin über das Haus gelesen. Die Sommerresidenz soll, wie es der damalige Bundespräsident Wulff bei einem Staatsbesuch ausgedrückt hat, die deutsch-türkische Verbundenheit stärken. Sie ist ein Stück der Geschichte des deutschen Kaiserreiches. Das Grundstück, auf dem sich die Villa befindet, hatte Abdulhamid II. 1880 dem Deutschen Reich zur diplomatischen Nutzung geschenkt. Intern soll der Sultan angeblich gesagt haben:»Gebt ihnen etwas Grund am Wasser, die sind so dreckig.« Damals war es eben viel schicker, in den Bergen zu residieren.

Heute finden in der Residenz viele kulturelle Veranstaltungen statt. Wie auch heute Abend: Es steht das Konzert eines berühmten türkischen Pianisten an. So ganz hat Cenk seine deutschen Wurzeln wohl doch nicht gekappt, denke ich, als er sich am Eingang auf Deutsch anmeldet. Gerade steckten wir noch im Verkehrschaos des Istanbuler Nachtlebens, fuhren an der beleuchteten Bosporusbrücke vorbei, und nun stehe ich inmitten einer deutschen Enklave. Cenk stellt mir einige Leute vor. So lange habe ich mich nicht mehr deutsch gefühlt, und plötzlich ist alles wieder da, diese Sicherheit, die mir die deutsche Sprache vermittelt.

»Hatice, ich möchte dir gerne jemanden vorstellen«, sagt Cenk wieder. »Das ist Herr Urbschat, der deutsche Konsul in Antalya.«

»Freut mich sehr, Sie endlich persönlich kennenzulernen.«

Ich zucke zusammen, woher kennt der mich denn, frage ich mich, antworte aber ganz bescheiden:»Ganz meinerseits, Herr Konsul.« Auch höfliche Floskeln habe ich gleich parat.

»Darf ich Ihnen gestehen, dass ich Ihre Bücher verschlungen habe? Freunde haben mir Ihre Bücher geschenkt, bevor ich meinen Posten als Konsul antrat.«

»Oh, das freut mich sehr, vielen Dank für das Kompliment!«

Cenk schaut mich mit großen Augen an. Ich hatte ihm bisher nicht erzählt, dass ich auch Schriftstellerin bin, sondern ihm nur gesagt, dass ich als Journalistin für eine Tagesszeitung in Berlin arbeite.

»Frau Akyün, um gleich mit der Tür ins Haus zu fallen: Würden Sie nach Antalya kommen und dort eine Lesung halten?«

Ich gebe dem Konsul meine E-Mail-Adresse und bitte ihn, mich in den nächsten Tagen zu kontaktieren. Ein Gong ertönt, das Signal, dass das Konzert beginnt.

Beschwingt durch großartige Klaviermusik laufen Cenk und ich nach dem Konzert durch den traumhaften Park mit den Gästehäusern, aber Cenk bleibt stur auf seiner Seite der Demarkationslinie. Er setzt keinen Fuß auf mein Territorium. Was hat er eigentlich mit mir vor? Hat er überhaupt etwas vor und wenn, wann denn bitte schön? Er kann mir doch nicht den Kopf verdrehen und mich dann orientierungslos durch Istanbul irren lassen.

Warum ich nicht selbst die Initiative ergreife, ist sonnenklar. So viel Türkin steckt in mir, oder anders gesagt: So deutsch werde ich nie werden. Ich bin keine Frau, die Wert darauf legt, sich in Sachen Dates und Verführungskünste zu emanzipieren. Ich möchte erobert werden. Für mich ist es kein Problem, jemandem zu zeigen, wenn ich ihn mag. Das zu erkennen und etwas daraus zu machen, ist dann aber seine Sache.

Cenk bleibt ganz und gar Gentleman. Als wir jeden Winkel des Parks erkundet haben, fährt er mich zurück. Warum hat er mich beim Spaziergang nicht geküsst? Oder zumindest ein Zeichen gegeben, dass er es will? Kann er jetzt nicht meine Gedanken erraten? Ein wenig enttäuscht bin ich schon, deshalb gebe ich ihm zum Abschied nur die Hand.

»Oh, kaum bist du ein paar Stunden unter deutschen Landsleuten, bist du schon wieder ganz Form und Benimm?« Trotz des flapsigen Spruchs blitzt kurz seine Unsicherheit durch, als er zögernd meine Hand ergreift. Er hält sie einen Moment zu lange fest. Das zeigt, dass er wohl wie ich selbst nicht genau zu wissen scheint, wohin es mit uns gehen soll.

So schnell habe ich die Nachricht des Konsuls dann doch nicht erwartet. Schon am nächsten Morgen liegt die Mail in meinem Postfach. Er schreibt, dass am Wochenende in Antalya deutsch-türkische Freundschaftstage veranstaltet werden und er sich sehr freuen würde, wenn ich dieses Fest mit einer Lesung bereichern könne. Warum eigentlich nicht, denke ich mir und sage dem Konsul kurz entschlossen zu. Das hat erstens den Vorteil, dass ich mich vor der Arbeit in meiner Wohnung drücken kann, und zweitens, dass ich Cenk Zeit gebe, über uns nachzudenken. Meine türkischen Freundinnen würden jetzt bestimmt sagen, dass nun »naz« angeraten sei, ich mich also nach türkischer Manier zieren solle. Fatma dagegen würde mich ermahnen: »Fazla naz aşık usandırır – Zu viel Ziererei lässt die Liebe ermüden.« Aber einige Zeit ohne Kontakt wird uns sicherlich guttun.

Zwei Tage später sitze ich in der ersten Maschine nach Antalya. Inlandsflüge sind in der Türkei so etwas wie Bus fahren. Die Bahn hat den Anschluss verpasst. Man hat es in den letzten Jahrzehnten versäumt, das Schienennetz auszubauen; nur 20 Prozent der Strecken sind elektrifiziert. Die Überlandbusse und der Autoverkehr überhaupt haben die Bahn abgehängt, trotz aller Meldungen über Horrorunfälle auf den Landstraßen und Autobahnen. Und zwischen den großen Städten und den Ballungszentren gehen Flieger im Stundentakt. Fliegen ist auch nicht besonders teuer, verglichen mit den Preisen in Deutschland wohlgemerkt.

Nun werde ich die erste Lesung meines Lebens ausschließlich vor türkischen Landsleuten halten. Ich gehe davon aus, dass mein Publikum aus türkischen Rückkehrern bestehen wird und vielleicht aus Deutschtürken, die mittlerweile in Antalya arbeiteten. Doch da soll ich mich täuschen.

Der Konsul holt mich am Flughafen ab und will mich unbedingt zum Mittagessen einladen. Ich habe wirklich mit allem gerechnet, sogar mit einem Fischrestaurant, aber ganz sicher nicht mit einem Edelitaliener.

»Herr Konsul«, sage ich, »wenn ich in der Türkei bin, gehe ich doch nicht italienisch essen. Gibt es denn in Antalya keine traditionelle türkische Küche?«

»Oh, glauben Sie mir«, antwortet er, »was Besseres als Gino finden Sie hier nicht. Jeder, der es sich leisten kann, kommt hierher.«

Nun ja, es ist, wie ich es befürchtet habe. Türken versuchen, italienisch zu kochen. Ähnlich wie in Berlin, wo Bosnier italienische, Türken kreolische und Deutsche griechische Küche anbieten. Der Mozzarella schmeckt fad, das Lamm sehr nach einem türkischen Rezept, und der Espresso hat natürlich keine Crema.

Man könnte meinen, dass ich auf typisch deutsche Weise an allem herumnörgele. Weit gefehlt. Es stört mich nur, dass man sich hier an einem der beliebtesten Urlaubsziele der Deutschen offenbar bemüht, die Gäste möglichst nicht mit etwas Ungewohntem zu konfrontieren, das ihrer Erholung im Wege stehen könnte. Mittelprächtige Italiener halten das niedrige Pizza-Niveau der deutschen Heimat. Wenn ich mit meiner Tochter in Berlin unterwegs bin, fragt sie oft, ob sie ein Stück »deutsche Pizza« bekommen kann. Das sind diese großen, fetttriefenden Stücke aus dickem Teig mit zwei Salamischeiben und einer großen Portion geschmolzenem Mozzarella, die an Imbissbuden verkauft werden. Das Leben sollte aber doch nicht nur aus Wiederholungen bestehen. Und wenn überall alles gleich ist, geht nicht nur die Neugier auf Neues verloren, sondern auch die Faszination durch andere Kulturen. So und nur so meine ich das.

Vor der morgigen Lesung hat mir der Konsul für den Nachmittag noch eine ganz besondere Aufgabe angetragen. An der Universität von Antalya soll ich türkischen Studenten, die an einem Austauschprogramm teilnehmen werden, Deutschland erklären. Sie haben viele Fragen, da niemand von ihnen bisher in Deutschland war. Sie fragen nach den kulturellen Unterschieden, und wie sie denn so seien, die Deutschen.

Um mich nicht gleich in der deutschen Tagespolitik zu verfangen, richte ich zunächst den Fokus auf den deutschen Universitätsalltag. Nahezu an jeder deutschen Universität, beginne ich meinen Vortrag, seien rund ein Viertel der Studenten aus dem Ausland. Das fange mit Albanien an und ende mit Zimbabwe. In den Studentenstädten tummele sich, auch wenn meine türkischen Zuhörer es sich vielleicht nicht vorstellen könnten, ein buntes, internationales Völkchen. Früher sei das Gros der ausländischen Studenten aus Westeuropa und den USA gekommen, erkläre ich, heute seien auch Osteuropäer und Asiaten darunter sowie Studenten aus dem arabischen Raum und aus Afrika. Mir scheint wichtig, das zu erwähnen. Bei aller Kritik an zu Hause, wobei nur ich merke, wie selbstverständlich ich Deutschland immer noch »zu Hause« nenne, die Universitäten sind international besetzt und von internationalem Rang, während es mit der Internationalität türkischer Hochschulen nicht weit her ist, an denen höchstens ein paar Studenten aus den unmittelbaren Nachbarländern eingeschrieben sind.

Aber die Studenten lassen nicht locker, fragen immer wieder nach, was die Deutschen denn ausmache. Gut, dann ein bisschen Landeskunde. »Die Norddeutschen haben einen trockenen Humor, sind aber ausgesprochen maulfaul. Süddeutsche feiern gerne, sind herzlich, neigen aber zur Selbstgefälligkeit. Ostler und Westler tolerieren sich, aber echte Zuneigung sieht anders aus. Und jedes Bundesland lebt gewisse Unterschiede, was den inneren Zusammenhalt des ganzen Landes ausmacht«, lautet mein Rundumschlag. »Alles, was ich Ihnen hier näherzubringen versuche, ist, dass diese Weisheiten die Quintessenz meiner gesammelten Vorurteile sind, ohne empirische Studien und jedwede Beweiskraft«, sage ich ironisch und ernte Gelächter und Applaus.

Am Ende meiner launigen Vorlesung fragt einer der Studenten: »Und die Deutschtürken, was ist mit denen?«

»Sie haben bestimmt gelernt, dass sich die Türkei aus 16

Ethnien zusammensetzt. Aber ich verrate Ihnen etwas, es sind genau genommen 17. Die Deutschtürken sind nämlich eine eigene Ethnie oder sagen wir, Spezies.« Wieder Gelächter. »Und wie läuft es mit der Integration?«, will eine Studentin wissen.

»Ich glaube, Zugewanderte aus der Türkei sind mehr Berliner, Münchner und Duisburger, als dass sie Istanbuler, Izmirer oder Trabzoner sind«, antworte ich. Und irgendwann seien sie eben Deutsche, nur dass viele das noch nicht eingesehen hätten. »Ein Hamburger Deutschtürke hat eindeutig eine andere Lebensweise als ein Stuttgarter Deutschtürke. Beide sind aber Deutsche und bleiben in der türkischen Kultur verwurzelt, die sich aus der Heimat der Vorfahren speist.«

Ich füge noch an, dass es keine perfekte Bedienungsanleitung für Deutschland gebe. Man könne aber sehr gut ankommen in diesem Land, wenn man auf Menschen trifft, denen es um Menschen geht und nicht um die Herkunft.

Hinterher fällt mir auf, mit wie viel Verständnis, Zuneigung und auch ein wenig Stolz ich mein deutsches Land vor diesen Studenten präsentiert habe. Obwohl ich mich doch ständig darüber empöre, wie vieles im Argen liegt. Aber davon wollte ich den Studenten heute nichts erzählen. Sie sollen ihre eigenen Erfahrungen machen. Und ich hoffe sehr, dass es nur gute werden. In jedem Fall sind sie alle neugierig auf Deutschland, das ihnen so schön, so reich, so modern und so leistungsfähig erscheint. Und irgendwie ist es das ja alles auch. Wenn ich ehrlich bin, bin ich ganz froh, dort aufgewachsen zu sein. Und ich bin auch froh, dass meine Tochter dort zur Schule gehen wird. Oh nein, wird sie das?

Bevor ich wieder anfange, Berlin gegen Istanbul abzuwägen und Cenk gegen Johanna in die Waagschale zu werfen, rufe ich sie schnell an.

»Mama, warum darf ich zu Hause keine Schokolade im Bett essen?« Die Einstiegsfrage meiner Tochter zeigt, dass es höchste Zeit wird, eine Entscheidung zu treffen. Entweder ich hole sie bald zu mir, oder ich muss zurück nach Berlin. Das großmütterliche Erziehungsprogramm, wenn es denn überhaupt eines gibt, entspricht so gar nicht meinen Vorstellungen.

»Weil es Flecken gibt.«

»Gar nicht, ich kann Schokolade essen, ohne zu krümeln.« Ich will gar nicht wissen, wie oft sie in meiner Abwesenheit krümelfreies Schokoladeessen trainiert hat. »Weil du sowieso nicht so viel Schokolade essen sollst«, schließe ich das Thema diktatorisch und unpädagogisch ab. »Gib mir mal Oma«, fordere ich meine Tochter auf.

»Die ist nicht da«, behauptet sie prompt.

Ich möchte mich nicht mit ihr streiten, dazu vermisse ich sie zu sehr. So lasse ich alle Erziehungsmaßnahmen ruhen und lausche ihren Kinderzimmerberichten, bis das Akku meines Handys dem Gespräch ein jähes Ende setzt.

Ein Taxi bringt mich ins Hotel, es ist ein in die Jahre gekommener Familienbetrieb fast im Zentrum von Antalya. Die Dame an der Rezeption ist die Tochter des Hauses, die Hotelfachschule hat sie übrigens in Deutschland besucht. Mein Zimmer ist klein, aber gepflegt. Leider gibt es auf den Zimmern kein WLAN, sodass ich mich in die Lobby setze, um einen der dort aufgestellten Computer zu benutzen.

Es dauert nicht lange, bis ich mit der Tochter des Hauses ins Gespräch komme. Sie beklagt sich, dass fast alle Touristen in den All-inclusive-Herbergen wohnten, die Hotelanlagen nicht verließen und sich kaum jemand für die Stadt interessiere. Dabei hätte Antalya so eine wunderbare Altstadt voller Geschichte.

In Antalya gibt es eine halbe Million Hotelbetten, und dabei zählt die Stadt nicht einmal als Großstadt. Zum Vergleich: Berlin kommt auf rund 125.000 Betten, New York hat gerade mal 100.000. Allein fünfzig neue Hotels befinden sich derzeit hier im Bau. Antalya wird durch den auf schnellen Profit getrimmten Tourismus bald alles Liebenswerte verlieren. Hinzu kommt ein Preiskampf, dem die kleinen Familienhotels nicht standhalten können, sodass ihnen das Geld für überfällige Renovierungen fehlt.

»Die Zeche zahlen am Ende doch die Gäste, weil schlecht bezahlte Busfahrer, Köche und Hotelpersonal am Limit arbeiten und so zwangsläufig die Qualität auf der Strecke bleibt«, erklärt mir die Hotelierstochter.

Mag sein, dass ich hier eine neue Folge türkischer Verschwörungstheorien aufgetischt bekomme, allerdings ist mir tatsächlich aufgefallen, dass im Ort vergleichsweise wenig los ist. Weder Touristen noch das übliche Gewusel geschäftiger Türken kann ich entdecken. Lediglich viele in die Jahre gekommene Pärchen fallen mir auf, die ich anhand von Schuhwerk und Bekleidung als Deutsche identifizieren kann.

Am Abend sitze ich im Koç-Museum, das der gleichnamige Energie-, Handels-, und Technologiekonzern in der Stadt errichtet hat. Hier soll ich meine Lesung abhalten. Ich beobachte die nach und nach eintrudelnden Zuhörer. Einige Deutschtürken sind dabei, vielleicht Rückkehrer, und ganz viele Deutsche. Ja, so richtige Deutsche. Deutsche, die hier ihren Ruhestand genießen.

Die Deutschen, die nach Antalya kommen, sind alt genug, um ihre Rente zu verzehren, aber noch jung genug, um das restliche Drittel ihres Lebens in vollen Zügen auszukosten. Die Kinder sind aus dem Haus, das Leben ist aber noch nicht vorbei. Es sind überwiegend Paare, langjährig verheiratete, aufeinander eingespielte Zweierteams. Es sind aber nicht die Wohlstandspensionäre, die man an der Costa Brava oder mit Finca und Pool auf Mallorca findet, sondern ganz normale Rentner, die sich hier eine Wohnung für umgerechnet 250 Euro gemietet haben, ein Preis, für den sie in Deutschland niemals etwas Gleichwertiges bekommen hätten. Ob die Lebenshaltungskosten wirklich so viel günstiger sind, kann ich nicht mit Sicherheit sagen. Gemüse, Obst und Brot sind vergleichsweise preiswert, Fleisch und Drogerieartikel aber so teuer wie in Deutschland. Aber dafür bekommt man eine Hose für zwei Euro und ein Zehnerpack Socken für umgerechnet 50 Cent. Aus Baumwolle!

Und dann das Wetter. Das Lieblingsthema der Deutschen. Ein wesentlicher Grund, seinen Lebensabend hier zu verbringen, ist, dass das Klima viel milder und angenehmer ist. Was den großen Vorteil hat, dass gewisse Zipperlein erst gar nicht auftreten.

»Das sind meine Pappenheimer«, sagt der Konsul liebevoll und erklärt mir, dass die deutschen Rentner sich hier richtig heimisch fühlen. Kein Wunder. Das Meer vor der Nase, das schöne Klima und viele Türken, die ihre Sprache sprechen, also die deutsche Sprache.

Geschätzt leben etwa 20 000 bis 30 000 Deutsche in Antalya und im Nachbarort Alanya. Genaue Zahlen gibt es nicht, da ein deutscher Staatsbürger in der Türkei leben kann, ohne sich bei der Behörde offiziell anmelden zu müssen. Genauer gesagt, er kann sich neunzig Tage am Stück hier aufhalten. Dann braucht er ein Visum, was auch keine unlösbare Aufgabe darstellt, da man ja nachweisen kann, für seinen Lebensunterhalt selbst zu sorgen. Viele der deutschen Residents haben sich auch damit arrangiert, nach drei Monaten kurz die Wahlheimat gen Deutschland zu verlassen, um dann erneut für drei Monate einzureisen.

Die Versorgung im Krankheitsfall ist kein Problem, denn hier profitieren die Deutschen vom Sozialversicherungsabkommen mit der Türkei, das eigentlich den Türken das Leben in Deutschland erleichtern sollte: Deutsche können Leistungen von Vertragsärzten und in Krankenhäusern kostenlos erhalten, da der türkische Sozialversicherungsträger direkt mit der deutschen Krankenkasse abrechnet. Die Anmietung von Wohnungen ist ebenfalls problemlos. Der Kauf einer Wohnung gestaltet sich weitaus komplizierter, weil man die gleiche Bürokratiemühle durchlaufen muss wie die Einheimischen.

Die meisten der Silberhaarigen leben fast das ganze Jahr über in Antalya. Nur zu Weihnachten fliegen sie zurück in die Heimat, was eigentlich auch nicht mehr nötig wäre. Zumindest, wenn es ihnen nur um die Festbeleuchtung geht. In der Weihnachtszeit kann Antalya es fast mit Las Vegas aufnehmen.

In den Straßen von Antalya gibt es massenhaft Hinweisschilder auf Deutsch. Geschäfte werben mit dem Hinweis »Wir sprechen Deutsch«, das Restaurant München serviert Schnitzel und Bratwurst. Bei Lidl und im Media Markt vernimmt man deutsche Stimmen, es gibt ein Bauhaus, einen Praktiker Baumarkt, und sogar auf einen Aldi muss man nicht verzichten. Wobei die Ausbreitung der deutschen Discounter und Baumarktketten dann doch nicht den Zugewanderten zu verdanken ist, sondern dem Expansionsdrang deutscher Handelsriesen. Folglich werden die kleinen Einzelhandelsgeschäfte wie zuvor die deutschen Tante-Emma-Läden auch hier in die Knie gezwungen.

Wenn er gebrechlicher wird, zieht es den Deutschen in die Heimat zurück, um zu Hause mit deutscher Gewissenhaftigkeit und deutscher Hygiene gepflegt zu werden. Aber auch das wird sich bald ändern. Die ersten Seniorenresidenzen mit Tagespflege haben ihre Pforten in Antalya eröffnet. Und sogar auf den Friedhöfen der Region wird Platz geschaffen, damit deutsche Christen hier ihre ewige Ruhe finden können.

Die in Deutschland aufgewachsenen und nun wieder in der Heimat ihrer Eltern lebenden Türken reagieren geradezu sentimental auf meine Lesung. Und dann gibt es noch eine Gruppe im Publikum: deutsche Frauen, die der Liebe wegen in die Türkei gezogen sind. Eine Frau aus Jena spricht mich an und erzählt mir ihre Geschichte. Sie habe sich im Urlaub in einen der Animateure in der Klubanlage verliebt und pendelt seitdem alle drei Monate zwischen Jena und Antalya. Er möchte mit seinem Onkel hier im Basar ein Teppichgeschäft aufmachen und braucht dafür Geld. Sie könnte ihre Eigentumswohnung in Deutschland für seinen Traum verkaufen. Was also tun?

Klischees und Vorurteile sollte man ja tunlichst vermeiden; aber kommt es ihr nicht als Erstes in den Sinn, erst mal zu überlegen, wohin die Reise gehen soll? Wer weiß, wie fest und unerschütterlich dieses Paar zusammengehört? Wo die Liebe hinfällt, fällt sie hin. Wenn er als Animateur in einer Hotelanlage arbeitet, liegt es doch nahe, dass er mit seiner Ausbildung derzeit keinen besseren Job findet. Was ihn ausgerechnet zum Teppichhändler qualifiziert, ist nicht ersichtlich. Dass sich aber sein Risiko, auf die Nase zu fallen, durch ihr Geld minimiert, sie selbst aber bei seinem Scheitern alles verlieren kann, liegt auf der Hand.

Würde Cenk auch so vernünftig an solche Fragen herangehen? Werde ich eines Tages vielleicht wegen ihm alles in Deutschland aufgeben? Vielleicht ist es meine Angst davor, aus romantischen Gründen eine falsche Entscheidung zu treffen, die jetzt und hier meinen klaren Realitätssinn noch verschärft. Der Frau aus Jena will ich jedenfalls weder die Hoffnung nehmen, noch sie darin bestärken, sich auszuliefern, und so rate ich ihr:»Wenn Sie eine eigene Wohnung in Deutschland haben und einen gut bezahlten Job, warum überlegt er nicht ernsthaft, in Deutschland Fuß zu fassen?« Wenn sie wirklich glaube, dass er auch für sie bereit wäre, alles aufzugeben, was ihm wichtig ist, dann könne sie auch alles für ihn aufgeben.»Nehmen Sie mal die rosarote Brille für einen Moment ab und blicken ganz nüchtern auf die Sache«, füge ich noch weise hinzu.

Die Dame reagiert auf meinen Ratschlag allerdings verwirrt. Entweder weiß sie nicht, dass ich aus dem Ruhrgebiet komme, wo man »dat Kind beim Namen nennen tut«, oder sie hat eine ganz andere Antwort erwartet. Irgendwie verliere ich die Dame aus Jena dann aus den Augen. Vermutlich geht sie mir aus dem Weg, denn so unübersichtlich ist das Koç-Museum gar nicht.

Am späten Abend stellt sich mir ein Vertreter einer deutschen Pumpenfirma vor. Mit seiner wuchtigen Art verschafft er sich nicht nur Platz an meiner Seite, sondern lenkt das Thema auch gleich auf den Punkt, auf den es ihm ankommt: auf den Tourismus. Einer seiner Sätze geht mir nicht mehr aus dem Kopf:»Wenn die hier mal begreifen würden, was das für ein Paradies sein könnte; wenn man sich nicht fragen würde, warum so viele kommen, sondern warum so viele nicht mehr kommen.« Er spielt damit auf den einzig auf Masse und schnelles Geld hin orientierten Tourismus an, der seiner Meinung nach nur den Konzernen Geld in die Kasse spült, die Region auslaugt und kaum den Menschen hier zugutekommt.

Und dann beschleicht mich die Ahnung, dass ich noch weit davon entfernt bin, wirklich in der Türkei angekommen zu sein. Aus Deutschland bin ich weg, weil ich von dem alten Muff fliehen wollte, der sich immer noch einer modernen, bunten Gesellschaft entgegenstellt. Hier genieße ich das schnelle Leben, das Unkomplizierte, das Leichtlebige und die ungeheure Dynamik. Aber während ich mich in Deutschland oft vom Klein-Klein erschlagen lasse und den Blick auf das Ganze verliere, lasse ich mich hier von der glänzenden Fassade blenden. Hinabgestiegen in die Mühen des Alltags in dieser vielschichtigen türkischen Gesellschaft bin ich bislang noch nicht.

Ich fahre mit dem Taxi zurück ins Hotel. Im kleinen Saal spielt eine Band vor wenigen Gästen. Eigentlich würde ich gerne noch einen Absacker nehmen, aber meine Sozialkontaktquote ist für heute mehr als erfüllt, und ich gehe auf mein Zimmer. Die Klimaanlage rattert im Takt der Musik, die von unten zu mir hochdringt. Zu der Coverversion von »Anton aus Tirol« schlafe ich über dem Gedanken ein, ob mittelständige Dreisternehotels, die ihren harmlosen Gästen eine solche Musik zumuten, es wirklich verdient haben, erhalten zu bleiben.

Der nächste Morgen quetscht sich mit der aufgehenden Sonne durch die Vorhänge aufdringlich in mein Zimmer hinein. Da mein Flug erst am Nachmittag geht, beschließe ich, mir die Altstadt von Antalya anzuschauen. Vor einer Bäckerei entdecke ich ein Schild, auf dem steht:»Özel teklif« – »Heidi-Brot«. Heidis Brot interessiert mich. Als Durchschnittsdeutsche gehört deutsches Brot zu den Errungenschaften, die ich am meisten vermisse, wenn ich im Ausland bin. Das Heidi-Brot ist aus Dinkelteig gebacken und mit Walnüssen durchmischt. Ich überlege keine Sekunde und kaufe sofort eins. Der deutsche Bäcker, den es vor vielen Jahren nach einem Urlaub hierherverschlagen hat, gibt mir den Tipp, das Brot in ein Leinentuch einzuwickeln. So würde es gut zehn Tage frisch bleiben. Wie Türken ihn wohl ansehen, wenn er ihnen diesen Tipp gibt? Hier wird üblicherweise jeden Tag Brot gekauft, damit es möglichst frisch ist. Und wer jemals versucht hat, ein türkisches Brot zu lagern, wird merken, dass es nach zwei Tagen nur noch den Enten im Teich zuzumuten ist.

Einen Pfannkuchen mit Marmeladenfüllung, außerhalb Berlins auch als Berliner bekannt, verputze ich gleich im Stehen. Dazu gönne ich mir einen Kaffee. Wie gut deutscher Filterkaffee in Bahnhofsqualität doch schmecken kann, wenn man Heimweh hat. Auf der gegenüberliegenden Seite entdecke ich einen Optiker, der mit deutscher Werbung auffallen will.»Gleitsichtgläser zum Festpreis« und»Sonnenbrille in Sehstärke« steht in großen Buchstaben auf der Fensterscheibe des Geschäftes. Am Schwarzen Brett der Bäckerei hängt ein Aushang auf Deutsch und Türkisch, der auf einen Garten- und Balkonwettbewerb hinweist. In drei Kategorien können die schönsten Bepflanzungen gemeldet werden. Der erste Preis ist der Erlass der Wasser- und Abwassergebühren für ein Jahr. Kurz glaube ich mich in die Schrebergartensiedlung hinter unserem Zechenhaus in Duisburg versetzt. Liegt das nun an den zugezogenen Deutschen, oder entwickeln sich hier die ersten Ansätze einer Gartenzwergkultur?

Es ist Mittagszeit, und die Sonne von Antalya knallt fast

senkrecht auf mich herab. Das Thermometer zeigt zwar nur 35 Grad, aber sie fühlen sich an wie 50. Die Straßen sind menschenleer. Nur ein leichter Wind weht durch die Zeitschriftenständer vor den Kiosken. Hier flattern *BILD, Süddeutsche Zeitung, stern* und *BILD der Frau* in Harmonie neben *Hürriyet* und *Sabah*. Erstaunlicherweise gleichen die Titelseiten der deutschen Klatschblätter denen der türkischen Boulevardtitel. Eine aufgedonnerte blonde Schauspielerin, eine brünette Sängerin und namenlose halb nackte Models. Der Appell an die männlichen Urtriebe scheint auf der ganzen Welt ein völkerverbindendes Element zu sein. Seltsam, dass die meisten Zeitschriften dann doch von Frauen gekauft werden.

Für den Weg zum Flughafen breche ich mein Gelübde und nehme den Dolmuş, der direkt vor dem Hotel hält. Im Dolmuş sitzen zwei Ehepaare aus dem Rheinland. Ohne mir anmerken zu lassen, dass ich sie verstehe, lausche ich ihrer Unterhaltung.

»Ich sag jo immer levve un levve loße, ävver wann se ald dr Pries op de Kaate schrieve, mösse se doch domet rechne, dat mer rechne künne«, sagte der eine Ehemann.

Und seine Frau fügt hinzu:»Wat ich nit kapeere kann, do han se Mülltonn un Müllsäck, ävver trotzdäm schmieße se dä janze Dreck donevve.«

Woraufhin der zweite Mann entgegnet:»De sin esu gemötlich, setze dä ganze Dag eröm un spille Breddspille, un zo Hus verloddert dä Gaade.«

Jetzt kann ich mich nicht mehr zurückhalten und entgegne:»Na ja, bei 40 Grad zu gießen macht ja nicht so furchtbar viel Sinn.« Verblüfft darüber, dass ich sie verstanden habe, lachen sie herzlich, und ich mit ihnen.

Gemeinsam rollen wir unsere Trolleys in den Flughafen. Im Gebäude entdecke ich ein Ensemble an Müllbehältern: Glas, Plastik, Papier und Restmüll. Ich zupfe einer der Frauen am Ärmel und sage:»Sehen Sie, die Mülltrennung nach deutschem Vorbild setzt sich auch hier langsam durch.«

Woraufhin ihr Mann für sie antwortet: »Dat is och en Nevvestell vum Frankfurter Floghafe.« Womit er sogar recht hat. Der Flughafen von Antalya wird von der Fraport AG betrieben, die in Frankfurt ihren Hauptsitz hat.

Als ich im Flieger sitze, merke ich erst, wie sehr ich Cenk vermisse. Ich freue mich, ihn wiederzusehen. Kurz schlafe ich ein, und erst die harte Landung reißt mich aus meinem Traum voller Teppichgigolos, Sesamkringel mit Marmeladenfüllung und Gartenzwergen in Pumphosen.

Wenn man Wasser mit Öl vermischt, entsteht eine Emulsion. Das Gemisch trennt sich wieder, sobald man aufhört zu rühren. Ich muss noch ein bisschen weiterrühren, bis ich meine perfekte Mischung aus deutschem Wasser und türkischem Öl gefunden habe.

10
Der Besuch

Die Welt ist ein Dorf mit Internetanschluss. Jetzt bin ich schon Monate in Istanbul, und ich bekomme immer noch rund dreißig Mails täglich aus Deutschland. Und da ich Facebook sehr aktiv nutze, bin ich über alles, was in Deutschland geschieht, im Bilde. Meine Hoffnungen, von örtlichen Medien Aufträge für Reportagen und Artikel zu ergattern, haben sich bislang nicht erfüllt. Wohl auch deshalb, weil die türkischen Kollegen sich fragen, was ausgerechnet ich in dieser gut besetzten Medienstadt Besonderes beitragen könnte. Dabei wissen die bisher nicht einmal, dass meine auf Türkisch geschriebenen Texte stets noch fachmännischer Überarbeitung bedürfen. Und Vieldeutigkeit und Facettenreichtum sucht man in ihnen vergebens, meine türkische Schriftsprache fließt eher aus einem dicken Filzstift als aus einer Edelfeder.

Heute habe ich eine Mail von einem ehemaligen Kollegen aus Duisburg bekommen. Wir sind sogar befreundet, auch wenn wir uns einige Zeit aus den Augen verloren hatten, bis wir uns mithilfe von Facebook wiedergefunden haben. Seitdem versuchen wir, uns zu treffen, was uns aber bisher nicht gelungen ist.

»Liebe Hati, ein guter Freund von mir kommt nach Istanbul. Er wird sicher nicht viel Zeit haben, weil er sich um einen Kunden kümmern muss. Aber könntest du ihn ein wenig herumführen? Ich habe ihm schon erzählt, dass du dafür die einzig Richtige bist.«

Sollte ich noch einmal auf die Welt kommen, möchte ich bitte als Erstes das Wort »Nein« lernen. Nicht »Mama« oder »Papa«, und auch nicht »Ball«. »Nein« genügt, um das Leben selbstbestimmt führen zu können und um sich nicht anderen zuliebe ständig Dinge aufzuhalsen, von denen man selbst meistens rein gar nichts hat außer Stress. In Berlin war das in der ersten Zeit nicht anders, als ich fast jedes Wochenende Freunde oder Freunde von Freunden beherbergen durfte, weil sie alle gerade Berlin als Nabel der Welt entdeckten. Allerdings konnte ich in Berlin meinen Zwangsbesuchern unmissverständlich klarmachen, dass sie zwar bei mir übernachten durften, ich aber alles, was annähernd nach Sightseeingtour aussah, nicht mitmachen würde. Ich gab ihnen meinen Zweitschlüssel, Handtücher, Bettwäsche und einen Stadtplan, und sie ließen mich in Ruhe. Diesmal soll es andersherum sein. Auf gar keinen Fall brauchte ich in meiner halb fertigen Wohnung, in meinem unentschlossenen Zustand mit verliebt-verwirrten Stimmungsschwankungen, einen Gast. Also einen Gast, den ich gar nicht kenne – nicht einen, der ein alter Freund ist, der mir bei einer Flasche Wein den Kopf zurechtrücken könnte. So etwas könnte ich jetzt gebrauchen. Na ja, aber auch nicht unbedingt in meiner Wohnung. Außerdem kommt Johanna ebenfalls diese Woche an. Und für sie will ich wirklich Zeit haben. Wie lange haben wir uns nicht gesehen? Ich habe sie so wahnsinnig vermisst. Meine ganze Aufmerksamkeit werde ich ab sofort nur ihr widmen.

So schreibe ich meinem Duisburger Freund zurück, dass meine Wohnung noch nicht fertig renoviert sei, meine Tochter anreise und ich eigentlich keine Zeit hätte, jemanden durch die Stadt zu führen.

Und weil mein alter Freund mich schon eine Weile kennt, hakt er einfach noch mal nach: »Hati, könntest du nicht einen Nachmittag mit ihm verbringen? Ich habe ihm schon gesagt, dass das sicher klappen wird. Mir zuliebe, bitte!«

Typisch. Mein »Nein« ist zu schwammig. Das »eigentlich«

wird sofort ausgenutzt. Wir einigen uns darauf, dass er seinem Freund, er heißt Clemens, meine Mailadresse gibt und der mich kontaktieren kann, sobald er in Istanbul angekommen ist.

Am nächsten Tag bekomme ich auch schon die Nachricht. So bald habe ich sie wirklich nicht erwartet:»Sehr geehrte Frau Akyün, über unseren gemeinsamen Freund Michael habe ich den Kontakt zu Ihnen bekommen. Soviel ich weiß, sind Sie über meinen Istanbul-Besuch informiert. Seit heute bin ich in der Stadt. Die nächsten zwei Tage werde ich allerdings beruflich mit Beratungen beschäftigt sein und wollte Sie deshalb fragen, ob bei Ihnen anschließend ein Zeitfenster geöffnet ist, in dem ich Gelegenheit finden kann, Sie kennenzulernen. Als Termin schlage ich kommenden Freitag oder Samstag vor, jeweils um 12 Uhr. Ich wohne im Marmara-Hotel. Sie können mich am besten mobil erreichen. Falls Sie einen anderen Ort oder einen anderen Zeitpunkt für das Treffen wünschen, bitte ich um Vorschläge. Mit freundlichen Grüßen, Clemens Maxdorf.«

Die Mail liest sich in ihrer kargen, sterilen Distanziertheit, als ob geschiedene Leute über zwei Kontinente hinweg mithilfe ihrer Anwälte den Versorgungsausgleich erstreiten würden. Wir sind aber nicht geschieden, ich kenne den Menschen noch nicht einmal, und so droht das Treffen schon im Vorfeld zu einer richtig staubtrockenen Veranstaltung zu werden. Jetzt gehe ich mein Leben lang in Deutschland diesen freudlosen Brötchen aus dem Weg, um sie dann durch Istanbul begleiten zu dürfen. Aber ich mache es ja einem Freund zuliebe.

Ich verabrede mich mit Clemens Maxdorf für Freitag, 12 Uhr, am Taksim-Platz. Nun komme ich aus der Nummer nicht mehr raus. Ich überlege, was von meinem Istanbul ich diesem Frischling aus Almanya zeigen soll. Sowenig ich mir vorstellen kann, mit einem Gast die touristischen Höhepunkte Istanbuls abzuklappern, so offen muss ich gestehen, dass ich zwar einiges selbst schon gesehen habe, aber in keiner Weise so sehr mit der Geschichte der Stadt vertraut bin, dass ich mich als Stadtführerin sonderlich kompetent fühlen würde. Allein schon die Vorstellung, mich durch Dynastien und Epochen quälen zu müssen, verursacht mir schlechte Laune.

Meine Schwester Fatma reist ebenfalls aus Izmir an, um mir dabei zu helfen, einen Kindergartenplatz für Johanna zu finden. Als ich ihr am nächsten Tag auf dem Weg zum Flughafen von Clemens Maxdorf erzähle, versichert sie mir, dass sie meine Entführung inszenieren würde, wenn ich es nicht mehr aushielte. »Das wäre doch ein Urlaubserlebnis, das dieser Clemens nicht vergessen würde. Und du könntest nach deiner wundersamen Befreiung, quasi aus erster Hand, den Bericht für Deutschlands größte Klatschzeitung schreiben. Dann hättest du zwei Fliegen mit einer türkischen Klappe erschlagen.«

»Du bist eindeutig zu oft in der Sonne«, antworte ich.

Wir eilen durch die Gänge, um zum richtigen Gate zu gelangen. »Der Flieger hat doch sicher Verspätung«, versucht meine Schwester mein Tempo zu drosseln und in Erinnerung zu rufen, dass wir uns auf türkischem Boden befinden. Aber ich kann es nun kaum noch erwarten, meine Tochter in die Arme zu schließen. Ich renne fast und mir kommen die Tränen, als ich endlich am Gate ankomme und auf der Anzeigentafel sehe, dass die Maschine tatsächlich Verspätung hat. Ich fluche, wie Fatma es noch nie von mir gehört hat.

»Ich hole uns Kaffee«, schlägt sie vor, und ich bin dankbar, dass sie mich einen Moment allein lässt.

Als Fatma mit dem Kaffee zurück ist, wird endlich die Maschine ausgerufen. Ich stürme zum Eingang und starre auf die Tür, aus der Johanna gleich kommen wird. Dann schiebt eine Stewardess meine eingeschüchterte Kleine aus dem Gate, und ich stoße einen Mann beiseite, der seiner Frau den Koffer abnehmen will. Sein deutsches Gemeckere ist die ideale Untermalung für unser Wiedersehen. Meine Tochter fällt mir um den Hals, wir weinen und drücken uns, und ich bin der glücklichste Mensch auf der Welt. Wie konnte ich so lange ohne sie sein? Fatma nimmt der Stewardess den Koffer ab und gibt mir ein Zeichen, dass wir zum Auto gehen können. Erst jetzt hat Johanna die Möglichkeit, auch ihre Tante zu begrüßen, und erzählt dann von Oma, der Kita und ihren Freunden. In unserem neuen Zuhause angekommen, vergesse ich alles andere für die nächste Zeit. Meine Tochter bewundert die Wohnung, freut sich über ihr rosafarbenes Zimmer, in dem selbst Barbie schwindelig werden würde, sie will Schiff fahren, sie will mir ihre neue Puppe zeigen. Ihre Ideen und Erzählungen überschlagen sich, und ich bin froh, endlich mal keinen quälenden Gedanken nachgehen zu müssen. Ich bin Mutter. Das steht fest. Vermutlich auch eine deutsche Mutter, denn bei aller Wiedersehensfreude wird mir bewusst, dass die Großeltern die Erziehung haben schleifen lassen. Die Süßigkeiten, die die Kleine in ihrem Koffer mitgeschleppt hat, wären ein Fall für die Zollfahndung. So viel darf eine einzelne Person sicher gar nicht einführen, das ist schon Schmuggel im großen Stil.

Nach zwei Tagen Mutter-Kind-Chaos erinnert Michael mich per Mail an mein Versprechen: »Hast du Clemens schon getroffen? Er ist wirklich umgänglich, wenn man ihn erst einmal kennt, oder?«

Ich antworte, dass das Treffen noch bevorstünde. Dann kehrt prompt der Alltag einer alleinerziehenden Mutter bei mir ein. Wo soll ich denn Johanna lassen? Mein schlechtes Gewissen lässt es nicht zu, sie woanders unterzubringen, auch wenn Pelin sich gleich angeboten hat und meine Tochter bei unserem Kurzbesuch begeistert die Spielplätze in der Wohnanlage ausprobiert hat. Ich nehme sie lieber mit. Ein wenig Kultur kann auch ihr nicht schaden.

Das Irrwitzigste an dem Freundschaftsdienst ist, dass ich mich mit einem Typen auf dem belebten Taksim-Platz verabredet habe, von dem ich nicht einmal weiß, wie er aussieht. Wir haben auch keine rote Nelke im Knopfloch verabredet. Nichts. So beschließe ich, wenigstens überpünktlich zu sein.

Lange muss ich nicht nach meinem Besuch Ausschau halten. Clemens Maxdorf steht wie eine robuste deutsche Eiche am Denkmal der Republik. Er trägt Chino-Hosen, ein quer gestreiftes Ralph-Lauren-Polohemd, auf den Rücken hat er sich einen Rucksack von Jack Wolfskin geschnallt, in dessen Seitentasche eine Aluminium-Wasserflasche steckt, offenbar für den Fall, dass er in Istanbul an einem spontanen Triathlon teilnehmen muss. Unten herum trägt er Socklets, diese kurzen, knöchelhohen Socken, die wiederum in Wildlederslippern stecken, um dem geschätzt zwei Meter großen Mann Halt auf dem Asphalt zu geben. Eine randlose Brille und eine Swatch-Uhr ergänzen das Gesamtkunstwerk eines Repräsentanten der bundesdeutschen Exportwirtschaft.

Von hinten nähere ich mich meinem Nachmittagsbetreuungsfall an und frage rein rhetorisch: »Herr Maxdorf?«

Und er erwidert vorsichtig, als könnte ich eine Hochstaplerin sein: »Frau Akyün?«

Nach einem prüfenden Blick, dem ich tapfer standhalte, umschließt seine Hand die meinige und drückt sie fest. Auf der Kirmes in Duisburg standen früher diese Automaten, auf die man mit der Faust schlagen konnte, um zu erfahren, wie stark man war. Vermutlich hätte Clemens Maxdorf, seinem Händedruck nach zu urteilen, das Ding zum Explodieren gebracht.

Ich zeige auf Johanna, die sich hinter mir versteckt hat, um den Hünen unbemerkt zu begutachten. »Das ist meine Tochter, ich hoffe, es ist okay, dass sie mitkommt?«

Er nickt und begrüßt sie ebenfalls. Hoffentlich hält ihre Hand das aus.

»Was wollen wir machen?«, frage ich, und er antwortet: »Das überlasse ich ganz Ihnen.«

»Gut, dann trinken wir zuerst einen Kaffee hier um die

Ecke bei Starbucks«, lautet mein Vorschlag, ein diskreter Hinweis auf die hiesige Diaspora für Liebhaber einigermaßen erträglicher Kaffeegenüsse.

Clemens, wir hatten uns dann doch schnell auf das »Du« geeinigt, ist ein Handlungsreisender in Sachen Wirtschaftsprüfung, Aktienrecht, internationale Beteiligungen und Bilanzen. Rund zwei Wochen im Monat lebt er aus dem Koffer, weil seine Firma ihn im Auftrag von Klienten um die Welt schickt. Vermutlich ist er in seinem Job ganz gut, auf jeden Fall strahlt er eine schon fast beängstigende Selbstsicherheit aus.

Meine Sorge, als Stadtführerin Schiffbruch erleiden zu können, erweist sich allerdings als unbegründet. Als ich nachfrage, was er denn schon gesehen habe und noch sehen wolle, zückt er einen dicken Reiseführer, der mit Dutzenden gelben Post-it-Zetteln gespickt ist. Dann fischt er sein iPad heraus, auf dem er eine Liste der zu besuchenden Plätze und Sehenswürdigkeiten erstellt hat, die er wahlweise alphabetisch, nach Stadtteil oder Priorität sortieren kann. Zu jedem Objekt ist eine Auswahl von Fotos hinterlegt, und jedes Highlight ist mit Google Maps verlinkt, sodass man im Handumdrehen den kürzesten Weg dorthin finden kann. Als ich vorsichtig frage, ob er mir dieses digitale Wahnsinnswerkzeug auch auf mein iPad überspielen könne, erklärt mir Clemens, dass es sich hier um eine abgewandelte Form des Projektmanagementprogrammes handele, mit dem er in der Firma Bewertungen von Standorten durchführe, und das er nutze, um in fremden Städten seine knappe Freizeit optimal einzuteilen.

»Heißt das jetzt ja oder nein?«, frage ich zur Sicherheit noch einmal nach, weil ich die Antwort auf meine Frage aus den Worten dieses menschlichen Roboters nicht herausfiltern kann. Clemens bleibt in sein iPad vertieft. Er demonstriert mir seine personalisierten Eindrücke von der Sultan-Ahmet-Moschee und der Hagia Sophia sowie vom Topkapı-Palast mit seinen Schatzkammern. Den Harem, die Gartenanlage mit

Springbrunnen und goldenen Kuppeln, hat er auch schon besichtigt. Ich bin fast ein bisschen neidisch, weil ich es bisher nicht geschafft habe, diese Sehenswürdigkeiten abzuklappern. Ich war die letzten Wochen so sehr mit der Gegenwart und meiner Zukunft beschäftigt, dass ich für die Historie der anderthalbtausend Jahre alten Stadt keinen Sinn hatte.

Johanna ist die digitale Führung zu langweilig geworden. Sie stapelt Zuckerpäckchen und bemalt alles, was ihr in die Quere kommt. Wenn ich sie bitte aufzuhören, sieht sie mich nur empört an und macht weiter. Und weil ich vor Clemens nicht zetern will, lasse ich sie gewähren. »Ausnahmsweise«, betone ich, und sie lächelt siegesgewiss.

Die Hagia Sophia scheint es Clemens besonders angetan zu haben. Ihn fasziniert die frei schwebende Kuppel mit ihrer Spannweite von 32 Metern, und er berichtet begeistert von Tausenden Fayencen, die den Pavillon zieren. Vorsichtig frage ich nach, was er damit meine. »Fayencen stammen ursprünglich aus der italienischen Stadt Faenza und bezeichnen kunsthandwerkliche Keramiken, in der Regel weiß glasierte, mit Scharffeuerfarben, hier vor allem in Kobaltblau verzierte Fliesen«, klärt er mich lexikonreif auf, ohne auch nur einmal überlegen zu müssen. Langsam gewinne ich den Eindruck, ich sollte *ihn* um eine Stadtführung bitten. Clemens zeigt mir die Mosaiken und die wieder freigelegten Heiligenbilder aus byzantinischer Zeit. Als er schließlich auch noch über die Cisterna Basilica, den Versunkenen Palast, referiert, bin ich gewillt, zu kapitulieren. Mit leuchtenden Augen berichtet er von den 336 Säulen, die dieses Gewölbe tragen, und von der 80 000 Kubikmeter Wasser fassenden Zisterne, die von Kaiser Konstantin in Auftrag gegeben, aber erst von Kaiser Justinian fertiggestellt wurde. Vor genau 1500 Jahren.

Ich unterbreche ihn, um zu fragen, wann er denn Zeit hatte, all diese Orte zu besuchen. Er habe doch geschrieben, zwei Tage mit Kunden beschäftigt zu sein.

Er wird verlegen und erklärt mit hochrotem Kopf: »Na ja,

ich habe mir am ersten Tag alle Unterlagen geben lassen und sie in der Nacht durchgearbeitet. Am nächsten Morgen beim ersten Meeting habe ich meine Fragenkataloge an die Abteilungen gegeben und seitdem warte ich auf die Antworten. Montagabend will ich wieder zurück nach Deutschland fliegen, aber so wie es jetzt scheint, werde ich noch ein paar Tage dranhängen müssen.« Damit schließt er seinen detaillierten Bericht und scheint darauf zu warten, dass ich seinen verlängerten Aufenthalt in irgendeiner Weise kommentiere.

Aber auch wenn ich sogar ein klein wenig Lust hätte, mal alle touristischen Ziele der Stadt mit Hintergrundwissen anzureichern, fehlt mir die Zeit. Ich kann meine Tochter nicht gleich mehrere Tage auf Kulturtour schleppen, zumal meine Wohnung nun endlich fertig werden muss. Ich antworte Clemens also nicht direkt und bitte ihn, mir noch ein paar Sachen auf seinem iPad zu zeigen.

Die Meisterwerke von Mimar Sinan, dem berühmtesten und bedeutendsten Architekten des Osmanischen Reiches, interessieren ihn brennend. Clemens wollte nämlich ursprünglich Architektur studieren. Da es ihm aber letztlich wenig attraktiv erschien, Doppelgaragen an Einfamilienhäuser zu pappen oder sich mit der hässlichen Konformität öffentlicher Bauten zu arrangieren, habe er das verworfen und sich in die Betriebswirtschaft gestürzt.

Ha, denke ich erleichtert, Sinan kenne sogar ich. Er hat unzählige Bauwerke in Istanbul errichtet. Moscheen, Paläste, Hochschulen, Krankenhäuser, Hamams, Aquädukte und Brücken, die zum Teil heute noch für den Verkehr genutzt werden. Aber wo genau welches Bauwerk von Sinan steht, das wusste ich bisher nicht. Dieser deutsche Kompetenzimperialist lässt mich hier wahlweise übers Stöckchen springen oder ins Messer laufen. Um nicht voll blamiert vom Platz zu gehen, muss ich das Ruder wieder an mich reißen. Der technisierte Erbsenzähler hat meinen Kampfgeist geweckt. Zugegeben, er ist intelligent, organisiert und von einer Neugier getrieben, die mir Hochachtung abverlangt. Aber statt mit toten Sachen will ich ihn lieber mit lebendigen Menschen konfrontieren. Mal sehen, ob er damit auch zurechtkommt.

»Ich schlage jetzt mal etwas Alternatives vor«, hebe ich meine Stimme. Seine blauen Augen blitzen mich aufmerksam an. »Wir gehen die Fußgängerzone hinunter, steigen auf den Galataturm, schauen uns das Treiben auf den Straßen an, laufen Richtung Karaköy, nehmen die Galatabrücke mit und setzen von da über nach Kadıköy. Dort essen wir einen echten Kebap, einen, der sich nicht dreht, und anschließend nehmen wir ein Schiff, das uns bis zum Schwarzen Meer hochfährt. An der Station Anadolu Kavaği vorbei und auf der anderen Seite wieder hinunter. In Ortaköy steigen wir aus und nehmen einen Drink oder zwei und laufen von dort entweder zu Fuß oder wir nehmen das Schiff über Şişhane wieder zurück zum Taksim-Platz. Oder hast du spontan eine bessere Idee?«

Noch ehe Clemens etwas sagen kann, tanzt meine Tochter schon aufgeregt vor uns herum. »Ja, ja, komm, wir gehen.«

Clemens nickt.

Ich habe zwar keine Ahnung von den genauen Ab- und Anlegezeiten der Schiffe und den Distanzen, die wir zu bewältigen haben, aber ich bin mir sicher, dass ich nun die Reiseführer-Zügel in der Hand habe. Wäre doch gelacht, wenn ich diese lebende Büroklammer nicht schlagen könnte. Und plötzlich saust es durch meinen Kopf: JULIA! Clemens ist genau der Richtige für Julia. Ich muss die beiden irgendwie miteinander bekannt machen. Die passen zusammen wie der sprichwörtliche Deckel auf den Topf, die Faust aufs Auge, wie Pech und Schwefel.

Bevor wir aufbrechen, versucht Clemens, die Route per iPad zu berechnen. Ich erkläre ihm überlegen, dass es reine Theorie bleibe, was immer er da herausbekomme. »Auch in Istanbul funktioniert der Faktor Mensch mal besser und mal schlechter. Übrigens nennt man das Restrisiko zwischen Plan und Erreichtem Leben. Keine Sorge, hier geht niemand verloren, der das nicht will«, stichele ich.

»Oh, ich kann meinen Kontrollzwang durchaus bändigen, wenn das gewünscht ist«, kommt postwendend zurück.

»Hast du ein Akbil?«, frage ich ihn.

»Bitte was?«

»Die Karte für den Nahverkehr.«

»Nö, ich kann meine Taxiquittungen einreichen.«

»Aber dann verpasst du etwas. Außerdem brauchen wir die für das Schiff, und du für den Sinan, wenn du noch seinen Spuren folgen willst.«

Wir machen einen Umweg und kaufen am Kiosk eine Karte für ihn, die er gleich auflädt.

Clemens ist begeistert: »Das ist ein super System, es hat den Vorteil, die exakte Nutzung der Verkehrsmittel auf der Zeitachse mit Belegungsquote zu ermitteln und so die Verkehrsströme zu optimieren.«

Ich habe zwar kein Wort von dem verstanden, was Clemens gesagt hat, aber es passt zu ihm. »Kann sein«, gebe ich zurück.

Mein neuer deutscher Freund hat keine Augen für die vielen Schaufenster rechts und links der Straße, durch die sich die Menschenmassen schieben, er fotografiert wieder nur Historie, dieses Mal die alten Straßenbahnen.

»Die sind aus Jena und Schöneich, wusstest du das?«

Nein, das wusste ich natürlich nicht.

Mit der alten Straßenbahn fahren wir nach Galata und erklimmen den 60 Meter hohen Turm bis zur Aussichtsplattform. Johanna und Clemens können gar nicht genug kriegen.

»Kann es sein, dass es hier richtig schön ist?«, lässt er mich mit einer rhetorischen Frage an seiner Begeisterung teilhaben.

»Krieg ich ein Eis?«, versucht Johanna ihrer Begeisterung die Krone aufzusetzen.

»Schön, dass es dir gefällt«, sage ich zu Clemens, während

ich meine Tochter zu mir ziehe, um ihr einen Kuss zu geben. Clemens lächelt, und Johanna tobt, bis ich nachgebe und ihr verspreche, ein Eis zu kaufen, sobald wir unten sind.

Wir schauen über das Goldene Horn auf den Istanbuler Stadtteil Eminönü mit dem Topkapı-Palast, der Hagia Sophia, der Sultan-Ahmet, der Süleymaniye-, der Rüstem-Pascha- und der Beyazıt-Moschee.

»Das ist Geschichte!«, ruft Clemens ehrfürchtig.

»Das sind Leid, Tränen, Glück, Geburt, Tod, Leidenschaft, Missgunst, Hoffnung, Liebe und Barmherzigkeit. Das ist Leben«, schießt es aus mir heraus.

»Barmherzigkeit, das Wort habe ich seit meinem Religionsunterricht nicht mehr gehört«, sagt Clemens.

»Ich auch nicht«, antworte ich, und wir müssen beide lachen.

Mit dem Schiff fahren wir nach Asien hinüber. Auffallend sind nicht etwa die vielen Touristen auf dem Schiff, sondern, dass sie fast ausnahmslos aus dem arabischen Raum stammen. So sind alle Arten, wie eine Frau sich verschleiern kann, vertreten. Die Burka genauso wie der Schleier, das locker um den Kopf gewickelte Kopftuch und der vom Wind heruntergewehte Schal. Aber es gibt auch die kopftuchlosen Frauen. Dazu jede Menge Ehemänner und Kinder. Wir suchen uns einen Platz im Zwischendeck. Es ist schwierig genug, einen halbwegs vernünftigen Sitzplatz zu ergattern, in Anbetracht der Invasion aus dem Nahen Osten, die völlig selbstverständlich pro Fahrgast mehr als eine Sitzbank belegt. Mit abgelegter Kinderkleidung, Shoppingtüten, mindestens zwei Handtaschen, wovon eine der Größe nach geschätzt das komplette Fernmeldenetz eines Emirates nebst sendebereiten Satellitenschüsseln beherbergen muss und die andere den gesamten Proviant für eine Wüstendurchquerung.

Die Herren nutzen wahlweise ihre Gebetsketten oder Smartphones, oder beides gleichzeitig. Die Kinder essen, was sie – nach ihrem Körperumfang zu urteilen – wohl den ganzen Tag tun, oder sie brüllen, vermutlich, um darauf aufmerksam zu machen, dass sie nichts mehr zu beißen haben. Meine Tochter starrt die Kinder ehrfürchtig an. Die körperliche und stimmliche Wucht ihrer Altersgenossen scheinen sie einzuschüchtern, zumindest bleibt sie ganz ruhig neben mir sitzen, ohne um ein weiteres Eis oder andere Süßigkeiten zu betteln. Zwischendrin sitzen vereinzelt Europäer. Diese kleinen Gruppen fallen nur dadurch auf, dass sie nicht auffallen. So wie Clemens, Johanna und ich, die wir an der Backbordseite draußen einen Platz gefunden haben und den Fahrtwind und das Panorama genießen. Auf dem Bosporus ist wie immer jede Menge Schiffsverkehr.

»Über 55 000 Schiffe nutzen jährlich den Durchgang zwischen Marmarameer und Schwarzem Meer. Eigentlich ein Wunder, dass hier noch nie etwas passiert ist«, klärt mich Clemens auf. Und dann wechselt er plötzlich das Thema: »Ist es eigentlich politisch völlig inkorrekt, wenn ich sage, dass mir diese Übermacht von Schleiern auf die Stimmung drückt?«

»Leg mal deine Westbrille zur Seite. Meine Mutter trägt auch Kopftuch, und von den Frauen hier passen vermutlich nur ganz wenige in deine Vorurteilskiste der unterdrückten muslimischen Frau«, antworte ich reflexartig. »Mir wäre es erst zu viel, wenn ich als Frau ohne Kopftuch ein Problem bekäme. Aber so weit ist es noch lange nicht«, schiebe ich versöhnlicher hinterher. Wie lange ich nicht mehr für das Bild der Muslime in der Öffentlichkeit kämpfen musste, fällt mir auf.

Als wir in Kadıköy anlegen, schieben sich unsere arabischen Freunde mit der gleichen Vehemenz, mit der sie die Sitzplätze mit Hausrat bepflasterten, Richtung Ausgang. Clemens schirmt uns vor den rempelnden Massen ab. »Wir kommen schon an Land, die sind wahrscheinlich panisch, weil ihnen gerade eingefallen ist, dass sie alle Nichtschwimmer sind«, scherzt er. Mir fällt mein Vater ein, der in solchen Situationen immer sagt: »Acele sinek süte düşer – Die eilige Fliege fällt in die Milch.«

Kadıköy ist an sich nichts Besonderes, von dem frischen Fisch mal abgesehen, der gebraten zwischen zwei Brotscheiben auf die Hand serviert wird. Meine Tochter nimmt einen Sesamkringel, und Clemens und ich probieren den Kebap. Wir wechseln das Boot und stechen Richtung Schwarzes Meer in See. Am Oberdeck trinke ich einen Tee, während Clemens seine digitale Datenzentrale aufbaut und vom Weltall herunter auf die Wegstrecke zoomt, die wir befahren. An uns zieht die Bosporusbrücke vorbei, die Moschee von Ortaköy, die allerdings gerade wegen Sanierungsarbeiten eingerüstet ist. Clemens holt sich wieder alle Informationen aus dem Netz, klebt einen neuen Post-it-Zettel in seinen Reiseführer und vervollständigt seine »Sinan-Liste«.

»Hier gibt es ein Hamam, das von Sinan erbaut wurde«, belehrt er mich beiläufig, woraufhin ich ihn auf die zahllosen Baukräne rechts und links des Bosporus aufmerksam mache. »Heute bauen sie auch, aber dieses Mal bis nach Wien«, scherze ich.

»Kann sein, wahrscheinlicher ist, dass die Immobilienblase vorher platzt, wie in Spanien«, gibt er nüchtern zurück.

»Oh, wie habe ich es vermisst, das deutsche positive Denken«, werfe ich ein.

»Bei Gelegenheit erkläre ich dir mal, wie das Land ohne Sicherheitsnetz turnt, natürlich nur, wenn es dich interessiert«, lautet seine trockene Antwort.

Clemens zeigt mir die Internetseite von Suada. Es ist eine künstlich angelegte Insel vor Beşiktaş, der Treffpunkt der Reichen, Schönen und Wichtigen oder derer, die sich dafür halten. Wenn man mit dem Boot von der europäischen Seite hinüberfährt, kann man dort am Pool liegen, an der Bar abhängen oder im Restaurant, astronomische Preise inklusive.

»Wenn ich dich nicht so richtig für die Geschichte deiner Stadt begeistern kann, wie wäre es denn das nächste Mal mit der Suada und ihrem etwas neureichen Aufsteiger-Flair?«, fragt Clemens.

»In welcher Schublade bin ich denn bei dir gelandet?«, frage ich zurück.

»Ach Quatsch, ich dachte nur, warum sollten wir uns das nicht auch mal angucken.«

Ich nicke verlegen. Nicht, dass ich mir besonders viel daraus mache, mich mit schönem Schein zu umgeben, aber diese Facette der Stadt einmal kennenzulernen, darauf freue ich mich.

Nach unserer Rückkehr verabreden wir uns für den nächsten Tag wieder am Taksim-Platz. Meine Tochter hat sich heute zwar tapfer geschlagen, aber lange still sitzen ist nicht ihr Ding. Deshalb werde ich sie dieses Mal lieber zu Pelin bringen. Es sind immer noch Sommerferien, sodass den ganzen Tag die Kinder aus der Nachbarschaft alle bei ihr am Pool spielen. Als ich Johanna bei Pelin absetze, sieht es fast so aus, als habe sie einen Kindergeburtstag organisiert. Eine Gruppe von Kindern scharen sich neugierig um meine Kleine. Sie genießt die Aufmerksamkeit, nach einer halben Stunde ist jede Schüchternheit verflogen, und meine Tochter fängt an, den türkischen Kindern »Alle meine Entchen« und »Schneeflöckchen, Weißröckchen« beizubringen. Ich bin zwar glücklich, dass sie sich so schnell eingewöhnt, aber eigentlich hatte ich mir das anders vorgestellt. Nicht sie sollte den türkischen Kindern Deutsch beibringen, sondern umgekehrt. Ich mache mich dennoch erleichtert auf den Weg zu meinem Treffen mit Clemens.

Man kann sich die Welt auf viele Arten erschließen. Ruhig, souverän und bedächtig ist ganz sicher Clemens' Art. Er passt nicht hierher, aber erstaunlicherweise fällt er trotzdem nicht auf. Abgesehen von seinem Rucksack mit der Trinkflasche, die er niemals benutzt. Damit meine ich nicht, dass er unscheinbar ist, aber er verfügt über eine Anpassungsfähigkeit, für die er sich nicht im Geringsten verbiegen muss. Und diese klaren, bestimmten Standpunkte, die er vertritt, ohne zu behaupten, dass er recht hätte, die nüchterne Art, Dinge zu betrachten und offen neue Argumente aufzunehmen, erinnert mich an meine deutschen Freunde und Lehrer, denen ich besonders zugetan war, an Menschen, denen ich in meinem Beruf begegnet bin und deren Denkweise auf mich abgefärbt hat. Was all diese Menschen miteinander verbindet, ist, dass sie Deutsche sind. Und diese Kopflastigkeit mit latentem Hang zur Besserwisserei ist wohl eine typisch deutsche Eigenschaft – auch in mir selbst.

Clemens hat sein Studienrat-Outfit von gestern gegen eine blaue Baumwollhose und ein weißes Hemd getauscht. Er begrüßt mich mit einer Umarmung, die mich sehr überrascht. Ich löse mich schnell von ihm und schlage vor, einen Dolmuş nach Suada zu nehmen. Er hält fast direkt an der Stelle, von der die Boote zur Insel übersetzen. Trotzdem müssen wir nur noch ein kleines Stück laufen. An den teuren Autos merkt man, dass man dem Anleger immer näher kommt. Die dicken SUVs von Mercedes, Audi und BMW markieren noch die untere bis mittlere Kategorie. Maybach, Porsche, Ferrari, Lamborghini und Maserati parken hier völlig ungeniert. Dass zwischen den Autos Kinder betteln oder Papiertaschentücher verkaufen, schafft einen scharfen Kontrast. Clemens kauft einem Jungen drei Packungen ab; Papiertaschentücher könne man doch immer gebrauchen. Ich bemerke, dass ihm dieses Bild der türkischen Realität nicht behagt.

Ein Motorboot setzt uns nach Suada über, es herrscht reger Betrieb an der Bar, im Restaurant und am Pool. Clemens zahlt den nicht unbeträchtlichen Eintritt für uns beide. Ein Mitarbeiter bringt uns zwei Liegestühle, ein anderer reicht uns Handtücher, ein dritter öffnet den Sonnenschirm und ein vierter fragt nach unseren Getränkewünschen.

»Ist ja wie auf der Titanic, nur mit besserem Wetter«, flachst Clemens.

»Heute muss Weltfrauentag sein, bei den Männermodels, die mir zu Diensten sind«, antworte ich.

Ich nehme einen Eistee, Clemens bestellt ein Bier, ein alkoholfreies, wie er betont. Um uns herum geschäftiges Treiben. Kinder, die mit dem Hausmädchen am Pool planschen, während die durchgestylten Mütter in Ruhe in ihren Illustrierten lesen. Männer, die Backgammon spielen. Andere Männer, die sich von blondierten Frauen der Töchtergeneration eincremen lassen, zwei Gruppen der Abteilung verzweifelte Hausfrauen, zwei Russen, die sich lautstark unterhalten, ein paar verirrte Touristen und ein deutsch-türkisches Pärchen mit einer bildhübschen Tochter. Ich setze meine Sonnenbrille auf, um die Umgebung noch ungenierter beobachten zu können. An der Bar flirten ältere Geschäftsmänner mit vermutlich aus der ehemaligen Sowjetunion stammenden Mädchen, und im Restaurant genießen die ersten Herrschaften ihren Mittagstisch. Da sind sie übrigens wieder, die Gäste aus dem Nahen Osten, dieses Mal handelt es sich wirklich um Wüstensöhne mit knöchellangen Gewändern und Kopfbedeckung, die allerdings jegliche Zurückhaltung abgelegt haben und die Mädchen im Bikini am Pool ausgiebig bestaunen.

Man kann auf Suada herrlich relaxen, und trotz der angezeigten 31 Grad sorgt die Brise vom Bosporus für ein angenehmes Klima. Clemens beobachtet den Schiffsverkehr und ist ganz versunken in seinen Gedanken.

»Frisch verliebt in Istanbul«, necke ich ihn.

»Ich weiß nicht, ob man eine Stadt lieben kann, aber eine Frau aus dieser Stadt bestimmt«, verblüfft er mich mit seiner Antwort.

»Oh, Ehrgeiz an dieser Stelle hätte ich dir gar nicht zugetraut«, setze ich nach.

»Wenn alles endlich ist, kann es doch wenigstens auch mal romantisch sein«, gibt er zurück und dreht sich auf den Rücken. Ein deutscher Romantiker, denke ich und lächele in mich hinein. »Und du«, will er wissen, »wer bringt deine Gefühle in den Ausnahmezustand?«

»Da bin ich mir nicht sicher«, sage ich und denke an Cenk,

bei dem ich mich nach meiner Rückkehr aus Antalya noch nicht wieder gemeldet habe.

»Sicher ist, dass nichts sicher ist«, zitiert Clemens Ringelnatz, und wir müssen beide lachen.

Ich erzähle ihm von meinen Begegnungen mit Cenk und bin ganz erstaunt, wie offen ich mit Clemens reden kann. Er gibt zu bedenken, dass ich mir das mit Cenk gut überlegen solle, weil unsere Vorstellungen vom Leben offenbar weit auseinanderlägen. »Ein Paar, das türkisch fühlt und deutsch denkt, kann in Istanbul funktionieren«, sagt er, »aber nur, wenn man es gemeinsam und nicht jeder für sich allein schaffen will.« Und während ich seine Worte in meinem Kopf hin und her wende, fährt er fort: »Es wäre doch schade, wenn du hier als Fremde bleibst, als Petersilie auf dem Tellerrand, wo du doch in Deutschland das Salz in der Suppe bist.«

»Aber da gibt es so viele, die meinen, ich würde die Suppe versalzen, lieber Clemens«, sage ich.

»Idioten gibt es überall, vermutlich sogar hier«, gibt Clemens zurück. »Wer wie Deutschland davon lebt, hochpreisige und komplizierte Produkte in die ganze Welt zu verkaufen, schädigt mit Ausgrenzung und Fremdenfeindlichkeit seine Erwerbsgrundlage.« Als ich über diesen Satz noch nachdenke, klingelt sein Telefon. Er entschuldigt sich, spricht hektisch auf Englisch, gestikuliert mit den Armen. Einige Male runzelt er die Stirn.

»Was ist los?«, frage ich ihn.

»Meine Kunden haben ein Boot für mich gemietet, damit könnten wir auf die Prinzeninseln fahren.«

»Das ist ja toll«, jubele ich und vergesse ganz undeutsch jegliche Zurückhaltung.

Wir packen unsere Sachen und fahren, so schnell es der Istanbuler Verkehr zulässt, zur Anlegestelle in Kabataş. Wir müssen uns so beeilen, weil sonst die Inseln zu sehr überlaufen sind. Denn an den Wochenenden sucht hier gefühlt die Hälfte der Istanbuler Bevölkerung Erholung. Dann gleichen die insgesamt neun Prinzeninseln, südöstlich von Istanbul im Marmarameer gelegen, mehr einem Jahrmarkt.

Ein schönes langes Holzboot hält für uns am Anlegesteg rechts des Fähranlegers, mit ihm wollen wir übersetzen. »Na, was meinst du?«, fragt Clemens.

»Ich bin begeistert«, antworte ich. Das sage ich allerdings, bevor ich bemerke, wie dieses Boot schaukelt. Es fährt rückwärts aus der Anlegestelle heraus, und die breite Rückseite sorgt dafür, dass die Schaukelei immer heftiger wird. Als das Boot mit ungeheurer Wucht losjagt, denke ich darüber nach, warum es keine Anschnallpflicht auf Booten gibt. Das Boot pflügt viel schneller als alle anderen Gefährte hinaus auf das offene Meer. Es schlägt immer wieder auf den Wellen auf, und der Bug ragt steil aus dem Wasser.

»Dafür, dass sie mein Timing ständig umgeworfen haben, ist die Firma mir was schuldig gewesen«, brüllt Clemens mir ins Ohr.

Unser Rennboot macht eine Kommunikation nahezu unmöglich. »Es geht doch nichts über eine gemütliche Bootsfahrt«, schreie ich zurück, während meine Haare in alle Richtungen wehen.

Bewohnt sind von den neun Inseln nur fünf: Kınalıada, Burgazada, Heybeliada, Büyükada und Sedef. Autos, außer Rettungsfahrzeuge, sind auf den Inseln verboten. Die Fahrzeuge der Müllabfuhr werden zum Teil elektrisch betrieben. Als Taxen dienen Pferdewagen und zur eigenständigen Fortbewegung Fahrräder.

Als Erstes steuern wir die größte der Inseln an: Büyükada. Das Hafengebäude ist aus dem Jahr 1915, die Promenade wird von Cafés und Fischrestaurants gesäumt. In Büyükada scheint die Zeit an vielen Ecken stehen geblieben zu sein. Es gibt sehr schöne, überwucherte und mit viel Patina überzogene Holzvillen. Von hier aus muss der Blick aufs Meer und die benachbarten Inseln herrlich sein.

Die größte Attraktion der Insel ist das griechische Georgs-

Kloster, das auf dem höchsten Punkt der Insel thront. Wir nehmen eine Kutsche, um dorthin zu gelangen. Angeblich sollen hier Wünsche in Erfüllung gehen, wenn man das Erhoffte mit kleinen Steinchen bildlich darstellt, eine Kerze im Kloster anzündet und anschließend hinausgeht, ohne sich noch einmal umzudrehen.

»Und was wünschst du dir?«, fragt mich Clemens.

Ich überlege kurz und lege ein Ausrufezeichen aus den Steinen. Als Clemens über mein Kunstwerk lacht, sage ich: »Hey, das fällt unter Datenschutz!«

»Und was ist dein Wunsch?«, frage ich.

»Ich bin wunschlos glücklich an deiner Seite«, sagt er und hat es geschafft, mich aus dem Konzept zu bringen. Seit wann flirten wir eigentlich miteinander? Rutsche ich hier in eine Hans-Geschichte, die statt scharfer Soße eher eine Scheibe Schwarzbrot verspricht?

Bevor zwischen uns verlegenes Schweigen entsteht, betreten wir die Kirche, und Clemens beginnt mit seiner Inselführung. »Das Kloster ist im Jahr 963 erbaut worden«, sagt er. Insgesamt gebe es neun Moscheen, eine Kirche und eine Synagoge, die sich um das Seelenheil ihrer Gläubigen im bebauten Norden der Insel kümmern. Der grüne Süden sei von lichten Wäldern durchzogen. Skeptisch betrachte ich die Ikone des heiligen Georg, der mit dem Drachen kämpft. An der Decke hängen bunte Lüster, und die Wände sind mit Malereien verziert. Eine Kerze für meine Tochter, eine für mich und eine für Cenk. Fest wünschen, hinausgehen und sich nicht mehr umdrehen.

Als ich das Kloster verlasse, ruft Clemens meinen Namen, und ich rufe zurück: »Ich drehe mich nicht um.«

Clemens lacht hinter meinem Rücken, überholt mich und nimmt mich an der Hand. »Komm, wir haben wenig Zeit«, sagt er und zieht mich zu einer gerade frei werdenden Kutsche.

»Ich liebe die deutsche Gemütlichkeit«, sage ich und folge ihm.

Am Hafen geraten wir in das laute Werben um Mittagsgäste. Rabiat und schon mit Zügen von Touristenstalking versuchen als türkische Fischer verkleidete Männer möglichst viele Menschen in ihr jeweiliges Lokal zu locken. Clemens zieht mich am Kai entlang bis zu unserem Boot.

»Und was nun?«, frage ich.

»Überraschung!«, antwortet Clemens und klingt dabei zum ersten Mal unsicher. Ich frage den Skipper auf Türkisch, was noch geplant sei. Er öffnet eine Kühlbox, deutet auf eine Flasche Champagner und den Picknickkorb. Ich muss schlucken und ahne, dass dies keine kleine Aufmerksamkeit von Clemens' Kunden für ihn, sondern eine von Clemens für mich ist. Das haut mich jetzt um, denn vorhin habe ich ihm noch von Cenk erzählt. Warum hören Männer eigentlich nie genau zu und glauben, wir Frauen würden Zeichen aussenden, wenn wir in eine andere Richtung schauen?

Wir fahren zur kleinsten der Prinzeninseln. »Kann das Boot eigentlich auch fahren, oder kann es nur fliegen?«, frage ich und kralle mich fest. Schon zieht unser Wassersprinter Richtung Kınalıada. Diese Insel ist nicht so überlaufen wie Büyükada. Es gibt einen kleinen Sandstrand, auf dem Clemens die Decke ausbreitet. Mittlerweile habe ich Hunger und freue mich auf Simitringe, Pide, Käse, Oliven und Tomaten. Sogar Teller und Besteck sind im Korb.

Clemens öffnet die Flasche: »Şerefe«, flüstert er mir zu.

»Prost«, antworte ich plump. »Es war eine gute Idee, hierherzukommen«, sage ich dann versöhnlich.

»Finde ich auch«, antwortet Clemens. Dann schweigen wir, und es ist ein angestrengtes Schweigen. Zumindest für mich. »Hast du ab und zu Heimweh?«, fragt Clemens mich nach einer Weile.

»Nein, Heimweh nicht, ich vermisse ein wenig meine gewohnte Umgebung, und manchmal habe ich Angst, hier nie richtig anzukommen. Auch wegen meiner Tochter«, antworte ich.

Da sind sie wieder, die Zweifel, ob es richtig ist, Johanna aus ihrem gewohnten Umfeld in Berlin zu reißen, und das für meinen Selbstfindungstrip.

Als ob Clemens gespürt hätte, was mich gerade beschäftigt, sagt er: »Mach dir keine Sorgen, Kinder passen sich sehr schnell einer neuen Umgebung an. Für sie wird es ein Abenteuer sein, und sie wird es hier lieben.«

Am Abend fahren wir zurück nach Kabataş. Links und rechts überholen wir die vielen Schiffe, die auch am Sonntag durch die Meeresenge wollen.

An der Anlegestelle nimmt mich Clemens in den Arm und sagt: »Danke, das war sehr schön.«

Ja, das war es. Auch, weil ich durch Clemens gemerkt habe, wie sehr ich mein Leben in Deutschland vermisse. Fast hätte ich vergessen, wie sehr ich im organisierten Räderwerk von Deutschland verankert bin. Das wird mir in diesen Tagen immer wieder vor Augen geführt. Von meiner Tochter. Sie tanzt mir auf der Nase herum.

Wenn ich versuche, ihre Schlafenszeit wieder auf Normalniveau zu bringen, verbündet sie sich mit meinen türkischen Freundinnen, die mir Vorwürfe machen: »Das arme Kind darf nicht mehr spielen. Was bist du nur für eine Mutter?«

Wenn ich versuche, Johanna an der roten Ampel dazu zu bringen, gefälligst auf Grün zu warten, sieht sie mich verwundert an. »Nur wir bleiben stehen, alle anderen gehen rüber«, antwortet sie trotzig. Schon nach einer Woche weigert sie sich, neben mir zu bleiben. »Ach Mami, sei nicht so deutsch!«

Und wenn ich sie in ein Restaurant mitnehme, will sie um zehn immer noch nicht nach Hause. Eine Zeit, die für eine Sechsjährige sowieso schon grenzwertig ist. »Warum gehen wir eigentlich so früh zum Essen? Die anderen Kinder kommen immer erst um neun, da bleibt mir ja keine Zeit zum Spielen«, wirft sie mir vor.

»Wir gehen ja nicht zum Spielen ins Restaurant, sondern zum Essen«, wehre ich mich. Daraufhin rollt sie ihre schönen dunklen Augen, und ich fühle mich wie die hinterletzte Spießerin, die das Leben in dieser Stadt nie kapieren wird.

Doch auf einmal packt sie das Heimweh, zumindest in kulinarischer Hinsicht:»Mami, ich würde soooo gerne Käsekuchen essen«, jammert sie. Und weil der in der ganzen Stadt nicht aufzutreiben ist, muss ich ihn selbst backen. Aber das stellt mich vor ernsthafte Probleme. Es gibt in keinem Supermarkt echten Quark. Fatma gibt mir den Tipp, auf zehnprozentigen Joghurt auszuweichen. Die Rechnung geht nicht auf. Meine Tochter erkennt den Schwindel beim ersten Bissen.»Wann fahren wir nach Hause?«, fragt sie mich seitdem immer häufiger.

Wenn ich nur wüsste, wo das ist. Aber das kann ich ihr nicht sagen, und deshalb druckse ich herum:»Das dauert noch eine Weile.«

Ich erlaube ihr ausnahmsweise ein paar Gummibärchen vor dem Schlafen. Und sie sagt traurig:»Und die schmecken hier auch ganz anders.«

11
Mein kleines Dorf

Als ich in Istanbul in den Bus steige, um die Reise in mein Heimatdorf anzutreten, beschleicht mich ein eigenartiges Gefühl, so als ob ich nach Hause fahre – obwohl ich dort doch nur die ersten drei Jahre meines Lebens verbracht habe. »Wo fährst du hin?«, hatte Johanna mich morgens noch gefragt. Ich wusste nicht, was ich antworten sollte. Nach Hause? In meine alte Heimat? Zu meinen Wurzeln? Ich entschied mich für »ins Dorf deiner Großeltern«. Mein Türkischsein schwindet von Tag zu Tag. Ich bin nun schon einige Monate in Istanbul, und das Leben wird mir immer fremder. Wie deutsch ich wirklich bin, merke ich im Alltag, an den Kleinigkeiten. Das Chaos, die Unverbindlichkeit und die nicht enden wollenden Wegstrecken zerren an meinen Nerven.

Aber so schnell gebe ich nicht auf. Wäre doch gelacht, wenn ich nicht ein Stück meiner Identität finden könnte. Ich muss dorthin, wo meine Wurzeln liegen, wo ich geboren wurde: in mein kleines Dorf Akpınar.

Am Busbahnhof drängelt oder schubst niemand, und ich kann meine Arme ausstrecken, ohne gleich in toupierten Haaren, Rucksäcken oder Jacken hängen zu bleiben. Das ist ungewohnt. Der Bus ist so gut wie leer. Für Istanbuler Verhältnisse geradezu gespenstisch leer. Will denn sonst niemand in die Region Gediz fahren?

»Du willst doch nicht ernsthaft behaupten, du könntest in einem Kaff mit heute 182 Einwohnern, einem Brunnen und

zwei Straßen glücklich werden«, hatte sich Julia gestern noch
per Mail empört.

»Hast du Akpınar gegoogelt?«, fragte ich amüsiert zurück.

»Ja«, antwortete sie. »Du kommst doch nach Berlin zurück,
oder?«

Und weil ich nicht gleich antwortete, da meine Tochter
mir unbedingt vor dem Einschlafen noch eine Geschichte erzählen wollte, schrieb sie noch drei weitere Mails:»Hatice,
das ist nicht witzig. Du kommst doch zurück, oder?« –»Ach,
du machst dich über mich lustig. Wenn du bleibst, fresse ich
einen türkischen Besen!« –»Hatice! Hör jetzt auf damit. Ich
buche mir gleich einen Flug und hole dich höchstpersönlich
vom Ende der Welt zurück ins Leben.«

Als ich die Mails später las, musste ich lachen. Und dann
dachte ich, wäre es wirklich so schlimm, wenn es mir dort ge-
fiele? Dieses ganze Herumgehetze, das ewig schlechte Gewissen, ob ich mein Kind wegen meiner Arbeit vernachlässige,
und dieses ganze Aufgehübsche, das alles gäbe es dort nicht.
Wir werden sehen.

Erst mal sitze ich im Bus und muss meinen Sitz mit niemandem teilen, die Klimaanlage funktioniert, und ich habe
sogar genug Platz, meinen Koffer und mein Handgepäck ordnungsgemäß zu verstauen. Doch je weiter wir uns von Istanbul entfernen, desto ungemütlicher wird es. Es steigen mehr
und mehr Mitreisende zu, und waren die Istanbuler Passa-
giere noch frisch geduscht und in gestärkte Hemden gekleidet, sehen die Herren nun mehr und mehr aus wie Bauern.
Statt Koffern werden zunächst Leinensäcke eingeladen, später sind es Körbe und schließlich lose Einzelteile, wie Sen-
sen oder Harken, die bedrohlich in den Fahrgastraum hinein-
ragen.

An meiner Seite hat eine ältere Frau die Sitzbank belegt
und nimmt jetzt einen großen Teil von ihr ein. Neben ihr
liegt quer ihre Enkelin, auf ihrem Schoß schaukelt sie einen
Laib Brot, eine nach Knoblauch duftende Wurst, zwei Salat-

gurken und ein halbes Dutzend überreifer Tomaten. Freundlich bietet sie mir von ihrem Proviant an. Und nachdem ich fünfmal ohne Erfolg abgelehnt habe, beiße ich in ein Stück Salatgurke und freue mich, so wenigstens kalorienarm davonzukommen. Doch die Reise ist lang, und nach dem Abendimbiss holt die Frau unter ihren vielen Lagen von Röcken einen kleinen Korb hervor, der mit selbst gebackenen Süßigkeiten gefüllt ist. Die alte Frau gibt erst Ruhe, als ich von jedem Stück probiert habe. Ihre Enkelin lächelt mich an wie eine heimliche Verbündete. Vermutlich ist sie mir dankbar, dass sie den Korbinhalt nicht allein aufessen muss.

Die beiden lenken mich wunderbar von meinen schwermütigen Gedanken ab, über mein jetziges Leben hier und mein bisheriges in Deutschland, von dem Gefühl einer inneren Zerrissenheit, der Angst vor zu großen Erwartungen an mein Heimatdorf und ja, auch der Sehnsucht nach Cenk. Hätte ich ihn womöglich mitnehmen sollen? Er hatte mich gefragt, ob er mich begleiten soll. Er wünschte sich, wir würden wieder mehr Zeit miteinander verbringen. Ich lasse mich ein wenig von den Gedanken an Cenk und eine gemeinsame Zukunft treiben. Darüber schlafe ich ein.

Mit steifem Nacken wache ich auf. Neben mir sitzt nicht mehr die rundliche Oma mit ihrer Enkelin, sondern eine jüngere, nicht weniger korpulente Frau mit zwei kleinen Kindern. Aus dem Augenwinkel sehe ich, dass sie einen Korb hervorzieht. Ich schließe schnell wieder die Augen. Bitte, ich will wirklich nichts mehr essen. Hoffentlich sind wir bald da!

Die Morgendämmerung habe ich verpasst, die Sonne ist bereits aufgegangen, und ich starre fasziniert auf die Landschaft. Mein Handy läutet. Verzweifelt versuche ich meinen Arm zu bewegen, doch es ist so eng, dass ich kaum an meine Tasche komme. Endlich habe ich es unter den wütenden Blicken der jungen Mutter neben mir geschafft, und ich bin froh, die Stimme meiner Schwester zu hören.

»Wie geht es dir?« Und als ich gerade loslegen will, meine

Aufregung und die ganzen Gedanken, die mir seit Stunden durch den Kopf gehen, in Worte zu fassen, unterbricht sie mich schon. »Oh, du hast es noch gar nicht bemerkt«, sagt sie in einem Tonfall, der mich aufhorchen lässt.

»Was ist los, Fatma? Was ist passiert? Ist was mit Johanna?«

»Nein«, beruhigt sie mich. »Johanna geht es gut, aber du ... du hast keinen Pass dabei. Den haben wir. Für alle Fälle.«

»Was meinst du damit?«

»Hatice, sei nicht naiv. Das geht so nicht weiter mit dir. Wir haben deinen Pass, damit du nicht zurück nach Deutschland kannst. Wir werden dich im Dorf zwangsverheiraten.« Und dann lachen wir gleichzeitig los.

»Ich bin Vorzeigetürkin, Migrationswunder, mich will kein echter Türke heiraten, nicht einmal unter Zwang.«

»Du hast recht«, bestätigt meine Schwester lachend. Dann bestellen wir noch Grüße in alle Richtungen, abgestuft nach Verwandtschaftsgrad, Familienstand und Freundeskreis, und ich verspreche, mich bald wieder zu melden.

Nach zehn Stunden Fahrt kann ich endlich an der Straße zum Dorfeingang aussteigen. »Wann kommen Sie denn wieder hier vorbei?«, möchte ich vom Busfahrer noch wissen, schon jetzt mit Panik erfüllt, hier vielleicht gar nicht mehr wegzukommen.

»Hier, rufen Sie an«, sagt er und reicht mir einen Zettel mit einer Telefonnummer. »Sie nennen mir das Datum, und ich bin dann um elf Uhr hier.«

Ungläubig starre ich auf den Zettel, dann auf den Busfahrer. »Und Sie kommen dann wirklich?«, hake ich nach.

»Elf Uhr«, bestätigt er. Damit ist die Sache für ihn erledigt. Die Bustür schließt, und ich stehe allein mitten auf der Landstraße, umgeben von Feldern. Es ist noch sehr früh am Morgen, aber schon heiß und staubig.

Genau hier haben wir auch vor vielen Jahren immer haltgemacht, als wir noch mit der gesamten Familie im alten Mercedes meines Vaters anreisten, um unsere Sommerferien bei den Verwandten in Akpınar zu verbringen. Ich erinnere mich genau, wie wir völlig übermüdet und verschwitzt aus dem Wagen krochen und zu dem kleinen Brunnen stürzten, der am Dorfeingang steht. Nachdem wir unsere Gesichter gewaschen hatten, wurden meine beiden Schwestern und ich türkisch verkleidet. Kopftücher auf, bunte Kleider über die T-Shirts, und dann mussten wir ganz schnell ohne Stottern alle Namen unserer Verwandten aufsagen. Nicht, dass wir sie vergessen hätten, mein Vater wollte uns damit auf das Dorf einstimmen. Vielleicht wollte er uns auch nur beschäftigen, damit das Gejammere aufhörte:»Ich habe Durst!«,»Ich muss mal!«,»Au, Mehmet hat mich gekniffen!«. Na, eben das übliche Quengeltheater nach einer langen Reise.

Ich vermisse meine Familie, zu gern hätte ich sie jetzt an meiner Seite. Mein Vater hatte mir sogar angeboten, mich zu begleiten.»Meine Tochter, ich kann dir so viel zeigen in unserem Dorf und ich kenne wirklich jeden, der hier jemals gelebt hat und heute noch lebt«, versuchte er mich zu überzeugen, ihn mitzunehmen.

»Aber Baba, ich muss das allein machen, sonst ist es nicht echt.«

»Wieso echt? Weißt du denn überhaupt, welchen Bus du nehmen musst?«

Das war nämlich der eigentliche Grund für sein Angebot. Er traute mir nicht zu, dass ich heil dort ankäme. Für ihn bleibe ich immer die kleine Hatice, die er beschützen muss und die seine Hand nicht loslassen soll. Ganz Vater. Jetzt denke ich: Hätte ich ihn nur mitgenommen. Ich fühle mich auf einmal hilflos. Wenn mich nun überhaupt keiner erkennt? Wenn niemand mit mir reden will? Soll ich besser ein Kopftuch aufsetzen?

Ich rufe meinen Vater in Izmir an:»Soll ich ein Kopftuch aufsetzen?«

»Wo bist du, meine Tochter?«

»In Akpınar, ich habe doch gesagt, dass ich heute fahre.«

»Du bist angekommen.« Ich höre tatsächlich Erleichterung in seiner Stimme. Wird mir das bei meiner Tochter auch so gehen, dass sie für mich nie erwachsen wird?

»Ja, Baba, natürlich. Soll ich nun ein Kopftuch aufsetzen?«

»Nein, die wissen doch, dass du aus Deutschland kommst und noch nie freiwillig eins getragen hast. Heute sehen sie das selbst in Akpınar nicht mehr so streng. Grüße mir alle und pass auf dich auf. Und Hatice: Geçmişe mazi derler – Was vorbei ist, nennt man Vergangenheit.«

Was will er mir damit wieder sagen? Soll ich meine Vergangenheit nicht hinterfragen und lieber der Zukunft entgegengehen? Dafür hätte ich aber nicht so weit reisen müssen. Oder doch?

Jetzt gehe ich erst einmal den Schotterweg entlang, der ins Dorf führt. Das einzig Herausragende, das ich aus der Ferne zu erkennen vermag, ist ein Mobilfunkmast. Heimat ist da, wo es kein Funkloch gibt, denke ich und lächele in mich hinein. Auch wenn meine Ballerinas nicht die idealen Wanderschuhe sind, taugen sie immer noch mehr als meine High Heels. Und je näher ich den ersten Häusern komme, desto mehr schäme ich mich für den Istanbuler Schick, den ich mittlerweile ganz gut hinkriege.

Als ich endlich im Dorf ankomme, bleibt kein Platz mehr für Gedanken über mein Äußeres. Plötzlich ist die Vergangenheit sehr lebendig. Alle Erinnerungen, von denen ich nicht wusste, dass ich sie noch habe, stürzen auf mich ein. Ich sehe Kinder Ball spielen, Menschen, die die Straße entlangschlendern, ein paar ältere Männer, die sich im Schatten eines Baumes unterhalten, den Schafhirten, der seine Herde aus dem Dorf treibt. Ein lautes Durcheinander.

Doch die Gegenwart holt mich schnell ein. Von dem morgendlichen Dorftreiben ist nichts zu sehen. Die Häuser und Straßen wirken wie ausgestorben. Irgendwie hatte ich auf ein Empfangskomitee gehofft, so wie früher. Da waren unsere Tanten und Onkel aus den Häusern gekommen, die Kinder waren uns entgegengelaufen. Aber ich hatte ja nicht gewollt, dass mein Vater vorher allen Bescheid gibt. Und er hatte sich daran gehalten. Leider.

Direkt am Dorfeingang rechts steht das alte Haus meiner Großeltern. Sie leben nicht mehr. Auch mein Onkel, der Bruder meiner Mutter, ist verstorben. Er hatte dort noch eine Weile allein gewohnt. Seine Kinder, meine Cousins, leben in der Stadt. Und weil der dörfliche Wohnungsmarkt nicht so eng ist wie in Berlin oder Istanbul, steht das Haus seitdem leer. Notdürftig sind die Fenster und Türen mit Brettern vernagelt. Es ist nicht das einzige Haus, das so aussieht. Sogar die Grundschule ist verlassen. Es mangelt hier an Nachwuchs, es gibt nur noch wenige junge Leute, die hiergeblieben sind, um die Felder zu bestellen. Von der Landwirtschaft kann man kaum noch eine Familie ernähren.

Sosehr ich mich anstrenge, die Bilder von früher lassen sich nicht über die von heute legen. Nichts passt zusammen. Dennoch breitet sich tief in meinem Herzen ein wohliges Gefühl aus: Du kommst von hier. Akpınar ist Heimat. Das war für mich immer Duisburg. Duisburg, wo ich den Großteil meiner Kindheit verbracht habe, wo ich erwachsen wurde, wo ich meine Ausbildung gemacht habe. Aber hier fühle ich mich jetzt zu Hause. Und dann laufen mir die Tränen über die Wangen. Wie konnte *mein* Dorf so zerfallen? Ich habe das Gefühl, dass ich hier alle im Stich gelassen habe. Mein Leben ist so verdammt privilegiert. Während ich mir überlege, ob ich mir noch ein Paar Schuhe kaufen soll, haben die Menschen hier nicht genug Geld, um ihre Häuser instand zu halten. Irgendwas muss ich tun. Irgendwas muss ich tun können.

Ich rufe wieder meinen Vater an. »Baba, hier ist alles so kaputt. Kann ich irgendwas tun? Soll ich das Haus der Großeltern streichen?«

»Beruhige dich. Niemand wohnt in dem Haus, du könntest genauso gut auf dem Friedhof eine Lesung machen.«

»Aber ich will was tun!«

»Das ehrt dich«, sagt er und überlegt dann, was er mir raten könnte. Das höre ich an seinem Räuspern. »Du könntest das Wassergeld bezahlen!«

»Wassergeld? Was meinst du damit?«

»Meine Tochter, das ist eines der schönsten Dinge unseres Landes.«

Mein Vater erzählt mir von der türkischen Brunnenkultur. Wenn jemand starb, gaben die Hinterbliebenen einen Teil des Erbes für einen Brunnen; wenn jemand zu Geld kam oder ihm etwas Gutes widerfuhr, stiftete er einen Brunnen. Vor 40 Jahren war in Akpınar kein einziger Haushalt an die öffentliche Wasserversorgung angeschlossen. Und unser Dorf hat bis heute diesen einen Brunnen, der sogar über die Dorfgrenzen hinweg bekannt ist. Das Wasser ist wunderbar klar. Nach diesem Brunnen ist das Dorf auch benannt: Akpınar, das Dorf der reinen Quelle. An den Brunnen wurde das Wasser zum Kochen, für den Tee und zum Waschen geholt. Die Brunnen waren mit den Menschen verbunden, die sie gespendet hatten. Heute werden sie nach und nach aufgegeben, weil man sie eigentlich nicht mehr benötigt, jeder Haushalt hat seinen eigenen Wasseranschluss.

Jetzt verstehe ich, was mein Vater mit dem »Wassergeld« meint: Wenn sich jemand bereit erklärt, einen Obolus dafür zu entrichten, kümmert sich der Dorfälteste darum, dass die Brunnen instand gehalten werden. Eine Art Traditionspflege, die mich so viel kostet wie ein Monat im Fitnessstudio. Also werde ich mit einem Geldschein die Rettung unseres Brunnens in die Hand nehmen.

Nun bin ich bereit, mich meiner Verwandtschaft zu stellen. Ich steuere auf das Haus meiner Tante Umahan zu. Zu meiner Beruhigung hat es sich kaum verändert, auch wenn die Farben verblasst sind und das Dach windschief wirkt. Das Fenster steht offen, ich höre Küchengeräusche.

»Habt ihr einen Hund?«, rufe ich wie selbstverständlich. Denn hier auf dem Land ist die Frage wichtiger als ein höflicher Gruß. Erst muss geklärt werden, ob man Gefahr läuft, gebissen zu werden, wenn man sich dem Haus nähert.

»Wir haben keinen Hund mehr«, kommt prompt die Antwort, und dann hängt sich meine Tante selbst aus dem Fenster. Sie traut ihren Augen nicht. Und das nicht nur, weil das Alter ihre Sehleistung deutlich geschwächt hat, sondern weil da ganz eindeutig keine Fremde vor ihr steht. Nein, eine Verwandte, die die letzten zwanzig Jahre alle Besuchspflichten ignoriert hat. Dann strahlt sie mich an: »Fatma!«

Ein wenig enttäuscht, dass sie mich mit meiner jüngeren Schwester verwechselt, gebe ich ihr noch eine Chance. »Nein, ich bin's«, fordere ich sie auf, noch einen Rateversuch zu starten.

»Ah, Gönül!«

Jetzt fühle ich mich wie Günther Jauch, der einem Kandidaten über die 100-Euro-Hürde bei »Wer wird Millionär?« helfen will und deutliche Hinweise liefern muss. »Nein, Tante, das ist meine Abla.«

»Natürlich, çiçeğim, meine Blume!« Nun löst sie sich vom Küchenfenster, um mir die kleine wacklige Eingangstür zu öffnen. Dann steht sie vor mir, sie ist ganz klein und muss sich strecken, um ihre Hände um mein Gesicht zu legen. Sie drückt es so fest, dass meine Lippen sich vorwölben. »Hatice, ich habe dich gleich erkannt«, und damit ich ihr nicht widerspreche, drückt sie mir fröhlich einen Kuss auf die Wange.

Im Haus plappert meine Tante fröhlich los. Fragen nach meiner Familie, kurze Erzählungen, was ihre Kinder machen, ob ich frühstücken möchte, wie lange ich bleibe. Antworten muss ich nicht, ihre Freude ist zu groß, als dass sie innehalten könnte, um mich zu Wort kommen zu lassen. Später beim Tee wird sich das sicher umkehren, da wird ihre Neugier wachsen, und ich werde über die kleinste Kleinigkeit in meinem Leben Auskunft geben müssen. Bis dahin kann ich unbemerkt weiter in Erinnerungen schwelgen.

Vorne im großen Zimmer stand immer ein Butterfass, und

wir Kinder durften rühren und rühren, bis uns die Arme wehtaten. Es war für uns Städter ein tolles Erlebnis, und ich liebte es, wenn die Butter nach und nach fester wurde. Es war ein wenig wie bei Tom Sawyer. Unsere Cousinen verbanden mit dem Butterfass Arbeit und überließen uns liebend gern den »Spaß«, zu rühren und zu stampfen.

Auch die offene Treppe ist unverändert. Sie führt auf den Dachboden, der mit allerlei Kisten vollgestellt ist. Als Kinder sind wir dort immer auf Schatzsuche gegangen und fündig geworden. Es gab Kisten mit alten Kleidern und Schmuck. Perlen. Wir schmückten uns und fühlten uns wie die Königin von Saba. Abends lagen wir gemeinsam im Zimmer meiner Cousinen und erzählten uns Märchen und was wir am Tag erlebt hatten. Es waren wunderbare Sommerferien, die wir gemeinsam verbracht haben.

Mir kommen die Tränen, und als ich meine Tante ansehe, merke ich, dass es ihr genauso geht. Weinend fallen wir uns in die Arme.

»Jetzt mach ich uns aber Frühstück. Vielleicht hat meine Schwester auch Zeit, uns Gesellschaft zu leisten.«

»Ich kann schnell rüberlaufen und sie fragen«, biete ich sofort an.

Im Dorf hatte es immer nur ein einziges Telefon gegeben. Wenn wir unsere Verwandten sprechen wollten, riefen wir beim Besitzer des Apparats an und kündigten einen weiteren Anruf in einer halben Stunde an. Er schickte dann eines seiner Kinder los, und wenn keines da war, holte er sich irgendeines von der Straße, das dann unsere Verwandten alarmieren musste. »Ein Anruf für dich aus Deutschland!« Dann liefen meine Onkel und Tanten los, um uns ja nicht zu verpassen.

Als ich also aufstehe, um ihrer Schwester die Frühstückseinladung persönlich zu überbringen, lacht Tante Umahan. Triumphierend holt sie aus ihrem alten Kittelkleid ein Handy heraus. Ich staune nicht schlecht. Und muss lachen. Das zerschlissene Kleid, das spartanische Haus, die alte Feuerstelle, nichts lässt darauf schließen, dass die Moderne hier Einzug gehalten hat. Und dann dieses kleine Handy in den groben Händen meiner Tante.

Nach wenigen Minuten sitzt meine Tante Ismi auch bei uns am Küchentisch, und wir reden und reden, erzählen alte Geschichten und neue Anekdoten. Ich genieße jeden Augenblick. Alle Befürchtungen sind wie weggeblasen. Die beiden lassen mich spüren, dass ich keine Fremde bin, keine Touristin, sondern Teil des Ganzen. Und das ist schön. Und so ergeht es mir bei jedem meiner Besuche. Bei meiner bettlägerigen Tante Esma, meinem todkranken Onkel Sait oder meiner Cousine Mürüvvet. Und ich vergieße bei jedem Wiedersehen Tränen. So viel geweint habe ich zuletzt bei meiner Schwangerschaft, als die Hormone aus mir ein derart sensibles Wrack gemacht hatten, dass mich sogar schlechte Fernsehserien emotional überwältigen konnten.

Überall fühle ich mich daheim. In jedem der Gesichter sehe ich meine Familie, die Ähnlichkeit zu meiner Mutter, meinem Vater oder auch zu meinen Geschwistern. Und umgekehrt geht es ihnen genauso.

»Du siehst aus wie meine Mutter«, begrüßt mich Tante Esma, die seit Jahren nicht mehr aufgestanden ist und ihr Bett zur geheimen Kommandozentrale ausgebaut hat. Alles, was sie braucht, liegt griffbereit. Telefon, Fernbedienung – jeder im Dorf hat natürlich auch längst einen Fernseher. Die Satellitenschüsseln auf den Häusern sind meist besser in Schuss als die Giebel, auf denen sie befestigt wurden. Als ich mich langsam aus der Umarmung mit Tante Esma löse, hält sie mich noch einen Moment fest und starrt auf meinen Mund. »Lass mal sehen«, fordert sie mich auf.

»Was?«

»Deine Zähne. Die sind wirklich gut gemacht.«

»Die sind nicht gemacht«, wehre ich empört ab, »die sind echt.«

Sie glaubt mir kein Wort. »Ich bin nicht von gestern. Ich sehe doch im Fernsehen, wie heute alles machbar ist. Falsche Zähne, falsche Haare, falsche …« Sie schaut auf meine Brüste. »Tante Esma! Die sind auch echt.«

»Das sehe ich, da ist ja viel zu wenig dran. Wenn die gemacht wären, müsstest du dein Geld zurückverlangen«, lacht sie. »Aber deine Zähne sind gelungen.«

Ich gebe auf. »Wir können dir auch welche machen lassen, Tantchen!«

»Das lohnt doch nicht mehr«, sagt sie und lacht so herzhaft, dass ich Angst habe, sie bekommt keine Luft mehr.

Die Angst teilt sie nicht mit mir, die Alten hier haben keine Angst, nicht einmal vor dem Tod. Sie sehnen sich eher nach ihm. Das Leben auf Erden, in ihrem Dorf hat nichts mehr zu bieten. Die Jugend ist weggezogen und alles, was ihnen etwas wert war, ist zerfallen, überflüssig geworden. Als ich klein war, gab es im Dorf fast nur Selbstversorger. Das Gemüse wurde im Garten angepflanzt, die Felder wurden bestellt, Kühe und Ziegen gehalten und geschlachtet. Früher fuhr man in die Stadt, um dort seine Waren anzubieten, heute geht man selbst dort einkaufen.

Die Rente ist nicht üppig, aber sie reicht aus, damit die Alten einen halbwegs erträglichen Lebensabend haben. Nur den wollen sie gar nicht mehr erleben. Zwischen Fertiggerichten und Frühstücksfernsehen hat das Leben für sie an Qualität verloren. Vergessen ist, dass sie früher manchmal vor Schmerzen kaum laufen konnten, weil sie den ganzen Tag gebückt geerntet hatten. Ihre Hände zeugen noch heute von der schweren Feldarbeit, sie sind groß, ledrig und vernarbt. Trotzdem war genau das ihr Leben.

»Ich bin so satt von dem gekauften Zeug«, stöhnt mein todkranker Onkel Sait. Er ist der älteste Bruder meiner Mutter. Er war mal ein kräftiger Mann gewesen, Dorfvorsteher. Wenn er einen Raum betrat, herrschte sofort Ruhe. Und wenn er die Straße hinunterlief, wichen wir Kinder ihm ängstlich aus.

Und das lag nicht an der Pistole, die er immer im Schaft bei sich trug.

Mit einem mulmigen Gefühl habe ich sein Haus betreten. Er hatte geschworen, mich totzuprügeln, sollte ich es wagen, jemals wieder unter seine Augen zu treten. So viele Jahre hatte ich mich im Dorf nicht blicken lassen. Tante Umahan musste lange auf mich einreden, bis ich mich traute, ihn zu besuchen. Als ich ihn in seinem Sessel sitzen sehe, muss ich weinen. Der Krebs hat ihn gezeichnet, klein und zerbrechlich wirkt er. Ich wäre froh, wenn er mich wenigstens noch ein bisschen würgen könnte.

»Schlägst du mich jetzt?«, frage ich lächelnd.

»Hatice, komm an mein Herz«, sagt er stattdessen. »Du hast lange genug gewartet, ich kann dir nicht mehr böse sein. Vor dem Tod will ich mich mit allen aussöhnen. Und mit dir sowieso«, zwinkert er mir zu.

Sein Zustand lässt sich nicht verleugnen, und so erspare ich uns die höfliche Lüge zu beteuern, er werde noch hundert Jahre alt. »Hast du Angst vor dem Tod?«, frage ich stattdessen.

»Korkunun ecele faydası yoktur«, antwortet er – »Angst hilft nicht gegen den Tod.« Auch das Zitieren von Sprichwörtern ist mir von meinem Vater so vertraut, dass mir wieder die Tränen kommen. »Wisch die weg, Hatice, ich freue mich auf den Tod. Er wird mich erlösen.«

Angesichts des Lebens, das meine Verwandten geführt haben, angesichts der Krankheiten, die sie durchleiden müssen, ist der Tod vielleicht wirklich eine Erlösung. Ich komme mir dumm vor, empfinde mein eigenes Leben als so oberflächlich. Was mir sonst wichtig ist, erscheint mir nun völlig nebensächlich. Ob man den neuesten Computer hat oder nicht, ob man abends in den angesagten Klub reinkommt oder nicht, ob mein Kind mit drei Jahren schon fließend Englisch sprechen kann oder nicht. Natürlich wissen wir auch im »reichen« Westen, dass die wichtigsten Güter Gesundheit und

Liebe sind. Aber wir leben nicht danach. Wir vergessen es im Alltag. Und ich bin mir nicht sicher, ob ich mir das auch später noch bewusst machen kann oder ob ich, sobald ich hier wieder weg bin, nicht doch wieder rückfällig werde.

Ich bin nun schon fast eine Woche im Dorf, obwohl ich nur zwei Tage bleiben wollte. Meine Schwester ist mit Johanna nach Izmir geflogen. »Das ist doch schöner für sie, als den ganzen Urlaub in einer Großstadt zu verbringen«, erklärt sie mir. Mir kamen gleich zwei Gedanken in den Sinn. Erstens ist Izmir auch eine Großstadt, und zweitens hat meine Tochter keinen Urlaub. Sie soll sich an ihr neues Zuhause gewöhnen.

Versuchsweise stelle ich mir vor, wie es wäre, wenn ich in Akpınar bliebe, wenn aus einer Woche vier werden würden, drei Monate, ein ganzes Leben! Als mein Vater und sein Bruder vor gut vierzig Jahren nach Deutschland gingen, um dort zu arbeiten und für ihre Familien ein besseres Leben aufzubauen, war mein Großvater entsetzt. Für ihn waren seine Söhne Dummköpfe. Im Dorf hatte er es zu Ansehen und einem gewissen Wohlstand gebracht. Er hatte eine große Kammer voll Weizen, Tiere und ein Haus mit einem großen Ofen. Und all das wollten seine Söhne aufgeben. Für ein Leben in einem fernen, kalten Land. Und jetzt stehe ich hier vor seinem zerfallenen Haus und bin froh darüber, dass mein Vater es gewagt hatte, nach Deutschland zu gehen.

Ich denke so viel über Vergänglichkeit und Tod nach, dass ich den Weg zum Friedhof meines Dorfes einschlage. Dort liegen unsere Verwandten. So viele Grabsteine mit meinem Nachnamen. Angefangen bei meiner Großmutter, die 1955 begraben wurde, bis zu meiner Tante, die erst letztes Jahr starb. Ein beklemmendes Gefühl, das sich steigert, als ich an die reservierte Grabstätte meiner Eltern trete. Für meinen Vater ist klar, dass er hier im Schoß seiner Familie beerdigt wird. Ich habe ihn nie verstehen können, aber dieser Besuch bei meinen Verwandten hat mich aufgewühlt. Das alles ist Heimat, ich stamme aus diesem Dorf, also muss ich mich auch hier begraben lassen. Ich wollte meiner Tochter ersparen, 3000 Kilometer fahren zu müssen, um die Grabstelle ihrer Mutter zu besuchen. Wird sie verstehen, wenn ich meine Meinung ändere? Nicht jetzt, noch ist sie zu jung, aber vielleicht wenn sie in meinem Alter ist. Ich spreche ein Gebet und gehe zurück zu den Lebenden.

Bei meiner Cousine Döndü beginnt wieder das muntere Ratespiel, das schon so viele Dorfbewohner mit mir gespielt haben. Es fängt immer gleich an, aus dem höflich grüßenden Blick wird ein fragender. Dann glimmt ein Funke in den Augen des Betrachters auf. »Du bist doch – bist du nicht …?«, und dann kommt entweder der Name einer meiner Schwestern und manchmal sogar »Hatice!«. Ich liebe es. Jedes Mal.

Bei meiner Cousine ist es anders. Sie umgeht die Frage, wer ich bin, und schielt stattdessen vorsichtig auf mein linkes Bein. Es macht mich nervös. Gefällt ihr meine Caprihose nicht? Ich mag sie auch nicht mehr, seit ich hier bin. Mit ihr fühle ich mich wie ein verkleidetes Püppchen. »Nun, wer bin ich?«, versuche ich sie abzulenken.

»Zeig mir mal dein linkes Bein, dann weiß ich's.« Und dann lacht sie auf: »Dein Leberfleck.«

Und tatsächlich hatte ich einen am linken Bein gehabt, bis er mir vor vielen Jahren herausgeschnitten wurde. Er war gutartig, zum Glück. Und nun fehlt er mir.

»Schade, jeder im Dorf kannte den Fleck. Damit warst du einzigartig.« Na prima, mitten in meiner Lebenskrise muss ich auch noch erfahren, dass ich nicht mehr einzigartig bin. »Bist du verheiratet?«

Das neue Thema, das meine Cousine anschneidet, holt mich auch nicht aus dem Tief, in das sie mich gerade getrieben hat. Soll ich ihr nun erzählen, dass ich mich gerade mal wieder in ein Dilemma begeben habe? Dass ich einem türkischen Traumprinzen begegnet bin, aber ein Hans mit dem Sexappeal einer Büroklammer mich aus meinen romantischen Tagträumen aufgeschreckt hat? Oder hat der sonst so zuverlässige Familienfunk ihr nicht einmal zugetragen, dass der Vater meiner Tochter nicht mehr der Mann meines Lebens ist?

Zum Glück fällt meiner Tante Umahan die Geschichte ein, wie ich beinahe im Dorf verheiratet worden wäre. Ich war etwa vierzehn Jahre alt und verbrachte meine Sommerferien wieder im Dorf. Als ich am Brunnen Wasser holen ging, grüßte mich ein Junge mit »selam«, was man eben sagt, wenn man jemanden grüßt. Aber ein heiratsfähiger Junge durfte natürlich niemals ein heiratsfähiges Mädchen, das er nicht kannte, einfach so grüßen. Ich hatte keine Ahnung, wie ich reagieren sollte, nuschelte ein »Hallo« und rannte, so schnell ich konnte, zum Haus meiner Tante Umahan. Da fand ich meine Cousine, die ein paar Jahre älter war als ich. Ich erzählte ihr, was geschehen war. »Was sagt man denn da?«, fragte ich ganz naiv.

Sie schlug die Hände über dem Kopf zusammen. »Hatice, bei Allah! Er will dich heiraten.«

Es war eine Katastrophe. Das Gerücht, dass ich bald verheiratet werden würde, verbreitete sich rasend schnell von meiner Cousine zu ihrer Mutter zu meiner Mutter und schließlich zu meinem Vater. Dem fuhr der Schreck in die Glieder. Er wusste, er musste besonnen handeln. Er durfte die Familie des ungewollten Bräutigams nicht verprellen. Sonst hätte eine Fehde entstehen können. Jetzt reiben sich die Islamhasser die Hände: Wir haben es ja immer gesagt, die Türken sind blutrünstige Monster, blind vor Wut. Das sind sie nicht. Und mein Vater ist dafür das beste Beispiel. Ganz ruhig erklärte er dem Vater des Jungen, dass seine Töchter in Deutschland erzogen worden seien. Sie taugten nicht für das Leben auf dem Land, seien keine Hilfe auf dem Feld, und so sei es doch besser, wenn sein Sohn eine nützlichere Frau fände.

So einfach wollte der Mann den »fetten Braten« aber nicht gehen lassen: »Rafet«, sagte er zu meinem Vater, »du hast viele Töchter und Geld, und ich habe Söhne. Das passt. Und das Arbeiten werden wir deiner Tochter schon beibringen.« Sie argumentierten noch eine Weile weiter, bis mein Vater höflich, aber bestimmt das Schlusswort sprach:»Meine Töchter werden nicht im Dorf heiraten.«

Ich bin meinem Vater bis heute dankbar. Meine Mutter erzählte mir dann, dass der Brunnen ein beliebter Ort war, um auf Brautfang zu gehen. Mein Vater hatte meine Mutter damals auch dort abgefangen. Er war sechzehn, sie vierzehn. Und es war der Beginn einer wunderbaren Liebesgeschichte. Aber eben nicht bei mir.

Und so bildet sich aus meinen Erinnerungen und meinen Gedanken über das »Wo gehöre ich hin« endlich der Entschluss, am nächsten Tag zurück nach Istanbul zu fahren. Meine Zeit in Akpınar ist vorbei. Das heutige Dorfleben ist nicht einmal mehr für die lebenswert, die hier ihr Leben verbracht haben. Alles geht kaputt, und ich kann es nicht aufhalten. Leider. Aber ich weiß nun, woher ich komme. Ich weiß jetzt, was es heißt, türkische Wurzeln zu haben. Es ist für mich kein leerer Begriff mehr.

Ich rufe den Busfahrer wie verabredet an, damit er mich am nächsten Tag abholt. Um elf Uhr ist natürlich kein Bus zu sehen, um Viertel nach elf auch nicht. An ein Taxi ist nicht zu denken. Laufen? Trampen? Seit einer halben Stunde ist überhaupt kein Auto vorbeigefahren. Und als ich gegen halb zwölf meinen Vater anrufe, beruhigt er mich, dass der Bus schon noch kommen werde.»Wie war es?«, will er wissen.

»Geçmişe mazi derler – Was vorbei ist, nennt man Vergangenheit«, antworte ich.

»Hatice, mach dich nicht über mich lustig.«

»Mach ich nicht, Baba. Ich habe euch sehr lieb und ich verstehe nun, was euch das alles hier bedeutet.«

Ich merke, wie meinen Vater das freut.»Das ist gut«, sagt er nur.

»Der Bus kommt«, jubele ich.

Im Bus ziehe ich alle Blicke auf mich. Obwohl ich nicht geschminkt und sehr leger gekleidet bin. Man sieht es mir an, nicht nur, dass ich aus einer anderen Welt komme, sondern auch aus einer anderen Zeit. Die Menschen schauen nicht feindselig, eher neugierig und irgendwie distanziert. Komisch eigentlich, solche Blicke zog ich das letzte Mal auf mich, als ich kurz nach der Wende für eine Reportage in Magdeburg war. Die Menschen dort dachten damals, ich sei eine Korrespondentin aus dem Ausland. Menschen können sich ändern, anpassen, in ihrer Umgebung aufgehen, Gepflogenheiten annehmen und sich langsam, aber stetig mit dem Umfeld arrangieren. Aber so weit denkt hier vermutlich keiner. Und so bin ich eine Zeitreisende, die im verfallenen Dorf den Anfang des eigenen Ichs gesucht hat.

»Man muss wissen, wo man herkommt, damit man weiß, wo man hinwill«, so oder ähnlich habe ich es dutzendfach gelesen. Doch wo es bei anderen eine innere Stimme gibt, die einem hilft zu bestimmen, wohin man gehören will und wohin nicht, ist es bei mir ein ganzer Chor, der wild durcheinandersingt.

Wenn ich in Deutschland nach meiner Herkunft gefragt werde, nenne ich oft Duisburg. Und wenn die Frage nach dem Heimatort in der Türkei gestellt wird, sage ich meistens Kütahya. Es ist so ein Tick von Türkischstämmigen, dass sie angeblich aus Istanbul, Izmir, Trabzon, Ankara oder eben Kütahya stammen, weil sie die nächstgelegenen größeren Städte sind. Wir definieren uns über die Großstädte, vielleicht, weil niemand unsere Dörfer und Kleinstädte kennt, vielleicht auch, weil wir einen Minderwertigkeitskomplex haben. Denn wer gibt schon gerne zu, aus einem rückständigen Dorf zu stammen?

Wie, frage ich mich, ist das eigentlich bei der deutschen Landbevölkerung? Wird die nicht auch als altbacken, konservativ und rückständig bezeichnet? Der ländliche Raum hat einen schlechten Ruf. Keine Infrastruktur, Mängel in der

Ärzteversorgung, kein schnelles Internet, keine Arbeitsplätze. Vermutlich ist es so, dass Menschen aus der Eifel, von der Schwäbischen Alb oder aus dem Schwarzwald mehr mit den Menschen in Anatolien gemeinsam haben als die Berliner Deutschtürken.

Ich bin ein Dorfkind. Dabei weiß ich genau, dass mein Dorf mir für ein ganzes Leben zu wenige Möglichkeiten bieten würde. Ich könnte, nachdem ich die große weite Welt kennengelernt habe, die Enge nicht mehr ertragen. Denn der Preis für all die Nähe und Vertrautheit ist eine Enge, aus der es kein Entrinnen gibt. Vielleicht wäre es für meine Tochter das Beste, wenn sie in einer heilen Dorfwelt aufwachsen könnte, so lange, bis sie sich dagegen auflehnt und alt genug ist, sich ins pralle Leben zu stürzen? Daraus wird nichts, denn nicht einmal so sentimental, wie ich im Augenblick bin, denke ich ernsthaft darüber nach, wieder aufs Land zu ziehen.

Aber nie wieder werde ich sagen, dass ich aus Duisburg, Berlin oder Kütahya bin. Ich bin aus Akpınar, einem armen, aber wunderbaren Dorf in Anatolien. Dort leben warmherzige Menschen, die es nicht vergessen haben, sich umeinander zu kümmern. Sie meistern ihr schweres Schicksal, ohne zu hadern, und auch wenn nie etwas über sie in der Zeitung steht und sie niemals in einem Geschichtsbuch erwähnt werden, haben sie dort den Sinn des Lebens begriffen, ohne an Selbstverwirklichung je einen Gedanken verschwendet zu haben. Das, was ich bin, hat seinen Ursprung in Akpınar, dem Dorf der reinen Quelle. Nun bin ich unterwegs, zurück in mein Leben, zu meiner Tochter, zu Cenk. Aber nicht mehr auf der Suche nach mir selbst, weil ich jetzt weiß, mich habe ich immer bei mir.

Eine Heimat – zwei Schlüssel

Seit Tagen frage ich mich, ob ich eigentlich wirklich in meiner Heimat angekommen bin oder doch eben nur in der vertrauten Fremde. Weiß ich überhaupt noch, wo ich hingehöre? »Wir haben dir den Schlüssel nicht gegeben, um dich nach Istanbul zu verpflanzen.« Meine Mutter ist ganz bekümmert, weil sie mir nicht helfen kann. Große Worte liegen ihr nicht, aber sie sagt »verpflanzen« so selbstverständlich, als hätte ich zuvor irgendwo feste Wurzeln geschlagen. Am liebsten würde sie mich in den Arm nehmen und mir eine ordentliche Mahlzeit kochen. »Komm nach Hause, wir freuen uns immer, wenn du da bist«, versichert sie mir noch, ehe sie das Telefonat plötzlich beendet. Ich bin mir sicher, es steht gerade irgendetwas auf dem Herd, das anzubrennen droht.

»Das Paradies liegt unter den Füßen der Mütter«, heißt es im Türkischen. Aber trotz all der Zweifel weiß ich ganz genau, dass ich in Duisburg nicht glücklich werden könnte. Es ist das Zuhause meiner Eltern. Für mich gehört Duisburg zu meiner Kindheit, es ist zu einer Erinnerung geworden. Berlin ist … ja, was ist Berlin eigentlich?

Berlin ist die Heimat meiner Tochter. Die letzten Tage haben wir gemeinsam die schönen Seiten Istanbuls genossen. Wir haben Freunde besucht, und Pelin hat Johanna sogar einen Platz in einer deutsch-türkischen Kita besorgen können. Für meine Tochter ist all das ein Abenteuer, doch sie hört nie auf, von Berlin zu reden. Sie sehnt sich nach ihrem alten Leben. »Mami, in Berlin machen wir das aber anders«, ist eine ihrer Lieblingsantworten, wenn sie wieder einmal Heimweh hat.

Genau wie es Parallelen zwischen Duisburg und Berlin gibt, gibt es viele Ähnlichkeiten zwischen Berlin und Istanbul. Damit meine ich nicht etwa das türkischstämmig bevölkerte Kreuzberg, das man gern als Klein-Istanbul bezeichnet, ohne die geringste Ahnung davon zu haben, wie Groß-Istanbul überhaupt aussieht. Ich meine die Ähnlichkeiten der Großstädte als solche, die Übereinstimmung im Lebensrhythmus, das atemberaubende Tempo, die Rastlosigkeit, die auf dem Missverständnis beruht, Geschwindigkeit könne Orientierung ersetzen.

Und die Städte werden auch durch solche Globalisierungsphänomene wie Ikea einander immer ähnlicher. Über einen Franchisenehmer betreibt die schwedische Möbelhauskette mittlerweile fünf Filialen in der Türkei, zwei davon allein in Istanbul. Mir kommt es seltsam vor, dass diese von Inbusschrauben zusammengehaltenen Bausatzmöbel nun auch in der Türkei die Inneneinrichtung immer uniformer machen. Aber mein Gemeckere vor dem Einkauf ist in etwa so konsequent, wie über Fast Food zu klagen, während man einen Cheeseburger in der Hand hält. Ich habe einfach keine Lust, durch unzählige Möbelhäuser zu ziehen, mich endlosen Preisverhandlungen zu stellen, um hinterher immer wieder neue Liefertermine zu vereinbaren, weil keiner eingehalten wird. Oder beschädigte Möbelteile bei einem Kundenservice zu reklamieren, der mir allen Ernstes zu erklären versucht, dass die Schramme auf dem Tisch Standard sei. Im Schwedenland herrscht Ordnung. Hier stehen Preise dran, man selbst zieht das Wunschteil aus dem Hochregallager heraus, zahlt, und fertig. Bei Bedarf tauscht man um.

Das geht sonst im Leben leider nicht. Obwohl es keinen Grund gibt, bin ich unruhig. Ich fühle mich wie ein Tier kurz vor der Sonnenfinsternis. Irgendetwas wird passieren. Vermutlich liegt es nur an Cenk, der jetzt nervös vor dem Ikea-

Haupteingang auf mich wartet, dass ich so unbedingt will, dass ein neues Leben für mich beginnt. Wir haben uns ausgesöhnt. Er hatte Verständnis dafür, dass ich mich ein wenig von ihm distanzieren musste. Dass ich erst mit mir selbst ins Reine kommen wollte, ehe ich bereit war, mich auf einen neuen Menschen einzulassen. Als ich aus dem Bus steige, winkt Cenk mir erleichtert zu. Hat er befürchtet, ich komme nicht? Das ist es leider nicht.

»Ich habe nicht viel Zeit, ich muss gegen zwei wieder in der Stadt sein«, empfängt er mich, und ich habe plötzlich eine Ahnung davon, wie er als Anwalt gewesen sein muss. Korrekt, höflich, aber bestimmt. Ich nicke und frage nicht nach dem Grund für seine Eile. »Ein Termin«, erklärt er ungefragt, aber ich weigere mich, nachzuhaken. Und Cenk will weder weitere Worte noch Zeit verlieren und schiebt mich durch die Eingangstür. »Was brauchst du alles?«

Sobald ich ein schwedisches Möbelhaus betrete, bekomme ich riesigen Appetit auf Köttbullar, diese kleinen Hackfleischbällchen in der undefinierbaren grauen Sauce. Die gibt es zu meinem Erstaunen auch hier, nur dass sie nur aus Rindfleisch bestehen und »Köfte« genannt werden. Ob sie tatsächlich aus Rindfleisch gemacht sind, dafür kann ich meine Hufe, äh, meine Hand nicht ins Feuer legen.

Während ich versuche, meine Gedanken wieder auf das Möbelangebot zu fokussieren, antwortet Cenk sich selbst. »Ein grooooooßes Bett.« Er zwinkert mir zu und wird tatsächlich ein wenig rot. »Ein kleiner Tisch für das Kinderzimmer, dann Gläser, Geschirr und Vorhänge für beide Zimmer. Habe ich etwas vergessen?«

Ich lächle ihn an. Kann ich so einen Mann wirklich hier zurücklassen? Ist er nicht der beste Grund, Berlin zu vergessen? Ich schüttele den Kopf.

»Na gut, komm schon«, interpretiert er mein Kopfschütteln. »Du gehörst doch sicher zu denen, die sich das ganze Jahr gesund ernähren, aber dann beim Anblick von in Soße ertrunkenen Hackfleischbällchen schwach werden?« Und schon zieht er mich ins überfüllte Restaurant.

Ich kann mein Glück nicht von einem Mann abhängig machen. Ich muss mein Leben für mich sortieren. Das kann mir keiner abnehmen, nicht einmal Cenk, der mich nach wenigen Monaten schon besser kennt, als meine Mutter über mich Bescheid weiß. Er schiebt mich zur Theke, drückt mir ein Tablett in die Hand, bestellt eine große Portion Köfte für uns beide, schnappt sich noch Gläser, bezahlt und dirigiert mich geschickt durch die Menge tobender Kinder, genervter Eltern, junger Paare und armer Studenten zu einem Tisch am Fenster mit Blick auf den nicht sonderlich idyllischen Parkplatz.

»Was ist los?« Cenk klingt besorgt. Mein lustloses Gestochere auf dem Teller reicht ihm nicht als Antwort. »Hatice, wo bist du mit deinen Gedanken?«

Soll ich ihm die Wahrheit sagen? Dass ich seit Tagen versuche, mir selbst zu erklären, warum ich nach Deutschland zurückkehren will. Ich erschrecke über meinen Gedanken. Das klingt plötzlich so entschlossen in meinem Kopf. Und es ist das erste Mal, dass ich das ausspreche: »Ich will zurück.«

Cenk sieht mich erschrocken an. »Nach Hause?«

Ich nicke. Und bevor die Chance für ein offenes Gespräch verstreichen kann, platze ich heraus: »Richtig nach Hause. Nach Berlin. Mir ist klar geworden, dass ich in Istanbul nur Gast bin, und obwohl ich mich in Berlin manchmal so behandelt fühle, als sei ich auch dort nur zu Besuch, weiß ich jetzt, dass ich dorthin gehöre.« Cenk sagt nichts und hört mir weiter zu: »Dort ist meine Tochter geboren, und dort soll sie aufwachsen. Sie will Körnerbrot und hat den Kindern hier im Kindergarten Lieder von Rolf Zuckowski beigebracht. Sie fragt ständig, warum sich die Blätter hier nicht verfärben, es sei doch längst Herbst, und wann wir nach Hause fahren. Und ich möchte wieder in meiner Sprache leben und arbeiten, nicht in meiner Muttersprache, sondern in der, die ich mir hart erarbeitet habe, die mir aber durch all das Lesen die Welt geöffnet hat. Du musst mir glauben, ich wäre so gern hier geblieben.« Mir laufen schon die Tränen über die Wangen. Ehe meine Stimme versagt, füge ich hinzu: »Ich wäre so gern hier bei dir geblieben.«

Cenk sieht mich an und streichelt meine Hand. »Die Entscheidung liegt bei dir. Ich bin für dich da, egal ob du in Berlin lebst oder hier.«

Jetzt schluchze ich richtig los. »Du verstehst, dass ich dich ..., dass wir ...?«

»Ich verstehe das.«

Dieser Mann ist zu gut für mich, ich habe es geahnt. Kann ich bitte erfahren, warum Allah mir diesen Wunsch erfüllt hat, endlich den Richtigen zu finden, und warum ich ihn nicht annehmen kann? Ich komme mir vor wie der Esel, dem man die Möhre direkt vor die Nase hängt, damit er losläuft. Aber im Gegensatz zum Esel frage ich mich schon nach wenigen Kilometern, warum ich die Möhre trotzdem nicht erreichen kann.

»Dann lass uns jetzt Möbel kaufen«, löse ich die Situation auf.

»Ich dachte, du gibst Istanbul auf?«, entgegnet Cenk überrascht.

»Nein, ich gebe Istanbul niemals auf. Und meine Wohnung behalte ich auch. Ich habe zwar nur eine Heimat, aber ab sofort zwei Schlüssel.«

Wo diese Heimat liegt, ist mir nun endlich klar geworden. Man hat uns nämlich einen Bären aufgebunden, uns, den Zugewanderten, Zugezogenen. Man hat uns in Deutschland den Bären aufgebunden, dass es einen Unterschied gibt zwischen Einheimischen und Eingewanderten. Dass die einen eine Heimat haben und wir anderen eine suchen. Und wir sind denen, die uns so definieren wollen, tatsächlich auf den Leim gegangen. Diese Einbildung verdanken wir ihnen, die Idee, wir lebten mit zwei Identitäten, zwei Persönlichkeiten, einem deutschen Kopf und einer türkischen Seele. Dass nur sie über ein Gefühl, ein Empfinden von Heimat verfügen, das uns verwehrt ist. Ein Irrtum. Deutschland ist meine Heimat. »Die« und »wir«. Dabei gibt es die richtig großen Unterschiede eher in der Türkei, nämlich zwischen Armen und Reichen, Traditionsbewussten und Modernen, Religiösen und Säkularen, Europäern und Asiaten. Das Land entwickelt sich so rasant, dass man befürchten muss, es fliegt irgendwann auseinander. Als Klammer, die alles zusammenhalten soll, fungiert die Religion. Im Moment rast die Gesellschaft Richtung Moderne. Der Bauboom hält ununterbrochen an, und im Supermarkt kann man seine Einkäufe mit Kreditkarte bezahlen, sogar in Monatsraten. Nahezu jeder bekommt alles auf Kredit. Vordergründig geht es den meisten gut, sogar sehr gut. Allerdings zu einem hohen Preis: einer enormen privaten Verschuldung. Es folgt der Verkauf von Land, das Auflösen alter Besitzstände – nur für die Finanzierung des irrsinnigen Konsums. Man kann sehen, wie der Druck im Kessel steigt, und nur hoffen, weit genug davon entfernt zu sein, wenn er explodiert.

Zugegeben: Ich habe mich blenden lassen, von diesem turbokapitalistischen Durchlauferhitzer, in dem entscheidend ist, was man hat, und nicht, was man ist. Nicht, dass mein deutsches Besserwisser-Gen nun die Oberhand gewonnen hätte. Ich habe nur zu mir selbst gefunden.

Die Türkei ist lebenswert und liebenswert. Die Neugierde, mit der sich die Menschen hier auf alles Neue stürzen, ihre aufrichtige Teilnahme und die Vielzahl kleiner Nettigkeiten, die einem im Alltag begegnen, würde ich mir auch in Berlin wünschen. Wie viele Menschen hier in schwierigen wirtschaftlichen Verhältnissen ihr Leben meistern, ohne Klagen, wie sie trotz all der Sorgen entspannt in sich ruhen, nötigt mir meine aufrichtige Bewunderung ab.

Dennoch weiß ich jetzt, dass mir hier etwas fehlt. Fast jede Woche schreibe ich für deutsche Zeitungen über Missstände und Versäumnisse, über Fehler im deutschen System. Und bin dabei zuversichtlich, dass die Kritik auf fruchtbaren Boden trifft, dass die Presse als »vierte Gewalt« Einfluss hat auf andere gesellschaftliche Mitspieler. In der Türkei gibt es ein solches tief in der Gesellschaft verwurzeltes Geflecht von Mitwirkungsmöglichkeiten, von Institutionen, Vereinen und Parteien und sich gegenseitig kontrollierenden Körperschaften gar nicht. Jeder Protest wird deshalb grundsätzlich laut und in radikaler Form artikuliert. Es gibt keine breite Mitte, die zwischen oben und unten schlichtet. Viele Konflikte werden unter den orientalisch verzierten Teppich gekehrt, bis sie wieder hervorquellen. Es gibt keine moderierte Streitkultur oder nüchterne Sachlichkeit. Es geht immer um alles oder nichts, und ohne Emotion geht gar nichts.

Nie hätte ich gedacht, dass die deutsche Gepflogenheit, Konflikte auszubremsen oder im Sand verlaufen zu lassen, mir eines Tages als wohltuend erscheinen würde. Oder liegt es nur daran, dass ich es nicht vermag, meine deutsche Pedantenbrille abzusetzen? Während ich in Deutschland beklage, dass uns der Zusammenhalt in der Gesellschaft abhandengekommen ist, werden hier moderne Wolkenkratzer hochgezogen, ohne dass sich jemand darum schert, wie das Zusammenleben der neuen Nachbarn zu organisieren wäre. Wie lange das gut geht, vermag ich nicht zu beurteilen.

Ich würde wahnsinnig gerne meinen Teil dazu beitragen, dass die Türkei, dieses großartige Land, nicht zwischen Boom und Religion zerrissen wird. Aber muss ich dafür meine Heimat aufgeben? Nein. Für die Türkei und wie sie von außen wahrgenommen wird kann ich in Deutschland mehr tun. Nur mein persönliches deutsch-türkisches Verhältnis erscheint mir noch nicht ganz so klar. Ich muss noch mal mit Cenk reden.

Wir verabreden uns zu einem letzten gemeinsamen Abend. »Wir hatten noch gar kein richtiges Date«, hatte Cenk am Telefon gesagt. »Nach türkischen Maßstäben, meine ich.«

Nun erwarte ich natürlich ein Märchen aus Tausendundeiner Nacht. Ich hoffe, er weiß, wie hoch er meine Ansprüche geschraubt hat. Um acht Uhr abends will er mich abholen. Mir bleiben noch zehn Minuten, den Istanbuler Verkehr eingerechnet etwa eine halbe Stunde. Meine Haare sitzen perfekt, ja, und sie sind hochgesteckt. Auch wenn ich selbst behauptet habe, Männer interessieren sich nicht dafür, was die Frau mit ihren Haaren macht. Man fühlt sich selbst ganz anders mit einer perfekten Hochsteckfrisur als mit offenen Haaren, die an manchen Tagen nicht in Wellen liegen wollen, sondern weit vom Kopf abstehen. Auf jeden Fall ist es wie mit hohen Absätzen. Man bekommt eine andere Haltung, man fühlt sich weiblicher, attraktiver. Und da ich laut Cenk auf High Heels heute Abend verzichten soll, bleibt mir nur die Frisur. Allerdings zögere ich noch, ob ich mich an Cenks Empfehlung halten soll. »Was auch immer du anziehst, ich rate zu flachen Schuhen«, mehr hatte er nicht verraten. Und er ahnt vermutlich nicht einmal, welches Drama er damit ausgelöst hat. In diesem Punkt unterscheidet sich der Traummann Cenk eben nicht von dem Durchschnittstyp Mann.

Männer werden nie begreifen, dass High Heels kein beliebiges Schuhwerk sind. Und ob High Heels praktisch sind, fragen wir Frauen uns auch nie. Sie passen vielleicht nicht zu jeder Situation, wenn man zum Beispiel als Krankenschwester auf der Station arbeitet. Sie passen vielleicht auch nicht zu jeder Stimmung, wenn man zum Beispiel gerade heulend auf dem Sofa sitzt und Eiscreme in sich hineinstopft. Aber: Sie passen an jeden Ort. Das ist nur eine Frage der Disziplin und des Trainings. Ich war mit High Heels am Strand, ich war mit High Heels im Gebirge und ich war mit High Heels auf Berliner Kopfsteinpflaster. Also kann Cenk mir doch nicht allen Ernstes raten, zu einem Date aus Tausendundeiner Nacht flache Schuhe anzuziehen! Zumal meine Beine unter diesem Rock viel schlanker wirken, wenn ich die Louboutins dazu trage.

Ich möchte betonen, dass ich die nicht so nebenbei von meinem üppigen Einkommen gekauft habe, sondern nach wochenlangem Verzicht auf komplett alles, was nicht lebensnotwendig ist. Ich habe mich also von trocken Brot und Wasser ernährt – gut, ich gebe zu, Schokolade war auch noch drin –, um diese Schuhe kaufen zu können. Zum Glück sind sie zeitlos schön, und so trage ich sie seit Jahren immer mal wieder. Selten. Denn man braucht nicht nur Disziplin, um High Heels tragen zu können, man braucht für die Louboutins auch einen starken Arm, der einen durch den Abend geleitet.

Als Cenk an der Tür läutet, öffne ich ihm barfuß. Nachdem er mich begrüßt hat, fragt er auch schon: »Hast du gar keine flachen Schuhe? Ich habe dich doch neulich in diesen Ballettschühchen gesehen, dann nimm doch die.«

Innerlich schlage ich die Hände über dem Kopf zusammen. Nichts gegen Ballerinas, aber ich finde es sehr unromantisch, wenn wir die Promenade entlangspazieren, den Sternenhimmel genießen und man in seinen Schuhen geht wie eine Ente. Nein! Ich entscheide mich für meine silbernen High Heels, in denen ich schon so manchen Abend durchgestanden habe, man bemerke die Doppeldeutigkeit. Und sie sind ein wenig niedriger als die Louboutins, so kann ich mich auch ohne Cenks Hilfe mal zurückziehen.

»Ich habe dich gewarnt«, sagt Cenk nur. Lieber hätte ich ein Kompliment gehört.

Als er seinen Wagen auf einem Parkplatz im Nirgendwo abstellt, schwant mir Böses. Will er meine High-Heels-Künste wirklich auf die Probe stellen? Ausgerechnet heute hat es am Morgen geregnet und das, obwohl die Regenwahrscheinlichkeit im Istanbuler Herbst vermutlich unter einem Prozent liegt. Kaum verlassen wir den geteerten Parkplatz, beginnen nicht nur meine Felle davonzuschwimmen. Meine Schuhe versacken im Schlamm. Ich ziehe sie mühevoll Schritt für Schritt wieder heraus, fluche leise vor mich hin und hoffe, dass Cenk von alldem nichts mitbekommt. Dann gerate ich ins Stolpern, und Cenk kann gerade noch verhindern, dass ich den flachen Hügel herunterrolle.

Ich konzentriere mich so stark auf meine Schritte, dass ich gar nicht merke, wie traumhaft schön der Blick auf die Stadt von hier oben ist. Ganz ehrlich wäre ich jetzt lieber in einem romantischen Restaurant verabredet. Von mir aus auch in Charlottenburg, wo es zwar keine herrliche Aussicht gibt, aber hervorragende italienische Küche.

Wir schlagen uns durch ein paar Büsche. Mein Kleid verhakt sich an einem Ast, dadurch gerate ich schon wieder ins Straucheln, und Cenk schafft es diesmal nicht rechtzeitig, mich vor dem Sturz zu bewahren. Halb sinke ich ein, halb bleibe ich hängen. Kein schöner Anblick, aber wohl einer, der bei Cenk Mitleid auslöst.

»Es tut mir leid«, sagt er. »Ich dachte nicht, dass du in Kleid und High Heels erscheinen würdest. Auch wenn es dir hervorragend steht.« Wenn ich nicht in einer so unbequemen Lage wäre, würde ich jetzt dahinschmelzen.

Noch ehe ich mich fragen kann, was Cenk da vorhat, versucht er mich hochzuheben. So wie man es in Hollywoodstreifen sieht, nur dass die Schauspielerinnen nie mehr als vierzig Kilo auf die Waage bringen. Cenk stöhnt, aber für einen Mann von Ehre gibt es keinen Weg zurück.

»Es geht schon, danke«, biete ich ihm eine Fluchtmöglichkeit.

»Es ist nicht mehr weit«, entgegnet er heldenhaft.

Ich halte die Luft an, als könnte ich damit mein Gewicht reduzieren. Und tatsächlich, Cenk schafft es, mich bis zur nächsten Lichtung zu tragen. Er setzt mich vorsichtig ab, und noch ehe ich wieder Luft holen kann, verschlägt mir der Anblick den Atem. Auf der Wiese ist eine weiße Decke ausgebreitet. Dort steht ein Korb mit Leckereien, dazu eine Champagnerflasche im Kühler. Die Lichtung ist von Fackeln erleuchtet. Und unter uns breitet sich die Stadt aus, während sich über uns der perfekte Sternenhimmel wölbt. Ganz leise höre ich im Hintergrund klassische Musik. Ich muss kurz an Clemens denken. Sein Picknickversuch hatte ähnliche Zutaten, aber nicht das türkische Herz, daraus ein romantisches Event zu machen.

Cenk bietet mir seinen Arm an und geleitet mich zur Decke, die er fachmännisch mit Folie unterlegt hat, damit die Feuchtigkeit nicht durchsickern kann. Ich versuche mich so zu setzen, dass er meine ruinierten Schuhe und mein leicht lädiertes Kleid nicht sehen kann.

»Lass nur, gerade das Unperfekte ist doch liebenswert.«

Ich muss lachen. Und mir kommt ein Sprichwort in den Sinn, das mein Vater gern zitiert, wenn ich mich mal wieder darüber aufrege, dass sich wochenlang niemand aus meiner Familie bei mir meldet, aber wehe, mir passiert ein kleines Malheur, schon habe ich Kommentare der gesamten Sippe auf meinem Anrufbeantworter: »Gerçek dost kötü günde belli olur – Richtige Freunde beweisen sich an schlechten Tagen«. Nur ist Cenk charmanter als alle meine Verwandten zusammen. Aber ich sitze doch nicht ernsthaft an dem romantischsten Ort der Stadt und denke an meine Familie!

Cenk bedient mich, und je mehr Mühe er sich gibt, desto trauriger werde ich.

»Hatice, bist du noch hier oder schon abgereist?« Mit dieser Frage trifft er mal wieder den Kern der Sache. Obwohl ich noch hier sitze, ist mir die ganze Zeit bewusst, dass es ein Abschied ist, dass unser romantisches Date auch gleichzeitig das letzte sein wird. Noch im Sommer war ich mir sicher, dass Istanbul meine neue Heimat werden könnte. Oder habe ich mir die ganze Zeit etwas vorgemacht? Habe ich mir das mehr gewünscht als daran geglaubt? Als ich aus Akpınar zurückkam, fühlte sich Istanbul heimisch an.

»Lass nicht zu, dass das ein Ende ist«, flüstert Cenk und sieht mir so tief in die Augen, dass ich Angst bekomme, ohnmächtig zu werden. »Auf den Beginn von etwas!« Er muss über sein eigenes Pathos lachen und fügt salopp hinzu:»Was auch immer daraus wird.«

Er hebt sein Glas und ich stoße mit ihm an. Eine Autohupe zerstört den Moment, bevor ich mich entscheiden kann, ob das die Gelegenheit für unseren ersten Kuss ist. Scheinwerferlicht fällt durch das Gebüsch direkt auf unsere Decke. Das Licht ist unangenehm grell, aber es wird zum Glück gleich ausgeschaltet. Wir hören ein Kichern.»Das ist wohl doch kein Geheimtipp«, sagt Cenk und spricht aus, was ich denke. Und die Kuss-Gelegenheit ist eindeutig verstrichen.

Cenk reicht mir ein Stück Fischfilet. Ich starre es entsetzt an.»Das ist Dorade, die magst du doch so gern.«

Das muss er ja denken, ich habe oft genug Fische mitgenommen, wenn ich ihn auf der Brücke besuchte.

»Cenk, ich muss dir was sagen.«

Erstaunt sieht er mich an.»Ja?«, fragt er vorsichtig nach, als meine Pause zu lang wird.

»Ich mag keine Dorade. Ich mag überhaupt keinen Fisch, ich mag nichts, was aus dem Wasser kommt.«

Er starrt mich an, als suche er nach der richtigen Reaktion.»Aber dann ... wieso?« Cenks sonst so schnell schaltender Verstand funktioniert nicht.

»Ich habe das nur deinetwegen gemacht«, helfe ich ihm auf die Sprünge.

»Wow, dann nehme ich das mal als Kompliment.« Cenk fasst sich wieder.»Als ich nach Istanbul gekommen bin, habe ich mich deutscher gefühlt als jemals zuvor«, wechselt er das Thema.»Ich war pünktlich, trotz des berüchtigten Verkehrs, ich war so korrekt, dass die Leute mich schon unhöflich fanden, und ich habe meiner Tante, egal was sie auch an Köstlichkeiten auf den Tisch gestellt hat, so lange von deutschem Brot vorgeschwärmt, bis sie mir eine Brotbackmaschine geschenkt hat.«

Ich lache, bis mir die Tränen kommen. Nicht nur, weil seine Tante wirklich verzweifelt gewesen sein muss, denn eine Türkin würde unter normalen Umständen niemals einem Mann etwas für die Küche schenken, sondern auch weil ich so froh bin, Cenk getroffen zu haben. Er weiß immer, was ich fühle, und er weiß immer, wie er sich dann verhalten muss.»Du bist wunderbar«, und noch ehe ich darüber nachdenken kann, wie offen ich gerade bin, und obwohl sicher alle Datingregeln davon abraten würden, setze ich noch einen drauf:»Du willst nicht zufällig mit mir nach Deutschland zurückgehen?«

»Mein Zurück ist hier«, sagt er todernst, und das klingt so hochphilosophisch, dass ich schon wieder lachen muss. Diesmal lässt er sich nicht davon anstecken.»Du bist leider noch nicht so weit. Man kann kein neues Leben beginnen, nur weil man wütend auf seinen Chef ist oder auf Politiker oder auf eine Freundin oder auf sich selbst. Statt Wut braucht man Mut und einen gewachsenen Wunsch, der einem das Gefühl gibt: Jetzt biege ich endlich ab, auf meinen richtigen Weg. Das hat bei mir Jahre gedauert. Als ich den Schlüssel zu meiner Wohnung in Eppendorf abgab, überkamen mich noch einmal Zweifel.«

»Und dann?« Es interessiert mich brennend, wie man Zweifel überwindet. Das kann ich in vielen Lebenslagen gebrauchen.

»Ich habe mir eine Hintertür offengelassen, ich habe mir gesagt, dass ich jederzeit nach Hamburg zurückkehren und die Fäden wieder aufnehmen kann.«

»Würdest du dich dann nicht wie ein Versager fühlen?«

»Ach was, die meisten gehen erst gar kein Risiko ein, sie bleiben in ihrem alten Trott. Das ist doch eher ein Versagen, als etwas Neues zu probieren und festzustellen, dass es einem nicht liegt.«

Stimmt. Auch ich habe versucht, ein neues Leben in Istanbul zu beginnen, das kann ich mir zugutehalten. Okay, es war ein halbherziger Versuch, meine Hintertür war von Anfang an ein Scheunentor. Meine Wohnung in Berlin habe ich behalten, meine Aufträge ebenso.

»Vielleicht komme ich als Rentnerin wieder«, versuche ich mit Flapsigkeit von meiner neu erwachten Traurigkeit abzulenken.

»Ich denke, du kommst bald wieder. Allein um zu wissen, wie es ist, mich zu küssen.«

Nein, den letzten Satz hat er nicht gesagt, aber er hätte hier sehr gut hingepasst. Genau deswegen werde ich nämlich bald wieder ein paar Tage Istanbul einplanen. Ich will wissen, wie er küsst. Und ich will, dass das hier ein Anfang ist.

Wir hören einen zweiten Wagen, der hinter den Büschen parkt. Laute Musik dröhnt aus dem Autoradio. Orientalischer Hip-Hop, wie man ihn auch auf der Oranienstraße in Kreuzberg zu hören bekommt, wenn die jungen Deutschtürken mit ihren aufgemotzten Autos um den Platz cruisen. Ein Testosteronfestival. Das Paar scheint die Sprechgesänge romantisch zu finden, es macht keine Anstalten, die Musik leiser zu stellen. Das andere Paar, das kurz zuvor angekommen war, beschwert sich. Dann hören wir noch weitere Stimmen.

Cenk wird neugierig. »Ich bin gleich wieder da«, sagt er und ist schon hinter den Büschen verschwunden. Meine High Heels bitten mich, ihm nicht hinterherzugehen, so warte ich geduldig, dass er zurückkommt. Es dauert einige Minuten, bis Cenk wieder auftaucht. »Du glaubst es nicht. Hier hat sich einiges verändert!«

»Was ist denn da los?«

Cenk lacht. »Da stehen ungefähr fünf Autos auf einem Feldweg. Ein Schmusecorso. Und der Weg führt zu einem Restaurant mit großem Parkplatz, direkt am Hang. Wir hätten es also bequemer haben können.«

»Wer möchte es schon bequem haben«, sage ich und streichele meine High Heels.

»Okay, aber jetzt gehe ich das Auto holen. Auf dem Rückweg musst du mir nicht beweisen, dass du auf hohen Absätzen überall bestehen kannst.«

Unseren letzten Abend lassen wir im Reina, dem angesagtesten Klub der Stadt, ausklingen. Und dort muss ich feststellen, dass Cenk überhaupt nicht zum Tanzen zu bewegen ist. Ich wusste es, eine Schwachstelle gibt es auch bei diesem Traummann. Natürlich ist das eine, über die man mit Leichtigkeit hinwegsehen kann, aber mir hilft sie, diesen Abend tränenfrei zu Ende zu bringen.

»Soll ich dich Montag zum Flughafen bringen?« Cenk hat mich zu Hause abgesetzt. Wir stehen vor meiner Haustür.

»Nein, ich mag keine Abschiede.«

»Gut, dann verabschieden wir uns hier.«

»Ja«, presse ich hervor, denn die unterdrückten Tränen drücken mittlerweile auf meinen Kehlkopf. Ich beuge mich leicht vor in der Erwartung, jetzt doch noch meinen Kuss zu bekommen.

Cenk nimmt mich in den Arm und drückt mich. »Vielleicht kommst du ja bald zurück, weil du dich in Berlin die ganze Zeit fragst, wie küsst der Typ bloß.«

Diesmal hat er den Satz tatsächlich ausgesprochen. Vorsichtig löse ich mich aus der Umarmung, nicke ihm zu und verschwinde blitzschnell im Hausflur. Dann laufen mir die Tränen herunter, obwohl ich gleichzeitig lächeln muss. Er mag mich, er mag mich sogar sehr. Und ich ihn. Und zum Glück ist es mir gelungen, meine Heimatsuche unabhängig von ihm abzuschließen und nicht allein seinetwegen ein Leben in Istanbul zu beginnen. Wenn aus uns eines Tages ein Paar wird, dann nur, weil wir beide in uns ruhen und offen sind für den anderen.

Ha, ich bin gelassen, denke ich. Und ich muss mich nicht daran erinnern, gelassen zu sein. Ich kann gelassen sein, weil ich mich nicht mehr so schnell verunsichern lasse, weil ich weiß, was ich will und wohin ich gehöre. Nun muss ich das nur noch leben.

Die Entscheidung, meine neue Wohnung in Istanbul nicht zu verkaufen, sondern dort einzuziehen, habe ich ganz bewusst getroffen. Nein, sie würde keine Bleibe für immer werden, sondern ein Rückzugsort, eine Oase, wenn ich in Berlin mal wieder meine Gelassenheit verlieren sollte. Den Einzug habe ich ganz leise vollzogen, ohne volle Möbelwagen, ohne Dutzende Kisten und Kartons. Ich bin mit meinem deutschtürkischen Herzen eingezogen. Ich habe eine Flasche Rotwein geöffnet, mich auf meinen klitzekleinen Balkon gesetzt und in die Abendsonne geschaut. Ich sah mich in der kleinen, einfach eingerichteten Wohnung um und dachte an den Satz, den mein Vater mir mit auf den Weg gab, als ich mich nach Istanbul aufmachte: »Iki gönül bir olunca, samanlık seyran olur – Wenn zwei Herzen eins sind, wird die Scheune zum Palast.«

Am Morgen unserer Abreise bin ich zumindest äußerlich schon gar nicht mehr gelassen. Ich renne durch die Wohnung wie ein aufgescheuchtes Huhn. Ich freue mich sehr auf meine Heimat.

Deutschland, du wirst mich nicht los. Wenn du glaubst, dass ich in deinen Städten aufwachse, deine Sprache lerne, mich von dir prägen lasse, mich an dir abarbeite, dir Nachwuchs schenke, um dann einfach aufzugeben, hast du dich getäuscht. Und damit du eines Tages so toll wirst, wie du sein könntest, werde ich meinen Teil dazu beitragen. Es tut mir leid, dass ich glaubte, du hättest es nicht besser verdient. Aber wenn du auf der Welt eine Rolle spielen willst, brauchst du uns, die Dunkelköpfigen, Lockigen, Braunäugigen, die von weit her zu dir gekommen sind. Wir sind nämlich mittlerweile dein Gesicht in der Welt. Und je bunter und durchmischter du wirst, desto mehr wirst du verstehen, wie der Rest der Welt funktioniert.

Ich habe meinen Frieden gemacht und mich damit abgefunden, dass es bei dir jede Menge Typen gibt, die es nicht so gut mit dir meinen. Aber, keine Sorge, viele Andersdenkende sind geblieben, und ich komme auch wieder, damit das Gestern nicht länger das Sagen hat. Übrigens, was meine Heimat ist, bestimme ich ganz alleine. Du darfst es sein, wenn du versprichst nicht eifersüchtig zu werden, wenn ich ohne schlechtes Gewissen ab und zu als Deutsche in Istanbul Türkin bin, um kurz darauf in Berlin wieder umso lieber Deutsche zu sein.

Auch Johanna kann es kaum erwarten, zum Flughafen aufzubrechen. Sie sitzt schon seit zwanzig Minuten auf ihrem gepackten Koffer, ihre Lieblingspuppe im Arm, und beobachtet mich, wie ich hektisch zum zehnten Mal kontrolliere, ob der Strom auch abgeschaltet ist. Mein Aufbruch nach Istanbul war irgendwie organisierter. Liegt das wirklich am Land? Zumindest komme ich jetzt nicht dazu, mich einen Moment zu sammeln, wie ich es in Berlin geschafft habe, ehe das Taxi kam. Dann läutet es auch schon. Ich werfe einen letzten Blick auf die Sicherung, während Nesrin die Treppe heraufkommt.

»Bist du bereit?«

»Mehr als bereit«, antworte ich.

Meine Freundin umarmt mich kurz und entdeckt hinter mir den großen Gepäckhaufen. »Das sehe ich«, kommentiert sie das Chaos.

Dann hilft Nesrin Johanna, ihren Koffer hinunterzutragen, und ich schleppe meinen Koffer, einige Tüten und eine Reisetasche hinterher. Die Menge des Gepäcks und seine improvisierte Verpackungsart sind auch irgendwie sehr türkisch. Dafür sind meine Nägel im perfekten Zustand, und die Föhnwelle, die ich mir heute Morgen noch schnell beim Friseur gegenüber habe machen lassen, kann sich sehen lassen. Keine Sorge, ich bekomme keinen Rückfall. Ich bemerke nur, dass ich ein paar meiner türkischen Eigenschaften wiederbelebt habe. Und das ist auch gut so.

Meine Tochter wirft noch einen Blick auf das Haus, in dem unsere türkische Wohnung liegt. »Hier ist es viel schöner als im Hotel«, stellt sie trocken fest.

Ja, sie hat recht. In Zukunft werden wir in Istanbul nicht im Hotel wohnen oder bei Verwandten. Und vielleicht wird meine Tochter sich irgendwann dazu entscheiden, in dieser

Wohnung zu leben. Wer weiß. Feierlich löse ich meinen Istanbul-Schlüssel endlich von dem dicken Holzklotz, den ich tatsächlich wochenlang mit mir herumgeschleppt habe, und stecke ihn an mein Berliner Schlüsselbund. Er gehört jetzt zur Familie, er ist ein Teil meines Lebens.

Meine alte Nachbarin, die sich wegen ihrer Demenz ja leider nie an mich erinnern kann, kommt vom Einkauf zurück. Als sie uns vor dem Haus stehen sieht, fragt sie:»Suchen Sie etwas?«

Ich muss lächeln.»Nein, ich suche nichts mehr.«

Die alte Dame nickt mir zu und verschwindet im Hausflur.

Mit lautem Hupen macht Nesrin darauf aufmerksam, dass sie mit Johanna längst abfahrbereit im Auto sitzt. Ich gönne mir noch eine kleine sentimentale Träne, ehe ich mich losreiße und in den Wagen steige.

Unser Flugzeug landet am späten Nachmittag in Tegel. Berlin liegt unter einer dicken Wolkenschicht. Ich hatte eigentlich fest damit gerechnet, dass wir schon auf dem neuen Hauptstadtflughafen landen würden. Aber warum sollte es nicht auch in einer deutschen Großstadt Chaos geben? Mich irritiert das nicht, ich komme ja gerade aus der Stadt, die auf Chaos gebaut ist.

Als ich vor Monaten in Istanbul landete, hat keiner der Fluggäste geklatscht. Hier in Berlin fängt die ganze Maschine an zu jubeln. Was für eine wunderbare, verkehrte Welt das doch ist.

Aufgeregt gehen Johanna und ich zur Passkontrolle. Ich schiebe unsere Reisepässe durch den Schlitz, der Beamte schaut konzentriert hinein, tippt in seinen Computer, dann mustert er mich. Noch ehe in mir der übliche Gedanke aufsteigen kann, dass er sich bestimmt fragt, wie die illegale Einwanderin an einen deutschen Ausweis gekommen ist, legt er meinen Pass zur Seite. Als er den Kinderpass meiner Tochter in der Hand hält, hebe ich sie hoch, damit er sie ebenfalls mustern kann. Johanna lächelt ihn an, sodass er gar nicht anders kann, als es zu erwidern. Dann sagt er fröhlich:»Na, Kleene, haste enen schönen Urlaub jehabt?«

Urlaub? Jetzt muss auch ich lächeln. Irgendwie hat er den Nagel auf den Kopf getroffen. Oder, wie mein Vater sagen würde:»Turnayı gözünden vurdu.« Meine Identitätssuche war mehr ein Abenteuerurlaub statt einer Heimatsuche.

Der Beamte schiebt uns die beiden Pässe zu und sagt:»Willkommen zurück.«

13

Wir sind Istanbul

Seit einem halben Jahr bin ich wieder zurück in Berlin. Meinen Fluchtversuch in die Türkei habe ich nie bereut. Und auch wenn meine Freunde hier meckern, dass ich mir zu viele türkische Gepflogenheiten angewöhnt habe, bin ich selbst rundum mit mir im Reinen. Ich bin aufbrausender als früher, also wirklich noch aufbrausender, was sich in meiner Familie keiner hätte vorstellen können. Aber nun verkaufe ich das allen als mein orientalisches Temperament. Ich bin weniger streng mit mir, wenn es um kulinarische Genüsse geht, auch wenn ich mich hinterher deutsch diszipliniert hinter einem grünen Salatblatt verstecke. Vor allem bin ich viel emotionaler geworden. Ich reiße mich nur noch in meinem beruflichen Leben zusammen, ansonsten hört man mein Lachen bis zum Bosporus, wenn ich nicht gerade meinen Tränen freien Lauf lasse: vor Freude, vor Trauer, aus Wut oder aus allen Gründen gleichzeitig.

Als ich mit Pelin in Istanbul skype, ist unsere Welt noch in Ordnung. Sie will mit ihrem Sohn in den Gezi-Park, nichts Besonderes. Zwar ist der Park seit ein paar Tagen von Demonstranten besetzt, die nicht wollen, dass die Bäume abgeholzt werden, um dort ein weiteres überflüssiges Einkaufszentrum zu erbauen, aber die Demo hat Volksfestcharakter. Hier stehen friedlich Nationalisten mit Linksradikalen zusammen, streng religiöse Muslime spielen mit flippigen Künstlern Tavla, das türkische Backgammon, während neben ihnen leicht bekleidete junge Frauen ihre Joga-Übungen machen. Der Park wimmelt von Eltern mit Kindern, die sich zum Picknick treffen, um ihre Solidarität mit den Demonstranten zu zeigen. Heute soll ein kleines Konzert stattfinden. Ich wünsche Pelin einen schönen Tag, und während ich mich auf den Weg zu einer Lesung mache, denke ich, wie schön es wäre, nun mit meinen türkischen Freundinnen im Gezi-Park einen lauen Sommerabend zu genießen.

Wenige Stunden später erreichen mich Nachrichten aus Istanbul, die mein Herz bluten lassen. Die Polizei hat versucht, den friedlichen Protest im Gezi-Park gewaltsam zu beenden. Das Wort »gewaltsam« hat man schon so oft in den Nachrichten gehört, dass man sich gar keine Vorstellung mehr davon macht, was das bedeuten kann. Die türkische Polizei hat mit einer Heftigkeit zugeschlagen, die weder dem Anlass noch der Situation angemessen war. Ich bezweifle, dass es überhaupt eine Situation gibt, in der derlei menschenverachtende Methoden ihre Berechtigung haben. Auf unschuldige Kinder mit Tränengas loszugehen, mit Gummigeschossen harmlose Bürger zu beschießen! Ich bin schockiert. Ich weiß nicht, wohin mit meinen Emotionen, ich fluche, ich weine, ich sterbe vor Sorge um meine Freunde.

Zum Glück sind meine türkischen Freunde gut vernetzt. So erfahre ich, dass Pelin mit einem Schrecken davongekommen ist und auch viele andere unverletzt geblieben sind. Einige von ihnen waren mittendrin in der Schlacht. Aus dem Notlazarett im Luxushotel Divan berichtet ein Freund: Eine Frau hat ihr Auge durch ein Gummigeschoss verloren, ein Mann mit einer schweren Kopfverletzung droht zu verbluten, ein Kind muss sich erbrechen, bis es ohnmächtig wird.

Dank sozialer Medien wie Facebook und Twitter erfahre ich jede, wirklich jede Einzelheit aus dieser Nacht. Mir wird wieder einmal bewusst, wie sehr die digitale Welt längst Teil eines jeden Lebens in der Türkei geworden ist. Selbst die Älteren verfügen über einen Internetzugang, um mit den Kindern und Enkeln in Kontakt zu bleiben. Bis zum frühen Morgen klebe ich an meinem Computerbildschirm. Erst als ich alle Einträge meiner Freunde gelesen habe, kann ich aufhören. Durch die ganzen ungefilterten Informationen habe ich das Gefühl, direkt neben ihnen zu stehen, obwohl ich zweitausend Kilometer entfernt bin.

Nicht nur wir im Ausland profitieren von der digitalen Vernetzung unserer Landsleute in der Heimat. Die Demonstranten nutzen die sozialen Netzwerke, um sich zu organisieren, sich gegenseitig zu warnen oder auch nur zu informieren. Die Polizei kommt mit ihrem altmodischen Analogfunk nicht hinterher. Mit 32 Millionen Facebook-Nutzern lässt die Türkei übrigens Deutschland und Frankreich weit hinter sich. Und während hier das Gezwitscher noch als überflüssige Spielerei abgetan wird, nutzen beispielsweise Journalisten und Autoren in der Türkei ihren Twitter-Account längst professionell. Tumblr wird vorwiegend in Künstlerkreisen bevorzugt. Der meist gepostete Blog zu den Protesten vom Gezi-Park ist übrigens ein Tumblr-Blog. Und dachten Besucher der YouTube-Seite bisher, die Türkei sei eine einzige kitschige Daily Soap, bringt der Suchbegriff »Türkei« nun unzählige Handy-Videos, die die brutalen Polizeieinsätze ebenso festhalten wie Konzerte, Kundgebungen und Spontanaktionen.

Der Einzige, den ich nicht erreichen kann, ist Cenk. Wir haben in den letzten Monaten häufig telefoniert. Ungewöhnlich häufig sogar, manchmal die halbe Nacht, in der wir uns am Ende immer mit den Worten verabschiedeten, dass wir uns bald wiedersehen müssten. Ich war zurück in meinem turbulenten Alltag, in seinem entschleunigten Leben ist offenbar immer noch kein Platz für die digitale Welt. Natürlich hat er auch kein Smartphone, sondern tatsächlich noch ein altes Handy, mit dem man *nur* telefonieren kann. Selbst Voicemail, altmodisch Anrufbeantworter genannt, lehnt Cenk ab. »Das setzt einen nur unter Druck, ein Telefonat zu führen, für das man offensichtlich keine Zeit hat.«

Männerlogik. Ich schreibe ihm nervös einige SMS und hoffe, dass er sich bald meldet.

Eine eigenartige, fast beängstigende Spannung habe ich schon im letzten Sommer gespürt. Kein Wunder. Auf der einen Seite soll die türkische Gesellschaft mit immer neuen Maßregelungen umerzogen werden, auf der anderen Seite wächst die wirtschaftliche Macht, und das Land öffnet sich mit großem Selbstbewusstsein dem Weltmarkt. Dazwischen stehen Menschen, die keinen Halt mehr finden, wenn sie nicht gerade zu den Gewinnern der Reformen zählen, und unsicher sind, ob ein Glück, zu dem man gezwungen wird, überhaupt Glück sein kann.

Einmal saß ich mit meinen Freundinnen im Restaurant, als eine der Frauen lautstark über die Regierung schimpfte. Die anderen ermahnten sie sofort:»Psst, nicht so laut, wer weiß, wer alles mithört.« Diese Angst, seine Meinung zu sagen, war allgegenwärtig und für mich als Deutsche so fremd wie verstörend. Dabei waren die Frauen nicht die Einzigen, die heimlich kritisierten, wie sehr die Regierung sich in ihr Privatleben einmischt. So wird von einer türkischen Frau erwartet, dass sie drei Kinder bekommt, und damit sie diese Aufgabe auch erfüllt, wird Abtreibung erschwert. Alkohol wird aus dem öffentlichen Leben verbannt, religiöse Schulen werden im Gegensatz zu staatlichen Schulen gefördert. Ein unabhängiges Leben in Freiheit, wie wir das hier in Deutschland kennen, ist das nicht.

Trotz des allgemeinen Frustes und der wachsenden Wut in der Bevölkerung hätte ich nie gedacht, dass die Situation so eskalieren würde. Wegen ein paar Bäumen in einem Park? Es sind eben nicht nur Bäume.»Leben wie ein Baum, einzeln und frei, und brüderlich wie ein Wald, das ist unsere Sehnsucht«, heißt es in einem Gedicht des türkischen Dichters Nâzım Hikmet. Längst geht es bei den Protesten um viel mehr. Um das Aufbegehren gegen eine Regierung, die ihre Bürger bevormundet und mit Knüppeln niederschlägt. Auch der Unmut über die Megaprojekte sitzt tief – die dritte Bosporusbrücke, der neue Flughafen, der Ausverkauf der Stadt, die Bauwut, die Istanbul umkrempelt und Normalverdiener systematisch aus der Istanbuler Innenstadt vertreibt, weil sich dort niemand mehr Eigentum oder die Miete leisten kann. Der Normalbürger sitzt am kürzeren Hebel, und Geld regiert eben auch die türkische Welt.

Dennoch wird in Istanbul viel gelacht. Wir Türken lieben es nämlich, uns über alles und jeden lustig zu machen. Wir lästern unaufhörlich. Es ist unsere Art, Dingen zu begegnen, die wir nicht abstellen können, die wir so nicht gewollt haben, denen wir uns aber zumindest zum Schein fügen müssen. So habe ich viele lustige Begegnungen genossen, mit meinen Freundinnen zu Hause, mit Cenk beim Spaziergang oder auch beim Friseur hinter dem Vorhang. Aber warum habe ich das, was ich damals über die Zustände erfahren habe, während meines Aufenthaltes in Istanbul einfach so hingenommen? Warum habe ich nicht weiter nachgefragt? Ich bohre doch sonst immer, bis mein Gegenüber vor Schmerz aufjault.

Als ich Berlin verließ, um mein anderes Ich zu ergründen, wusste ich noch nicht, wie fremd mir das Land eigentlich ist, das ich so gut zu kennen glaubte. Ich war eine Touristin, eine Langzeittouristin mit exklusiven Einblicken, aber ich war nie ein Teil der Gesellschaft. Schon allein, weil ich mit Werten wie Meinungsfreiheit und Toleranz aufgewachsen bin. Sie sind für mich selbstverständlich. Und gerade deshalb fühle ich mich jetzt so stark mit der Türkei verbunden. Ich bin ein Teil dieser Türkei, die endlich diese Rechte für sich einfordert. Ich gehöre dazu, weil ich weiß, wie wichtig Freiheit ist. Da betreibe ich monatelang eine Selbstsuche mit großem Aufwand und allerlei Verrenkungen, und jetzt ist das so klar? Ja.

Das zu erklären, bedarf es wohl einiger Worte: Die Türkei war immer das Land meiner Eltern. Ich habe sie nie als Land kennengelernt, in dem ich als erwachsener, mündiger Bürger lebe wie in Deutschland. Hier bin ich auch nicht allwissend, meine Lücken in deutscher Geschichte kann ich mit den Zeugnissen der Klasse 8 und 9 belegen. Ebenso kenne ich nicht jeden Politiker und habe auch nicht die Wahlprogramme aller Parteien gelesen. Dennoch behaupte ich, ich kenne mich in der deutschen Gesellschaft sehr gut aus und ich bin nicht nur wahlberechtigt, sondern auch wahlfähig. In der Türkei musste ich mich nie ernsthaft mit alldem befassen. Von politischen Konflikten in Anatolien erfuhr ich wie jeder andere Deutsche aus der Zeitung, und selbst wenn ich vor Ort den Eindruck hatte, das türkische System funktioniere nicht perfekt, war ich doch überzeugt, dass dank der orientalischen Improvisationsmentalität schon alles rund laufen wird und man selbst übelsten Umständen noch etwas Positives abgewinnen kann.

Ich erinnere mich noch gut an die Zeit nach der Militärdiktatur. Die Infrastruktur konnte in keinem Bereich dem Vergleich mit Deutschland standhalten. Es fehlte an allen Ecken Geld für die wesentlichen Dinge wie Bildung und Wissenschaft. Die Kemalisten, die damals regierten, fühlten sich nur für einen Teil der Bevölkerung zuständig, nämlich für den Teil, der sie gewählt hatte. Ganz und gar nicht im Sinne des Begründers der modernen Türkei, Mustafa Kemal Atatürk, diente diese Politik keineswegs dem ganzen Volk, sondern verschaffte nur der intellektuellen Elite, den westlich orientierten Großbürgern, den religiös eher ungebundenen Industriellen Vorteile. Ansonsten standen sich Parteien und Gewerkschaften munter im Weg und verhinderten möglichst jede Art von Politikgestaltung. Die Folge war Stillstand im Chaos. Die Türkei hatte übrigens lange vor Bundeskanzlerin Merkel eine weibliche Regierungschefin, eine Ministerpräsidentin. Die war aber keine Zier unseres Geschlechts. Im Gegenteil. Vermutlich war sie noch konservativer als ihre Vorgänger, dazu hochkorrupt.

Betroffen war ich aber von all dem nicht. Wir fuhren immer in die Türkei, egal welche Regierung gerade am Zug war.

Als Kinder haben wir davon nichts mitbekommen. An den Stammtischen, die mein Vater im Dorf gern besuchte, die übrigens nicht in einer Kneipe, sondern meist auf Stühlen rund um den Brunnen stattfanden, wurde immer geschimpft. Die Regierungen wechselten schneller als das Wetter, die Parteien verloren erst Vertrauen, dann ihre Wähler und schließlich ihre Rechte, weil wieder ein Militärputsch den demokratischen Fehlversuchen ein Ende bereitete. Wir Kinder sprangen herum und klauten den Männern Sonnenblumenkerne. Politik verband ich mit lauten Diskussionen, die nur unterbrochen wurden, wenn die Frauen ihre Männer in die Häuser trieben.

Terroranschläge auf der einen Seite, Brutalität und legalisierte Gewalt auf der anderen Seite. Betroffenheit in den Teilen der Bevölkerung, die sich nicht in den Hass mit einbeziehen lassen wollten. Ich verstand nicht, wo das Problem lag. Warum sollte in der Türkei kein Platz für alle sein? In Duisburg wohnten schließlich auch Türken, Griechen, Polen, Italiener und Deutsche in einer Stadt, ohne sich zu kloppen. Ja, das war naiv. Aber wann, wenn nicht als Kind, hat man ein Recht darauf, naiv zu sein?

In einer schier aussichtslosen Lage kam der Bürgermeister von Istanbul und wurde 2003 Ministerpräsident der Türkei. Die in die Opposition verbannten Kemalisten machten aus ihrer Verachtung für die nun regierenden anatolischen Bauern keinen Hehl. Dabei waren sie es doch gewesen, die einen Großteil der Bevölkerung, eben die Bauern, einfach vergessen hatten. Das Land ächzte, während die Reichen sich selbst feierten. Sogar die Armee, die sich als Hüterin der Verfassung betrachtete, genoss völlig ungeniert ihre Privilegien, während die Bevölkerung nach Luft schnappte: Es gab eine mächtige Inflation im zweistelligen Bereich. Die Währung fiel ins Bodenlose. Die Arbeitslosigkeit war immens hoch, soziale Absicherungen gab es nicht, und das Land war Hauptschuldner des Internationalen Währungsfonds. Die Bankenkrise, die

Europa heute durchschüttelt, kennt die Türkei schon seit der Jahrtausendwende. Das hat ihr aber keinen Vorteil verschafft. Ministerpräsident Erdoğan muss man zugestehen, dass er in den Anfangsjahren seiner Regierungszeit ein Kunststück vollbracht hat, an das keine Kaffeesatzleserin im Land geglaubt hätte. Die Wirtschaftsbosse schon gar nicht. Er hat den Bankensektor reformiert, die Währung stabilisiert, den Kurdenkonflikt eingedämmt, die Arbeitslosigkeit gesenkt, soziale Sicherungssysteme eingeführt – auch wenn die es natürlich noch nicht mit dem deutschen Niveau aufnehmen können, aber ich will ja im Moment nicht kleinlich sein, sondern objektiv die Situation betrachten. Erdoğan hat Investoren ins Land geholt und das gesamte Land endlich auch jenseits der Metropolen industrialisiert. Das Ergebnis kann sich sehen lassen: Eine Verdreifachung des Prokopfeinkommens und eine Verdoppelung des Bruttoinlandsprodukts innerhalb von zehn Jahren. Die AKP setzte auf Reformen. Die Türkei hat ein ähnliches Scheidungsrecht wie Deutschland. Verbrechen der Militärdiktatur wurden aufgearbeitet, die Rechte des Militärs, das sich gerne als Nebenregierung verstand, beschnitten.

Dass so ein Regierungschef dreimal wiedergewählt wird, wundert mich nicht. Zumal ich mir das Hohelied auf die AKP in meinem Elternhaus auch immer anhören muss. Die Wunder Erdoğans gehören zu jedem Familienfest dazu. Ebenso traditionell beginnt meine Schwester dann damit, die Doppelmoral der Regierung anzuprangern. Denn trotz all der Reformen bleibt das konservative Klima erhalten, von Gleichberechtigung zwischen Männern und Frauen kann noch lange keine Rede sein. Und bevor sie weiter ausführen kann, was alles falsch läuft, entflammt eine heftige Debatte aller Familienmitglieder. Nur ich halte mich raus. Sehr zum Ärger beider Lager. »Du musst doch sonst zu allem deinen Senf dazugeben«, giftet meine Schwester mich an. »Hatice, du bist ein freier Mensch mit einem gesunden Menschenverstand, also sag ruhig, was du denkst«, sagt mein Vater, und ich spüre seine Hoffnung, dass meine Meinung seiner Meinung entsprechen könnte, dabei weiß er zu gut, dass ich keine typische AKP-Anhängerin bin. Meine Brüder reißen Witze, und wenn alles zu eskalieren droht, kommt meine Mutter mit Leckereien aus der Küche und stopft damit alle Münder, bis wieder Ruhe eingekehrt ist. All das ist nichts Besonderes. Das passiert genauso in anderen Familien, egal ob zum Zuckerfest oder zu Weihnachten, bei Geburtstagen oder Jubiläen, wenn konservative Eltern mit ihrem roten Sohn debattieren, wenn SPD-Anhänger Piraten in ihren familiären Reihen entdecken und wenn Grüne-Wähler ein FDP-Mitglied großgezogen haben.

Es hat mich eigentlich nie gestört, dass fast zwei Drittel meiner türkischen Verwandten die AKP wählen. Ich zuckte überlegen mit den Schultern und ließ sie gewähren. Ehrlich gesagt wüsste ich nicht, wen oder was ich in der Türkei wählen würde. Neben den großen Parteien gibt es keine jungen Parteien, keine Partei mit neuen Ansätzen und Ideen. Die 10-Prozent-Klausel verhindert, dass neues Gedankengut ins Parlament einziehen kann. Aber selbst wenn das Spektrum größer wäre, würde ich mir nicht zutrauen, die Parteienpolitik zu durchschauen. Weil ich dort nie länger gelebt habe. Meine Eltern fliegen noch heute zu den Wahlen in ihre Heimat. Auch ein Diskussionspunkt in der Familie, der allerdings weit weniger häufig ausgetragen wird. Ich finde, nach 50 Jahren könnten sie sich doch auch ein bisschen mehr für die deutsche Politik interessieren.

Wie gerne würde ich jetzt mit jemandem reden, der mich kennt und versteht. Dem ich das, was gerade in der Türkei passiert, nicht ausführlich erklären muss. Zumal ich das gar nicht kann. Mit meinen Eltern will ich jetzt nicht sprechen. Ich möchte die AKP-Diskussion nicht mit ihnen führen, es gäbe sicher harte Worte, die man nicht zurücknehmen kann. Siedend heiß fällt mir Cenk ein, der noch immer nicht auf meine SMS reagiert hat. Ich versuche noch einmal ihn anzurufen. Nichts. Sein Handy ist ausgeschaltet. Wo steckt er nur? Ihm wird doch nichts passiert sein? Ich versuche Julia zu erreichen; als sie mich wegdrückt, bin ich beleidigt. Dann sehe ich auf meinem Smartphone, dass es schon weit nach drei Uhr nachts ist. Die Arme wird schlafen, wie alle, die nicht irgendwo auf dieser Welt für ihre Rechte kämpfen müssen. Ich werde ungerecht, ich weiß. Was für ein Bild haben meine deutschen Landsleute eigentlich von der Türkei? Hier wird die Türkei als günstiges Urlaubsland gehandelt, ansonsten kursieren eher Schauermärchen. Kein Wunder, denn in den Nachrichten kommen Meldungen über türkischstämmige Deutsche, die wegen eines Verbrechens in Deutschland gesucht werden und Zuflucht in der Türkei finden, Touristen, die wegen Diebstahls von antiken Steinen ins Gefängnis kommen, oder EU-Verhandlungen mit einem Staat, der den demokratischen Anforderungen nicht so ganz gerecht werden kann. Wie oft habe ich milde lächelnd erklärt, dass meine Türkei moderner, emanzipierter und gebildeter ist, als es mir viele in Deutschland weismachen wollen. Jetzt frage ich mich, woher ich diese Gewissheit hatte.

Ich kenne eben nur Ausschnitte des türkischen Lebens. Bei meiner Schwester in Izmir bewege ich mich unter Lehrern, Ärzten, Ingenieuren und Anwälten, die am wirtschaftlichen Aufschwung partizipieren, aufgeklärt und am Weltgeschehen interessiert sind. Sie alle profitieren von der Öffnung der Türkei, sie orientieren sich in Richtung USA und Europa und leben ihr Leben in Freiheit, selbstbestimmt und dynamisch. In Istanbul bewege ich mich in Kreisen von Medienleuten und Künstlern. Ich bin mit erfolgreichen Frauen aus dem gehobenen Mittelstand befreundet und kenne viele, die zu der wachsenden internationalen Community gehören, die den Schmelztiegel am Bosporus genießen und selbst in der Stadt als das Salz in der Suppe anerkannt sind.

Ein Stück weit fremder, aber dennoch vertraut sind mir

die einfachen, bodenständigen Menschen, die ein Leben lang gearbeitet haben, um sich ein kleines Häuschen vom Munde abzusparen. Ihnen begegne ich, wenn ich meine Eltern am Ägäischen Meer besuche. Mit Beten, Spaziergang, Gemüsegarten und Nachbarschaftstreffen folgen sie einem strikt geregelten Tagesablauf. Wahrscheinlich haben hier die Deutschen und die Türken ihre größte Schnittmenge – diese Rentner haben vor lauter Freizeitaktivitäten kaum Zeit, sie sind tendenziell konservativ, nicht weltfremd, aber auch nicht weltoffen. Sie sind freundlich, leben ohne große Risiken, kennen kaum Höhepunkte, dafür aber auch kaum Tiefschläge.

Habe ich wirklich geglaubt, die Türkei zu kennen? Niemals hätte ich die Geschehnisse der letzten Tage vorhersagen können. Die Gewalt auf den Straßen, auf denen ich vor Kurzem noch so glücklich spaziert bin, weil Istanbul mir so sicher erschien. Gut, bis auf einige Viertel, durch die Cenk mich geführt hatte. Aber was habe ich übersehen? Meine Ahnungslosigkeit kann nichts damit zu tun haben, dass ich nur wenige Berührungspunkte mit den vielen Zugezogenen aus den ländlichen Regionen hatte. Die kleinen Handwerker, die Mini-Dienstleister, die Straßenhändler, die Verkäuferinnen mit Kopftuch, die Taxifahrer, die einfachen Polizisten, die Hausfrauen, die versuchen, der großen Kinderschar Herr zu werden. Nein, diese Menschen sind nicht der Motor für Revolutionen, sie sind aber auch nicht diejenigen, die andere mit dem Knüppel niederschlagen, nur weil sie eine andere Meinung vertreten. Diese Menschen arbeiten sich wund, rund um die Uhr, um das bisschen, was sie zum Leben brauchen, zusammenzubekommen. Freiheit und Bürgerrechte haben sie nie vermisst, weil sie schlichtweg keine Zeit für derartigen Luxus hatten. Wenn ihnen ein Regierungschef im Wahlkampf einen Sack Kohle schenkte, war das eine konkrete Verbesserung ihrer Lebenssituation.

Was dieses Volk zusammenhält, sind seine Symbole. Die

Fahne hängt überall und wird von jedem verehrt. Die Religion wird von allen respektiert, egal ob strenggläubig oder Atheist. Und dann wäre da noch der Begründer der modernen Republik Mustafa Kemal Atatürk, der sich großer Beliebtheit erfreuen kann vom rechten Lager bis zur harten linken Fraktion. Demokratische Werte, die Verfassung, Gewaltenteilung, Menschenrechte, Pressefreiheit gehören nicht zum Selbstverständnis der Nation.

Völlig erschöpft gehe ich zu Bett. Wenn ich schon keine Erklärung für all das finden kann, wüsste ich nur zu gern, was ich tun kann. Jetzt, wo ich mich so zugehörig fühle, kann ich doch nicht einfach in meiner deutschen Heimat sitzen und Nachrichten verfolgen. Über dieser Frage schlafe ich ein und mit dieser Frage wache ich auf.

In den Nachrichten sehe ich eine unglaubliche Szene: Ein Aktivist der Kurden wird vom Strahl des Wasserwerfers umgeworfen. Ein Mitglied der kemalistischen CHP und ein Anhänger der religiösen MHP ziehen ihn gemeinsam aus dem Wasserstrahl. Wer weiß, wie sehr diese drei Gruppen verfeindet sind, bekommt eine Idee davon, was in Istanbul gerade passiert. Im Gezi-Park finden sich erstmalig Leute zusammen, die sich sonst nicht furchtbar viel zu sagen haben. Sie eint die Gegnerschaft zur Politik Erdoğans. Unpolitische Szene-Avantgarde, linke Intellektuelle, Traditionalisten, Kemalisten, Kurden, Schwule, Lesben, Gewerkschaftler, Gläubige und Ungläubige ziehen an einem Strang. Die Proteste gehen weiter. Die Jugend, die durch die Bildungsoffensiven der AKP-Regierung bestens für den Weltmarkt vorbereitet ist, wendet sich gegen die Hand, die sie gerade noch gefüttert hat. Und sie sind bereit, bis zum Äußersten zu gehen. Es geht um ihre Zukunft. Das kommt überraschend für Erdoğan, der jetzt wohl oder übel merken muss, dass er diese jungen Hipster und Leistungsträger mehr braucht als sie ihn. Schwäche kann er nicht zulassen. Aber die Zeit läuft gegen ihn, die Proteste sind jung, sie werden seine Amtszeit überdauern. Das Durchschnittsalter in der Türkei liegt bei knapp 29 Jahren, nicht wie bei der alten Gesellschaft in Deutschland bei über 42 Jahren.

Beim Durchklicken der Nachrichtenseiten entdecke ich Cenk auf einem Foto, das den Performancekünstler Erdem Gündüz zeigt. Mit den Händen in den Hosentaschen hatte Gündüz einen ganzen Abend lang einfach nur stumm auf dem Taksim-Platz gestanden und auf das Atatürk-Kulturzentrum geschaut, an dem zwei türkische Fahnen und ein Bild des Staatsgründers hingen. Die Polizei war sichtlich überfordert mit der Situation. Was sollte sie tun? Ihn verhaften? Warum? Er steht ja nur. Ihn ignorieren? Dann wäre es ein Sieg für den stillen Protestler. Spontan gesellten sich einige Passanten zu Gündüz, und es überrascht mich nicht, das Cenk zu ihnen gehörte. Jeder hat in der Türkei seine Art des Protests gefunden, egal ob stumm oder laut, mit Graffiti, Musik oder unzähligen Symbolen. Die junge, moderne Türkei wird gewinnen, dessen bin ich mir sicher. Sie ist zu stark, um von einem einzigen Menschen gebändigt zu werden. Sie ist zu dynamisch, um sich einsperren zu lassen. Und in dieser Revolution steckt so viel Liebe, dass Hass keine Früchte tragen wird.

Am selben Abend meldet sich Cenk endlich bei mir. »Tut mir leid, sie hatten mir mein Handy bei der ersten Verhaftung abgenommen.«

»Bei der ersten? Wie oft haben sie dich denn mitgenommen?«

»Nur zweimal«, sagt er und lacht, »das ist weit unter dem Durchschnitt.«

»Ich habe dich in den Nachrichten gesehen, mit duran adam, dem stehenden Mann.«

»Das ist großartig«, freut er sich. »Nicht nur, weil du endlich mal wieder ein aktuelles Bild von mir hast, sondern weil die internationale Presse uns nicht im Stich lässt!«

Da hat er recht. Was auch immer ich meinen deutschen Kollegen schon vorgeworfen habe, dass sie schlecht recherchiert oder zu meinungsbildend formuliert hätten, das ist alles vergessen. Die internationalen Medien, auch die deutschen, ignorieren den Protest nicht. Die Wahrheit wird gesucht und gefunden, und jede Verletzung gegen die Menschenrechte und jeder Gewalteinsatz findet seinen Weg in die Öffentlichkeit. Und meine Zunge sollen Wespen stechen, wenn ich noch ein einziges Mal über unsere deutsche Presse meckere. Denn in den türkischen Medien findet die Revolution kaum statt.

Aber nicht nur die Weltpresse steht hinter dem türkischen Volk, auch Türken fern der Heimat schließen sich dem Protest an. Hunderttausende gehen in Deutschland auf die Straße und solidarisieren sich mit den Menschen in der Türkei. »Her yer Taksim, her yer direniş«, »überall ist Taksim, überall ist Widerstand«, rufen sie. Ich mache das auch, als Türkin, als Deutsche, als Mensch. An Tagen wie diesen, ist es nämlich völlig egal, woher man kommt. Wir sind das Volk. Unter diesem Motto ist schon einmal eine Revolution friedlich zum Erfolg geführt worden.

Mustafa Kemal Atatürk sagte einmal: »Ne mutlu Türküm diyene.« Glücklich, wer sich Türke nennt.

Ich bin es zum ersten Mal.

Istanbul auf einen Blick

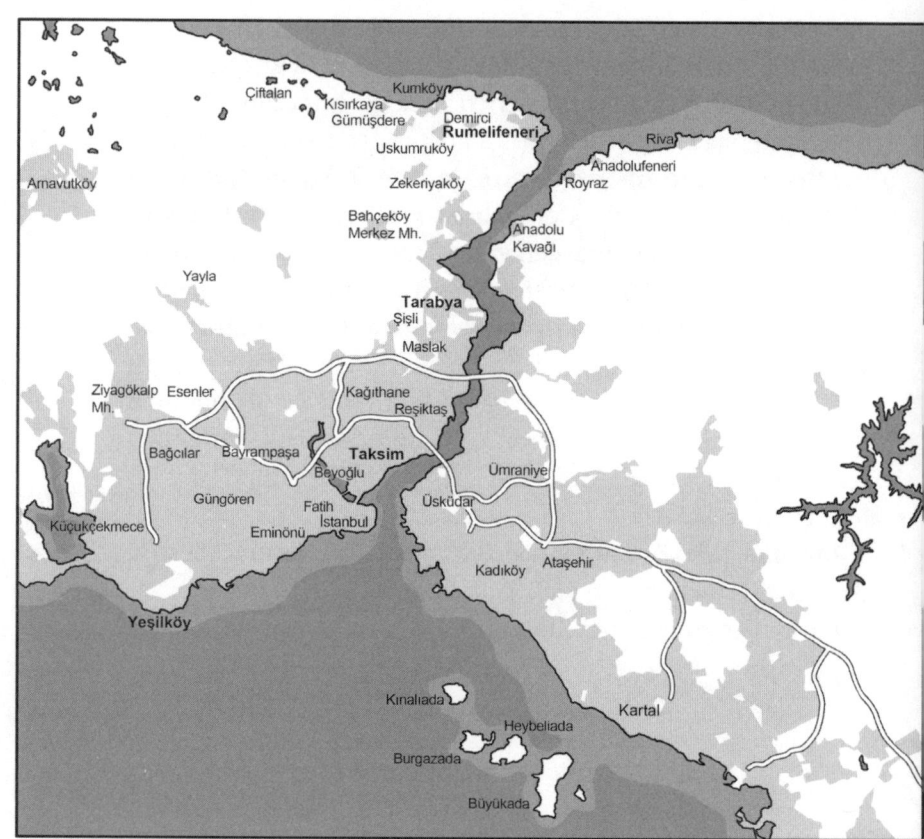

Dank

Ich danke meiner Familie, die größer und kleiner wird, unsere Liebe füreinander aber unendlich ist.

Meinem Vater danke ich für seine Weisheit, seinen Humor und dafür, dass er mir beigebracht hat, mit dem Herzen zu entscheiden und anschließend mit dem Kopf zu verfeinern. Meiner Mutter danke ich dafür, dass sie nicht aufgegeben hat, mich davon zu überzeugen, dass eine Familie und nicht ein volles Konto Glück bedeutet. Meiner Tochter Merve Johanna danke ich für die 42 in meinem Leben. Claus für seine ungeschönten, klaren Worte. Ich danke meiner Agentin Michaela Röll, die schon längst zu einer Freundin geworden ist. Mein besonderer Dank gilt meinen Lesern, die mich nun schon zum dritten Mal durch mein Leben begleiten.